De Deus que vem à ideia

Dados Internacionais de Catalogação na Publicação (CIP)
(Câmara Brasileira do Livro, SP, Brasil)

Lévinas, Emmanuel
  De Deus que vem à ideia / Emmanuel Lévinas ;
Pergentino Stefano Pivatto (coordenador e revisor) ; tradução
Marcelo Fabri, Marcelo Luiz Pelizzoli, Evaldo Antônio Kuiava. – 2. ed. –
Petrópolis, RJ : Vozes, 2002. – (Coleção Textos Filosóficos)

  Título original: De Dieu qui vient à l'idée.

  1ª reimpressão.

  ISBN 978-85-326-2573-1

  1. Deus 2. Deus – Nome 3. Ontologia I. Pivatto, Pergentino
Stefano. II. Título.

02-0901   CDD-111

Índices para catálogo sistemático:
1. Deus : ideia : Ontologia : Filosofia 111

Emmanuel Lévinas

De Deus que vem à ideia

Tradução de
Pergentino Stefano Pivatto
(Coordenador e Revisor)
Marcelo Fabri
Marcelo Luiz Pelizzoli
Evaldo Antônio Kuiava

EDITORA
VOZES

Petrópolis

© 1986, Librairie Philosophique J. VRIN
Tradução realizada a partir do original em francês intitulado
De Dieu qui vient à l'idée

Direitos de publicação em língua portuguesa:
Editora Vozes Ltda.
Rua Frei Luís, 100
25689-900 Petrópolis, RJ
www.vozes.com.br
Brasil

Todos os direitos reservados. Nenhuma parte desta obra poderá
ser reproduzida ou transmitida por qualquer forma e/ou quaisquer meios
(eletrônico ou mecânico, incluindo fotocópia e gravação) ou arquivada em
qualquer sistema ou banco de dados sem permissão escrita da editora.

CONSELHO EDITORIAL

Diretor
Gilberto Gonçalves Garcia

Editores
Aline dos Santos Carneiro
Edrian Josué Pasini
Marilac Loraine Oleniki
Welder Lancieri Marchini

Conselheiros
Francisco Morás
Ludovico Garmus
Teobaldo Heidemann
Volney J. Berkenbrock

Secretário executivo
Leonardo A.R.T. dos Santos

Diagramação: Sheilandre Desenv. Gráfico
Revisão gráfica: Andréa Drummond
Capa: Editora Vozes

ISBN 978-85-326-2573-1

Editado conforme o novo acordo ortográfico.

Este livro foi composto e impresso pela Editora Vozes Ltda.

Obra coroada pela Academia de
Ciências Morais e Políticas:
Prêmio Charles Lévêque, 1982

Sumário

Prefácio para a segunda edição, 9

Prólogo, 11

Parte I – Ruptura da imanência, 17
    1. Ideologia e idealismo, 19
    2. Da consciência ao despertar, 33
    3. Sobre a morte no pensamento de Ernst Bloch, 57
    4. Da deficiência sem preocupação ao sentido novo, 70

Parte II – A ideia de Deus, 81
    5. Deus e a filosofia, 83
    6. Questões e respostas, 113
    7. Hermenêutica e além, 138
    8. O pensamento do ser e a questão do outro, 150
    9. Transcendência e mal, 163

Parte III – O sentido do ser, 179
    10. O diálogo – consciência de si e proximidade do próximo, 181
    11. Notas sobre o sentido, 198
    12. A má consciência e o inexorável, 221
    13. Modo de falar, 228

Prefácio para a segunda edição

O texto da primeira edição desta obra é reproduzido na segunda edição sem modificação.

O presente ensaio que procura os vestígios da vinda de Deus à ideia, de sua descida sobre nossos lábios e de sua inscrição nos livros, manteve-se lá onde – graças ao surgimento do humano no ser – a impenitente perseverança do ser no seu ser, o universal inter-essamento e, consequentemente, a luta de todos contra todos podem interromper-se ou suspender-se. Interrupção ou des-inter-essamento que se produz no homem que responde por seu próximo, por outrem, que lhe é estranho. Responsabilidade que é resposta ao imperativo do amor gratuito que me vem do rosto de outrem no qual significam, ao mesmo tempo, o abandono e a eleição de sua unicidade; ordem do ser-para-outro ou de sua santidade como fonte de todo valor.

Esse imperativo de amar – que é também eleição e amor atingindo na sua unicidade de responsável aquele que dele é investido – é descrito no livro De Deus que vem à ideia sem evocação da criação, da onipotência, das recompensas e das promessas. Fomos censurados por ter ignorado a teologia. Não contestamos aqui a necessidade de uma recuperação ou, pelo menos, a necessidade de decidir sobre sua oportunidade. Pensamos, entretanto, que isso vem depois de se vislumbrar a santidade, que é primeira. Tanto mais que pertencemos a uma geração e a um século aos quais foi reservada a provação implacável de uma ética sem socorros nem promessas, e por nos ser impossível – a nós, os sobreviventes – testemunhar contra a santidade, procurando-lhe condições.

***

Foi-nos possível levar à tipografia da nova edição numerosas correções, graças à intervenção preciosa de um leitor. Devemos, com efeito, esse cuidado à amabilidade extrema e à penetrante atenção do Senhor Eugène Demont, a quem agradecemos de todo coração.

Prólogo

Os diversos textos reunidos neste volume expõem uma investigação sobre a possibilidade – ou mesmo sobre o fato – de entender a palavra Deus como palavra significante. Ela é conduzida independentemente do problema da existência ou da não existência de Deus, independentemente da decisão que poderia ser tomada diante desta alternativa, e independentemente também da decisão sobre o sentido ou não sentido desta mesma alternativa. O que se busca aqui é a concretude fenomenológica na qual esta significação poderia significar ou significa, mesmo que ela se disjunja de toda fenomenalidade. Pois este disjungir-se não poderia ser dito de maneira puramente negativa e como negação apofântica. Trata-se, pois, de descrever as "circunstâncias" fenomenológicas, sua conjuntura positiva e como a "encenação" concreta do que se diz à guisa de abstração.

O leitor atento dar-se-á conta provavelmente que nosso tema conduz a questões menos "gratuitas" que sua formulação inicial deixa supor. Tal acontece não somente em razão da importância que a descrição do sentido ligado ao nome ou à palavra Deus pode revestir para aquele que se inquieta ao reconhecer – ou ao contestar – na linguagem da Revelação ensinada ou pregada pelas religiões positivas, que é de fato Deus quem falou e não, sob falso nome, um gênio maligno ou um político. Embora esta inquietude já se revele filosofia.

As questões relativas a Deus não se resolvem por respostas em que cesse de ressoar ou se pacifique plenamente a interrogação. A investigação aqui não poderia progredir de maneira rectilínea. Às dificuldades do espaço que se explora vêm acrescentar-se sempre, provavelmente, as imperícias e a lentidão do explorador. Seja como for, o livro que apresentamos aparece sob a forma de estudos distintos que não foram unidos entre si por uma escrita contínua. As etapas de um itinerário, que, com frequência, reconduzem ao ponto de partida, ficam assim patentes; ao longo do percurso, surgem igualmente textos em que o caminho é sobrevoado e suas perspectivas se adivinham e onde se faz um balanço. Dispusemos os diversos ensaios na ordem cronológica de sua redação. Mas é-nos possível – e será útil – expor em algumas páginas o argumento.

Pergunta-se se é possível falar legitimamente de Deus, sem violar a absolutidade que essa palavra parece significar. Ter tomado consciência de Deus não significa tê-lo incluído num saber que assimila, numa experiência que permanece – sejam quais forem as modalidades – um aprender e um apreender? E, assim, a infinidade ou a alteridade total ou a novidade do absoluto não fica restituída à imanência, à totalidade que o "eu penso" da "apercepção transcendental" abraça, não é restituída ao sistema ao qual o saber acaba de chegar ou tende mediante a história universal? O que significa esse nome extraordinário de Deus em nosso vocabulário não se encontra contradito por essa restituição inevitável, a ponto de desmentir a coerência deste significar soberano e de reduzir seu nome a um puro *flatus vocis*?

Mas[1], que outra coisa se pode procurar além da consciência e da experiência – que outra coisa além do saber – sob o pensamento, para que, acolhendo a novidade do absoluto, ele não a despoje de sua novidade por seu próprio acolhimento? Que pensamento diferente é esse que – nem assimilação nem integração – não reconduziria o absoluto em sua novidade ao "já conhecido", nem comprometeria a novidade do novo deflorando-o na correlação entre pensamento e ser que o pensamento instaura? Seria mister um pensamento que não fosse mais elaborado como relação que liga o pensador

---

1. As ideias de nosso argumento foram apresentadas num Círculo de estudos de estudantes israelitas de Paris, e também serviram de conclusão a conferências sobre "o Antigo e o Novo" pronunciadas num seminário do Padre Doré, no Instituto Católico de Paris, em maio de 1980, a ser publicado em breve nas edições do Cerf.

ao pensado, ou seria mister, nesse pensamento, uma relação sem correlativos, um pensamento não coagido à rigorosa correspondência entre o que Husserl chama *noese* e *noema*, não coagido à adequação do visível à visada à qual ele responderia na intuição da verdade; seria mister um pensamento em que não seriam mais legítimas as próprias metáforas da visão e da visada.

Exigências impossíveis! A não ser que a essas exigências corresponda o que Descartes chamava ideia-do-infinito-em--nós, pensamento que pensa além daquilo que ele está em condições de abarcar na sua finitude de *cogito*, ideia que Deus, de acordo com o modo de se expressar de Descartes, teria colocado em nós. Ideia excepcional, ideia única e, para Descartes, o *pensar a Deus*. Pensar este que, na sua fenomenologia, não se deixa reduzir, sem mais, ao ato de consciência do sujeito, à pura intencionalidade tematizante. Contrariamente às ideias que, sempre na escala do "objeto intencional", na escala de seu *ideatum,* têm domínio sobre ele, contrariamente às ideias pelas quais o pensamento apreende progressivamente o mundo, a ideia do Infinito conteria mais do que é capaz de conter, mais que sua capacidade de *cogito*. Ela pensaria, de alguma maneira, além do que pensa. Em sua relação àquilo que deveria ser seu correlato "intencional", ela seria destarte de-portada, não alcançando, não chegando a um fim, a algo finito. Mas é mister distinguir entre o puro fracasso do não resultado da visada intencional, que dependeria ainda da finalidade, da famosa teleologia da "consciência transcendental" dirigida a um termo, por um lado, e a "deportação" ou a transcendência para além de todo fim e de toda finalidade, por outro lado: pensamento do absoluto sem que este absoluto seja atingido como um fim, pois este fim ainda significaria a finalidade e a finitude. Ideia do Infinito – pensamento desembaraçado da consciência, não no sentido do conceito negativo do inconsciente, mas naquele, talvez o mais profundamente pensado, do des-inter-essamento: relação sem o domínio sobre um ser, sem antecipação de ser, mas pura paciência. Na passividade, de-ferência para além de tudo o que se assume; de-ferência irreversível como o tempo. A paciência ou a duração do tempo na sua dia-cronia – em que jamais amanhã se alcança hoje – não seria, antes de toda atividade da consciência – mais antiga que a consciência – o mais profundo pensamento do novo? Gratuita como uma devoção, pensamento que já seria menosprezado na sua transcendência quando alguém se obstina em procurar na sua dia-cronia e na sua procrastinação, não o excesso – ou o *Bem* – da gratuidade e da devoção, mas uma intencionalidade, uma tematização e a impaciência de um apreender.

Pensamos que se pode e que se deve procurar, para além dessa aparente negatividade da ideia do Infinito, os horizontes esquecidos de sua significação abstrata; pensamos que é mister reconduzir a virada da teleologia do ato de consciência em pensamento des-inter-essado às condições e às circunstâncias não fortuitas de seu significar no homem cuja humanidade consiste, talvez, no fato de repor em questão a boa consciência do ser que persevera no ser; pensamos que convém restituir os cenários indispensáveis da "encenação" dessa virada. Fenomenologia da ideia do Infinito. Ela não interessava a Descartes, que se satisfazia com a clareza e a distinção matemáticas das ideias, mas cujo ensinamento sobre a anterioridade da ideia do Infinito em relação à ideia do finito é uma indicação preciosa para toda fenomenologia da consciência[2].

Pensamos que a ideia-do-Infinito-em-mim – ou minha relação a Deus – vem a mim na concretude de minha relação ao

---

2. O lineamento formal paradoxal desta ideia contendo mais que sua capacidade e a ruptura nela da correlação noético-noemática está, com certeza, subordinado no sistema cartesiano à busca de um saber. Torna-se elo de uma prova da existência de Deus que se encontra, assim, exposta, como todo saber correlativo do ser, à prova da crítica que suspeita, na superação do dado, uma ilusão transcendental. Husserl critica Descartes por este ter reconhecido, com precipitação, no *cogito*, a alma, isto é, uma parte do mundo, quando o *cogito* condiciona o mundo. Da mesma forma, poderíamos nós contestar esta redução à ontologia do problema de Deus, como se a ontologia e o saber fossem a última região do sentido. Na estrutura extraordinária da ideia do Infinito, o a-Deus não está a significar uma intriga espiritual que não coincide nem com o movimento marcado pela finalidade, nem com a auto-identificação da identidade, tal qual se deformaliza na consciência de si?

outro homem, na socialidade que é minha responsabilidade para com o próximo: responsabilidade esta que não contraí em nenhuma "experiência", mas da qual o rosto de outrem, por sua alteridade, por sua própria estranheza, fala o mandamento vindo *não se sabe de onde*. Não se sabe de onde: não como se este rosto fosse uma imagem que remetesse a uma fonte desconhecida, a um original inacessível, resíduo e testemunho de uma dissimulação e, na pior das hipóteses, uma presença falhada; não como se a ideia do infinito fosse a simples negação de toda determinação ontológica que alguém se obstinaria a procurar na sua essência teorética, suspeitando nela, consequentemente, o "mau infinito" em que se dissimularia o tédio das tendências frustradas de uma finalidade impedida, em que se escusaria uma interminável série de fracassos e se adiaria uma impossibilidade de concluir abrindo-se sobre uma teologia negativa. Mas como se o rosto de outro homem, que ao mesmo tempo "me suplica" e me ordena, fosse o nó da própria intriga da superação por Deus, da ideia de Deus e de toda ideia em que Ele seria ainda visado, visível e conhecido e onde o Infinito seria desmentido pela tematização, na presença ou na representação. Não é na finalidade de uma visada intencional que penso o infinito. Meu pensamento mais profundo e que impulsiona todo pensamento, meu pensamento do infinito mais antigo que o pensamento do finito[3] é a própria diacronia do tempo, a não coincidência, a própria desapropriação: um modo de "ser devotado" anterior a todo ato de consciência, e mais profundamente que a consciência, pela gratuidade do tempo (em que filósofos puderam temer a vaidade ou a privação). Modalidade de ser devotado que é devoção. A Deus, que precisamente não é intencionalidade no seu caráter noético-noemático.

Dia-cronia que nenhum movimento tematizante e inter-essado da consciência – lembrança ou esperanças – consegue

---

3. O a-Deus ou a ideia do infinito não é uma espécie cuja intencionalidade ou aspiração designariam o gênero. O dinamismo do desejo remete, ao contrário, ao a-Deus, pensamento mais profundo e mais arcaico que o *cogito*.

reabsorver ou recuperar nas simultaneidades que ele constitui. Devoção que no seu des-inter-essamento não deixa precisamente de realizar nenhum objetivo, mas é desviada – por um Deus "que ama o estrangeiro" de preferência a se mostrar – para o outro homem por quem tenho de responder. Responsabilidade sem preocupação de reciprocidade: tenho de responder por outrem sem me ocupar da responsabilidade dele para comigo. Relação sem correlação ou amor do próximo que é amor sem eros. Pelo outro homem e por esse caminho a-Deus! Assim pensa um pensamento que pensa mais do que pensa. Súplica e responsabilidade cuja imperiosidade e urgência crescem à medida que são carregadas com mais paciência: origem concreta ou situação originária em que o Infinito se põe em mim, em que a ideia do Infinito comanda o espírito e a palavra Deus brota na ponta da língua. Inspiração e, assim, o acontecimento profético da relação ao novo.

Mas, também, com a colocação em mim da ideia do Infinito, acontecimento profético para além de sua particularidade psicológica: pulsação do tempo primordial em que, por ela mesma ou de si, a ideia do Infinito – deformalizada – significa. Deus-vindo-à-ideia, como vida de Deus.

PARTE I

RUPTURA DA IMANÊNCIA

1
Ideologia e idealismo*

1. Ideologia e moral

A ideologia usurpa as aparências da ciência, mas o enunciado de seu conceito arruína o crédito da moral. A suspeita de ideologia desfere na moral o golpe mais duro que ela jamais recebeu; ela marca, provavelmente, o fim de toda uma ética dos homens e, em todo o caso, desconcerta a teoria do dever e dos valores.

Entendida como um conjunto de regras de conduta fundamentadas sobre a universalidade das máximas ou sobre um sistema hierarquizado dos valores, a moral possuía em si mesma uma razão. Ela tinha sua evidência e era apreendida em um ato intencional análogo ao conhecer. Como o imperativo categórico, a axiologia pertencia ao logos. A relatividade da moral em relação à história, suas variações e variantes em função das estruturas sociais e econômicas não comprometiam fundamentalmente essa razão: a situação histórica e

---

* As ideias expostas neste estudo foram comunicadas, de forma sucinta, à "Sociedade de Filosofia de Friburgo" na Suíça, em junho de 1972; sob o título *L'éthique comme transcendance et la pensée contemporaine*, em julho de 1972, em Israel, na Sessão do "Summer Institute on Judaism and contemporary thought", em hebraico; e em conferência pública, sob a égide da "Katholieke Theologische Hogeschool", em Amsterdam, em 30 de novembro de 1972. Em numerosos pontos, estas ideias coincidem com alguns dos temas expostos por Jean Lacroix, com força e concisão, em *Le personnalisme comme anti-idéologie* (P.U.F., 1972). Publicado em *Démythisation et idéologie*, Atas do Colóquio organizado pelo centro internacional de estudos humanistas e pelo Instituto de Estudos Filosóficos de Roma, ed. Aubier, 1973.

o particularismo social deixavam-se interpretar corretamente como determinantes das condições "subjetivas" do acesso ao logos e dos interstícios que aí são necessários; condições variáveis de uma clarividência que não caía pronta do céu e que conhecia períodos de obscuridade. O relativismo ao qual a experiência dessas condições parecia convidar atenuava-se à medida que a evolução histórica deixava-se compreender como manifestação da razão a si mesma, como racionalização progressiva do Sujeito até ao absoluto de uma razão tornando-se ato livre ou razão prática eficaz. Utilizada na crítica marxista do humanismo burguês, a noção de ideologia muito deve de sua força persuasiva a Nietzsche e a Freud. Que a aparência da racionalidade possa ser mais insinuante e mais resistente que um paralogismo, que seus poderes de mistificação se dissimulem a ponto de a arte lógica não satisfazer à desmistificação e que a mistificação mistifique os mistificadores, provindo de uma intenção inconsciente de si mesma – eis a novidade dessa noção.

Entretanto, pode-se pensar que a estranha noção de uma razão suspeita não surgiu de um discurso filosófico que simplesmente se deixou levar por suspeitas ao invés de produzir provas[1]. Seu sentido impõe-se no "deserto que cresce", na miséria moral crescente da era industrial. Sentido que significa no gemido ou no grito denunciador de um escândalo, ao qual a Razão – capaz de pensar como ordem um mundo onde se vende o "pobre por um par de sandálias" – ficaria insensível sem esse grito[2]. Grito profético, mal apenas discurso; voz que brada no deserto; revolta de Marx e dos marxistas para além da ciência marxiana. Sentido dilacerante como um grito, que não é assimilado pelo sistema que o absorve e onde não cessa de ressoar com voz diferente daquela que o discurso coerente manifesta. Não é sempre verdadeiro que o não filosofar é ainda filosofar! A força de ruptura da ética

---

1. É à crítica firme que Claude Bruaire faz da ideia de suspeita que tentam responder as linhas que seguem.

2. Como a denúncia da retórica por Platão supõe o escândalo moral da condenação de Sócrates.

não atesta um simples relaxamento da razão, mas o fato de pôr em questão o filosofar, questionamento que não pode recair em filosofia. Mas que singular reviravolta! Por sua relatividade histórica, por suas desenvolturas normativas que se diz regressivas, a ética é a primeira vítima da luta contra a ideologia que ela suscita. Ela perde seu estatuto de razão por uma condição precária na Astúcia. Ela passa por um esforço inconsciente, seguramente, mas suscetível também de tornar-se consciente e, consequentemente, corajoso ou negligente com a intenção de enganar os outros e seus próprios fiéis ou pregadores. Sua racionalidade, de puro disfarce, é astúcia de guerra de uma classe oposta à outra ou refúgio de seres frustrados, feixe de ilusões comandadas pelos interesses e necessidades de compensação.

2. Ideologia e "desinteressamento"

Que a ideologia – como a razão na dialética transcendental de Kant – seja uma fonte necessária de ilusões é, provavelmente, uma visão ainda mais recente. Se for verdade o que diz Althusser, a ideologia exprime sempre a maneira pela qual a dependência da consciência relativamente às condições objetivas ou materiais que a determinam – e que a razão científica apreende em sua objetividade – é vivida por essa consciência. É preciso logo se perguntar se isso não nos ensina, ao mesmo tempo, certa excentricidade da consciência em relação à ordem controlada pela ciência – e à qual, sem dúvida, a ciência pertence – como uma luxação do sujeito, um espasmo, um "jogo" entre ele e o ser.

Se a ilusão é a modalidade desse jogo, nem por isso torna ilusório esse jogo, ou diferença, ou exílio ou "falta de pátria" ontológica da consciência. A diferença seria o simples efeito do inacabamento da ciência que, ao completar-se, roeria até à corda o sujeito, cuja vocação suprema estaria somente a serviço da verdade e que, tendo a ciência atingido seu fim, perderia sua razão de ser? Mas, neste caso, a diferença entre o sujeito e o ser significaria o adiamento indefinido da realização científica. Da mesma forma, essa diferença redescobre-se na possibilidade que teria o sujeito de esquecer a ciência, a qual, tendo colocado a ideologia em seu lugar e, seguramente, fazendo-lhe perder a pretensão de ser um conhecimento verdadeiro e de dirigir atos eficazes, o teria conduzido à categoria de fator psicológico a ser modificado pela práxis como qualquer outro fator do real. Contudo, ela não terá impedido que essa ideologia, agora inofensiva, continue a assegurar a permanência de uma vida subjetiva que vive de suas ilusões desmistificadas. Vida em que, sob o nariz da ciência, se comete loucuras, se come e se distrai, se tem ambições e gostos estéticos, se chora e se indigna, em que se esquece a certeza da morte e toda a física, a psicologia e a sociologia que, por trás da vida, comandam esta vida. A diferença entre o sujeito e a realidade, atestada pela ideologia, derivaria, assim, ou de uma realização sempre adiada ou do esquecimento sempre possível da ciência.

Mas essa diferença vem do sujeito? Vem de um ente preocupado com seu ser e perseverando no ser; vem de uma interioridade revestida de uma essência de personagem, de uma singularidade que se compraz na sua ex-ceção, preocupada com sua felicidade – ou com sua salvação – com suas dissimulações privadas no seio da universalidade do verdadeiro? Será que é o próprio sujeito que terá cavado um vazio como ideologia entre ele e o ser? Esse vazio não deriva de uma ruptura anterior às ilusões e às maquinações que o preenchem, não deriva de uma interrupção da essência, de um não lugar, de uma "utopia", de um puro intervalo da *epoché*[3] aberto pelo desinteressamento? A ciência não teria tido ainda, nessa altura, nem sonhos consoladores a interromper, nem megalomania a reconduzir à razão; só teria encontrado aí a distância

---

3. Devemos à observação feita pelo professor Filiasi Carcano esta aproximação com a *démarche* husserliana da Redução transcendental que o termo *epoché* evoca. A ex-ceção ao ser que chamamos desinteressamento terá – como veremos mais adiante – um sentido ético. O ético seria, assim, a possibilidade de um movimento tão radical quanto a redução transcendental.

necessária à sua imparcialidade e objetividade. A ideologia teria sido, assim, o sintoma ou o sinal de um "não lugar", em que a objetividade da ciência se subtrai a toda parcialidade. Como decidir entre os termos da alternativa? Talvez um outro momento do espírito moderno sugerirá o sentido da opção a escolher, além de uma análise mais completa do desinteressamento.

3. A ciência ininterrupta

Dessa condição incondicional – dessa necessidade de se arrancar ao ser para se erguer em forma de sujeito sobre um solo absoluto ou utópico, sobre um terreno que torna possível o desinteressamento – a epistemologia moderna pouco se preocupa. Até desconfia disso: todo afastamento da realidade favorece, a seus olhos, a ideologia. As condições da racionalidade estão, de ora em diante, do lado do próprio saber e da atividade técnica que dele resulta. Uma espécie de neocientismo e de neopositivismo domina o pensamento ocidental. Ele se estende aos saberes que têm o homem como objeto, se estende às próprias ideologias, das quais se desmonta os mecanismos e se mostra as estruturas. A formalização matemática praticada pelo estruturalismo constitui o objetivismo do novo método consequente ao extremo. Na nova ciência do homem, o valor jamais servirá de princípio de inteligibilidade. Nela, precisamente, refugiar-se-ia a grande Mentira: a pulsão ou o instinto como fenômeno mecânico objetivamente desvelável no homem confere, por sua espontaneidade, a ilusão do sujeito e, por seu termo, a aparência de um fim; o fim se faz passar por valor, e a pulsão, consequentemente, ornada em razão prática, é guiada pelo valor promovido a um princípio universal. Eis todo um drama a ser reduzido! Será preciso lembrar Spinoza, o grande demolidor das ideologias, ainda ignorando seu nome, ou dos conhecimentos do primeiro gênero; é o desejável que está em valor, não é o valor que suscita desejos.

Na ambiguidade do desejo que se deixa ainda compreender, quer provocado pelo valor de seu fim, quer instaurando o valor pelo movimento que o anima, só o segundo termo da alternativa se mantém. É ali que começa a morte de Deus. E prolonga-se, em nossos dias, a ponto de subordinar a axiologia aos desejos compreendidos como pulsões, os quais se ordenam segundo certas fórmulas nas máquinas desejantes que seriam os homens. A nova teoria do conhecimento não confere mais nenhuma função transcendental à subjetividade humana. A atividade científica do sujeito interpreta-se como desvio pelo qual se arrimam em sistema e se mostram as diversas estruturas às quais a realidade se reduz. O que se chamava, antigamente, esforço de uma inteligência na invenção, nada mais seria que um acontecimento objetivo do próprio inteligível e, de alguma maneira, um encadeamento puramente lógico. A verdadeira razão, contrariamente aos ensinamentos kantianos, não teria interesse. O estruturalismo é o primado da razão teórica.

O pensamento contemporâneo move-se, assim, num ser sem traços humanos, cuja subjetividade perdeu seu lugar no meio de uma paisagem espiritual que se pode comparar àquela que se ofereceu aos astronautas que, como primeiros, pisaram sobre a lua e onde a terra se mostrou astro desumanizado. Espetáculos encantadores, jamais vistos! *Déjà vu* para as próximas viagens! Descobertas das quais se leva quilos de pedras compostas pelos mesmos elementos químicos dos nossos minerais terrestres. Respondem, talvez, a problemas que, até então, pareciam insolúveis aos especialistas; alargam, talvez, o horizonte dos problemas espaciais. Não rasgarão a linha ideal que seguramente não é mais o encontro do céu e da terra, mas que marca o limite do Mesmo. No infinito do cosmos oferecido a seus movimentos, o cosmonauta ou o pedestre do espaço – o homem – encontra-se cercado sem poder colocar o pé para fora.

Será que a ciência produziu o *além do ser* descobrindo o todo do ser? Será que ela deu a si mesma o lugar ou o não lugar necessário a seu próprio nascimento, à manutenção de seu espírito objetivo? A questão permanece. A aventura sobre-humana dos astronautas – para nos referir a essa aventura como a uma parábola – certamente irá, em determinado momento, além de todos os saberes que a possibilitaram. Serão os velhos versículos bíblicos recitados por Armstrong e Collins. Mas essa recitação *ideológica*, talvez, nada mais terá expresso que a tolice de pequenos burgueses americanos inferior à sua coragem. E os infinitos recursos da retórica. Da retórica, no sentido platônico, que lisonjeia os ouvintes, conforme *Górgias*, e que "é para a arte judicatória o que a cozinha é para a medicina" (465 c); porém, de uma retórica pressentida em toda a amplidão de sua essência ideológica enquanto "simulacro de uma espécie da arte política" (463 d). E retórica também como poder de ilusão da linguagem, segundo *Fedro*, independentemente de qualquer lisonja ou interesse: "...não unicamente em relação aos debates judiciários, nem em relação a todos aqueles da Assembleia do povo... mas... em relação a todo uso da palavra... estar-se-á em condições de tornar qualquer coisa semelhante a qualquer coisa..." (261 d-e). Retórica que não deriva do discurso que procura ganhar um processo ou um lugar; mas retórica enquanto corrói a substância mesma da palavra, precisamente enquanto esta se encontra em condição de "funcionar na ausência de toda verdade". Neste caso, já não se está diante da eventualidade de significações redutíveis ao jogo de sinais separados dos significados? Mas, como consequência, estar-se-á diante de uma ideologia mais desolada que toda ideologia e que nenhuma ciência poderia recuperar sem correr o risco de resvalar no jogo sem saída que ela quereria interromper. Ideologia enovelada no fundo do próprio *logos*. Platão crê poder escapar-lhe pela boa retórica. Mas, já percebe no discurso a imitação simiesca do discurso.

Por outro lado, existe também, na parábola da navegação intersideral, a tolice atribuída a Gagarin, declarando não ter encontrado Deus no céu. A não ser que se a leve a sério e nela se perceba um depoimento muito importante: a nova condição de existência na ausência de gravidade de um espaço "sem lugar" é ainda experimentada pelo primeiro homem que nele é lançado como um *aqui*, como o *mesmo* sem alteridade verdadeira. As maravilhas da técnica não abrem o *além* onde nasceu a Ciência, sua mãe! Nada de exterior em todos esses movimentos! Que imanência! Que mau infinito! O que Hegel exprime com precisão digna de nota: "Alguma coisa torna-se um Outro, mas o Outro é ele mesmo um Algo, portanto ele se torna igualmente um Outro e assim sucessivamente, ao infinito. Esta infinidade é a má ou negativa infinidade enquanto não é nada mais que a negação do finito, que, entretanto, também renasce e, consequentemente, da mesma forma não é suprimido"[4].

O mau infinito procede de um pensamento incompletamente pensado de um pensamento do entendimento. Porém, o pensamento do além do entendimento é necessário ao próprio entendimento. Uma ruptura da Essência não se mostra objetivamente no espírito moderno?

4. O outro homem

Que movimento e que vida são estes, "objetivamente" manifestados nos tempos modernos – que não são nem ideologia ilusória nem ainda Ciência –, pelos quais no ser advém como uma luxação, à guisa da subjetividade ou da humanidade do sujeito? A face visível dessa *interrupção ontológica* – dessa *epoché* – não coincide com o movimento "por uma sociedade melhor"? Nem por isso o mundo moderno deixa de ser menos agitado – e até em suas profundezas religiosas – pela denúncia das ideologias, embora, à imagem de Harpagon gritando "ladrão", nesse movimento se esteja pronto a levantar a suspeita de ideologia. Reivindicar a justiça para o *outro homem* não é retornar à moral? Incontestavelmente, é retornar à própria moralidade da moral! Porém, a preocupação invencível pelo outro homem em sua indigência e não instalação – na sua nudez – na sua condição ou incondição de proletário, foge à finalidade suspeita das ideologias; a *procura* do outro homem ainda distante já é a *relação* com

---

4. HEGEL. *Encyclopédie*. Paris: Éd. Lasson, parágrafos 93-94, p. 357 [Edição de 1827 e 1830, tradução de B. Bourgeois].

1 Ideologia e idealismo

ele, relação em toda a sua retidão – tropo específico da aproximação do próximo, a qual já é proximidade. Eis que surge algo diferente da complacência nas ideias que se afinam com o particularismo de um grupo e seus interesses. *Sob as espécies* da relação com o outro homem que, proletário, na nudez de seu rosto, não pertence a nenhuma pátria, surgem uma transcendência, uma saída do ser e, assim, a própria *imparcialidade*, pela qual, especialmente, tornar-se-á possível a ciência na sua objetividade e humanidade à guisa de eu.

Como a exigência de rigor científico, como a anti-ideologia, da mesma forma a revolta contra uma sociedade sem justiça exprime o espírito de nossa época[5]. Revolta contra uma sociedade sem justiça, mesmo que na sua injustiça ela apareça equilibrada, regida por leis, submissa a um poder e constituindo uma ordem, um Estado, uma cidade, uma nação, uma corporação profissional; revolta que busca uma sociedade diferente, mas revolta que recomeça desde que a outra sociedade se instala; revolta contra a injustiça que se instaura a partir da ordem instaurada – tonalidade nova, tonalidade da juventude, no antigo progressismo ocidental. Como se se tratasse de uma justiça que se acusa senil e caduca a partir do momento em que as instituições existem para protegê-la; como se, apesar de todos os recursos às doutrinas e às ciências políticas, sociais, econômicas, apesar de todas as referências à razão e às técnicas da Revolução, o homem fosse procurado na Revolução enquanto ela é desordem ou revolução permanente, ruptura dos quadros, supressão das qualidades e, à semelhança da morte, libertando-o de tudo e do todo; como se o outro homem fosse procurado – ou aproximado – numa alteridade em que nenhuma administração jamais poderia atingi-lo; como se no outro homem, mediante a justiça, devesse abrir-se uma dimensão que a burocracia,

---

5. Ela o exprime ou, talvez, já o altere numa caricatura. Certamente. E esse estranho destino de uma revelação numa caricatura merece uma reflexão à parte. Porém, a caricatura é uma revelação, da qual é preciso extrair um sentido; sentido que pede correção, mas que não se pode impunemente ignorar nem negligenciar.

inclusive a de origem revolucionária, clausura em nome de sua universalidade mesma, em nome da entrada da singularidade de outrem sob conceito, que a universalidade comporta; e como se *sob as espécies* de uma relação com outrem nu de toda essência – com um *outro*, irredutível ao indivíduo de uma espécie, ao indivíduo da espécie humana – se entreabrisse o *além* da essência ou, num idealismo, o *des-interessamento* no sentido forte do termo, no sentido de suspensão da essência. A indigência econômica do proletário – também sua condição de explorado – seria a desnudação absoluta do outro como outro, a de-formação até ao *sem forma*, para além da simples mudança de forma. Idealismo suspeito de ideologia? No entanto, movimento tão distante do ideológico – tão distante do repouso numa situação adquirida e do autocontentamento – que se torna questionamento de si, autoposição que imediatamente se de-põe, como para o outro. Questionamento que não significa uma queda no nada, mas uma responsabilidade-pelo-outro, responsabilidade esta que não é *assumida* como poder, responsabilidade à qual de imediato fico exposto, como um refém; responsabilidade que significa, no fim de contas, até no âmago de minha "posição" em mim, minha substituição a outrem. Trata-se de transcender o ser *sob as espécies* do desinteressamento! Transcendência que chega *sob as espécies* de uma aproximação do próximo sem retomada de fôlego, ao ponto de ser-lhe substituição.

Relação de idealismo por trás da ideologia. O pensamento ocidental não o aprende somente dos movimentos dos jovens de nosso século. Platão enuncia um *além* da justiça institucional, fora do visível e do invisível, fora do aparecer, como aquele dos mortos julgando os mortos (*Górgias*, 253 e); como se a justiça dos vivos não pudesse atravessar as vestes dos homens, isto é, não pudesse penetrar nos atributos que, em outrem, se oferecem ao saber, atributos que o mostram e também o escondem; como se a justiça dos vivos julgando os vivos não pudesse despojar os julgados das qualidades de suas naturezas que sempre lhes são comuns com aquelas que recobrem os juízes; e como se a justiça não pudesse, consequentemente, aproximar pessoas que não fossem pessoas de qualidade e, na proximidade de outrem, sair em direção do absolutamente outro. No mito de *Górgias* (523 c-d), Zeus censura com extrema precisão o "julgamento final" – que ele entende reformar num espírito digno de um deus – pelo fato de permanecer um tribunal em que homens "todos vestidos" são julgados por homens, eles igualmente, todos vestidos e "tendo colocado à frente de suas almas uma tela feita de olhos, de orelhas e do corpo no seu conjunto". Uma tela toda feita de olhos e de orelhas! Ponto essencial: tematizado, outrem é sem unicidade. Ele é devolvido à comunidade social, à comunidade de seres vestidos, em que as prioridades de classe impedem a justiça. As faculdades de intuição, das quais todo corpo participa, são precisamente as que impedem a visão e separam como uma tela a plasticidade do percebido, absorvem a alteridade do outro, pela qual precisamente ele não é um objeto à nossa disposição, mas o próximo.

Para Platão, entre um e outro, "mortos ao mundo" tanto um como outro[6], carecendo consequentemente de ordem comum, uma relação é possível; uma relação é possível sem plano comum, quer dizer, uma relação na diferença; a diferença significa não indiferença; esta não indiferença é desenvolvida por Platão à guisa de justiça derradeira – e eis que, com todas as aproximações do mito, se enuncia na *essência* do ser uma excentricidade, um des-interessamento. Acontece sob as espécies da relação com outrem, sob as espécies da humanidade do homem. Além da essência, des-inter-essamento; mas, à guisa do justo julgamento e não de um nada. A ética não vem se sobrepor à essência como uma segunda camada, em que se refugiaria um olhar ideológico incapaz de encarar o real. O mandamento do absoluto, como se expressa

---

6. Na literatura talmúdica, o enterro de um cadáver humano, do qual nenhum parente quer ou não pode se ocupar, é chamado "misericórdia de verdade". O sumo sacerdote, se encontra o cadáver em seu caminho, no momento em que se dirige ao Templo para celebrar o Kippur, não deve hesitar em se "tornar impuro" pelo contato com o morto: a "misericórdia de verdade" é mais importante que a liturgia do Dia do Perdão. Símbolo de uma misericórdia absolutamente gratuita. Aquela que se presta a outrem "como se ele estivesse morto" e não uma lei para os mortos, para a qual o Evangelho teve uma fórmula severa.

Castelli num contexto diferente, não está "no sistema de uma possível ideologia" e "constitui uma desordem" a respeito da racionalidade do saber. A significação – o um-para-o-outro – a ética e a ruptura da essência são o fim dos prestígios de seu aparecer. Platão fala, enfim, de um julgamento sobre o mérito. Seria o mérito, sob qualidades aparentes, algum atributo real, algum pós-atributo, do qual o julgamento não poderia se desfazer, induzindo novamente outrem sob conceito e não realizando a saída? Ou, indo de mim a outrem, como se ambos estivéssemos mortos, o julgamento final não é a modalidade pela qual um ser se põe no lugar de outro, contrariamente a toda perseverança no ser, a todo *conatus essendi*, a todo conhecimento que do outro não acolhe senão conceitos? Não significa a substituição a outrem?[7] Que pode significar o pôr-se em movimento para se colocar no lugar do outro senão literalmente a aproximação do próximo?

5. O outro "sob as espécies" do outro homem

Pode-se ficar surpreso pelo radicalismo da afirmação em que a ruptura da essência do ser, irredutível à ideologia, significa sob as espécies da responsabilidade para com o outro homem, aproximado na nudez de seu rosto, na sua não condição de proletário, sempre "perdendo seu lugar"; afirmação em que o além do ser significa sob as espécies de meu desinteressamento de morto que não espera nada de um morto. Não é difícil ver que o para do "para outro" de minha responsabilidade por outrem não é o para da finalidade; que o para outro daquele que está exposto a outrem sem defesa nem cobertura, numa in-quietude incessante de não ser aberto, na inquietude de se "nuclear" em si, é uma abertura de si, inquietude que vai até a desnucleação. Não vamos retomar esse tema, muitas vezes desenvolvido alhures. Mas, onde se produziria o "outramente" absoluto do "além do ser", enun-

---

7. É assim que lemos, acentuando-o vigorosamente, o dizer talmúdico: "Não julgues teu próximo enquanto não tiveres chegado em seu lugar". *Tratado do princípios* 7 A.

1 Ideologia e idealismo

ciado por Platão e Plotino, contra a identidade ilacerável do Mesmo – cuja obstinação ontológica se encarna ou se obstina em um Eu – senão na substituição a outrem?

Com efeito, nada é absolutamente outro no ser servido pelo saber em que a variedade vira monotonia. Não é esse o pensamento do livro dos Provérbios (14,13): "Mesmo no riso o coração sofre e na tristeza termina a alegria"? O mundo contemporâneo, científico, técnico e gozador se vê sem saída – isto é, sem Deus – não porque tudo lhe é permitido e, pela técnica, tudo possível, mas porque nele tudo é igual. O desconhecido logo faz-se familiar e o novo, costumeiro. Nada é novo sob o sol. A crise inscrita no Eclesiastes não está no pecado, mas no tédio. Tudo se absorve, se deturpa pouco a pouco e se enclausura no Mesmo. Encantamento dos lugares pitorescos, hipérbole dos conceitos metafísicos, artifício da arte, exaltação das cerimônias, magia das solenidades – em todas as situações se suspeita e se denuncia um aparato teatral, uma transcendência de pura retórica, o jogo. Vaidade das vaidades: o eco de nossas próprias vozes tomado como resposta às poucas orações que ainda nos restam; em toda parte, recaída sobre nós mesmos, como após o êxtase da droga. Com exceção de outrem que, em todo esse tédio, não se pode abandonar.

A alteridade do absolutamente outro não é uma quididade inédita qualquer. Enquanto quididade, está num plano que já lhe é comum com as quididades das quais se separa. As noções do antigo e do novo, entendidas como qualidades, não são suficientes à noção do absolutamente outro. A diferença absoluta não pode delinear ela mesma o plano comum àqueles que diferem. O outro, absolutamente outro, é Outrem. Outrem não é um caso particular, uma espécie da alteridade, mas a original exceção à ordem. Não é porque Outrem é novidade que "surge" uma relação de transcendência; mas é porque a responsabilidade por Outrem é transcendência que pode surgir algo de novo sob o sol.

Minha responsabilidade pelo outro homem, a paradoxal, a contraditória responsabilidade por uma liberdade estranha, que – segundo uma palavra do tratado talmúdico (Sota 37 B) – vai até a responsabilidade por sua responsabilidade, não provém do respeito devido à universalidade de um princípio nem de uma evidência moral. Ela é a relação excepcional em que o Mesmo pode ser concernido pelo Outro sem que o Outro se assimile ao Mesmo. Relação em que se pode reconhecer a inspiração para conferir, neste sentido rigoroso, o espírito ao homem. Que importa! Sobressaindo à retórica de nossos entusiasmos, na responsabilidade por outrem, surge um sentido que nenhuma eloquência poderia distrair – nem mesmo a poesia! Ruptura do Mesmo, sem que o Mesmo se retome nos seus costumes; sem envelhecimento – novidade – transcendência. Ela se diz, toda inteira, em termos éticos. À crise do sentido, atestada pela "disseminação" dos sinais verbais que o significado não consegue mais dominar, pois ele nada mais seria que ilusão e ardil ideológico, opõe-se o sentido, prévio aos "ditos", repelindo as palavras e irrecusável na nudez do rosto, na indigência proletária de outrem e na ofensa sofrida por ele. Provavelmente é isso que ensinam os doutores do Talmud que já conhecem um tempo em que a linguagem corrompeu as significações de que se supõe ser portadora, ao falarem de um mundo cujas orações não podem penetrar o céu, pois todas as portas celestes estão fechadas, salvo aquela por onde passam as lágrimas dos ofendidos[8].

Que o outro enquanto outro não seja uma forma inteligível ligada a outras formas no processo de um "desvelamento" intencional, mas um rosto, a nudez proletária, a indigência; que o outro seja outrem; que a saída de si seja a aproximação do próximo; que a transcendência seja proximidade; que a proximidade seja responsabilidade pelo outro, substituição ao outro, expiação pelo outro, condição – ou incondição – de refém; que a responsabilidade como resposta seja o prévio Dizer; que a transcendência seja a comunicação, implicando, além de uma simples troca dos sinais, o "dom", "a casa aberta" – eis alguns termos éticos pelos quais a transcendência significa à guisa de humanidade ou o êxtase como des-interessamento. Idealismo antes da Ciência e da Ideologia.

---

8. Tratado *Berakhoth* 32 B; Tratado *Baba Metzia* 59 B. Os dois textos devem ser lidos conjuntamente.

2
Da consciência ao despertar*
A partir de Husserl

> ... *Eu durmo mas meu coração vigia...*
> Cântico dos Cânticos 5,2

1. A insegurança da razão

A fenomenologia husserliana intervém no nível do humano, lá onde razão significa a manifestação dos seres a um conhecimento verdadeiro, ciosa de sua *presença* em original, de sua *presença* em sua identidade de seres ou sua presença enquanto ser. Que os seres possam aparecer sem permanecer em seu ser – que aí possa haver, por meio de sinais ou de palavras, seres aparecendo sem seu ser; que, nas imagens, os seres só ofereçam sua semelhança em lugar de sua identidade; que as imagens os recubram ou deles se destaquem como peles; que aí possa haver semelhança e, consequentemente, igualdade; que de todos os regimes do aparecer, a aparência seja o inverso sempre possível – tudo isso, desde os primeiros passos da filosofia, estaria a significar uma insegurança do racional. A razão, como modalidade do conhecimento, deveria desconfiar de certos jogos que a enfeitiçam. Ela seria obrigada à vigilância para anular ilusões. Não se deve dormir, é preciso filosofar[1].

---

* Publicado em francês na revista holandesa *Bijdragen*, n. 35, 1974.

1. Falar de *insegurança da razão* não é admitir, implicitamente, uma razão à guisa de lucidez exercitando-se na luz do ser, mas ameaçada pela possível inconsistência do ser manifestado, ameaçada pela ilusão? No entanto, no presente ensaio, contestamos precisamente esta interpretação ontoló-

Que esses jogos enfeitiçadores possam acontecer na própria razão e sem chocar seu desenvolvimento racional – sem se dar conta, por assim dizer; que haja, por consequência, necessidade – contra a própria lucidez – de um exercício da razão *diferente* do seu exercício espontâneo e não prevenido; que possa haver necessidade de vigilância contra a evidência e contra seus sonhos de dia claro; dito de outro modo, que haja necessidade de uma filosofia *distinta do "bom-senso"* e da pesquisa científica – eis em que consiste a novidade do criticismo. O kantismo, no qual se concorda ver o "começo do fim" da filosofia, terá sido o momento decisivo desse apelo a uma filosofia diferente da ciência. Momento caracterizado pela denúncia da *ilusão* transcendental – da malícia radical na boa-fé ou numa razão inocente de todo sofisma e que, paradoxalmente, Husserl chamou ingenuidade. Como se a racionalidade, isto é, segundo a acepção ocidental, a absorção do conhecimento pelo ser fosse ainda semiembriaguez; como se, compenetrada na sua vigilância de lúcida, a razão identificando o ser dormisse de pé ou caminhasse como sonâmbula e ainda sonhasse; como se, na sua sobriedade, ela fermentasse ainda algum vinho misterioso.

Vigilância e dogmatismo que continuam a ser interpretados como saberes, mais extensos, mais claros, mais adequados. O fato de que a razão possa ser ingênua e ainda insuficientemente desperta, que ela deva desconfiar de sua segurança, mostra-se, em Kant, na aventura "teorética" em que a razão, como sempre no Ocidente, é investida da missão de verdade e se empenha em descobrir o ser; consequentemente, nela ou por ela, o ser se mostra enquanto ser. É a presença do ser enquanto ser ou a lucidez da re-presentação que confere ainda, em Kant, a medida da sobriedade, do desembriagamento e da vigilância. Por sua vez, essa vigilância é interpretada

---

gica da razão para chegarmos a uma razão entendida como *vigilância*, em que objetividade e objetivação só começam a uma certa profundidade, onde o sono ainda não se dissipou. – A linguagem de contestação aqui utilizada, certamente, permanece ontológica em sua estrutura. Mas significa que o nível da lucidez que o despertar alcança não é indiferente, e que é indispensável ao despertar. Será preciso mostrá-lo mais adiante.

2 Da consciência ao despertar – A partir de Husserl

como atividade, isto é, como permanecer-o-mesmo ou como um voltar-à-sua-identidade sob toda afecção (como uma imanência) e, assim, como invulnerabilidade, não fissibilidade, individualidade sob os golpes da afecção: invulnerabilidade no sofrer que se chamará unidade do "eu penso", solidez que significará "eu quero", mas imediatamente entendida como um apreender, como apercepção transcendental – a passividade da ferida recebida transformando-se em assunção, em síntese e, assim, em simultaneidade sinóptica da presença. O limite da racionalidade – ou da vigilância – será entendido como um limite da atividade. E, em Kant, a vigilância do racional terá ultrapassado esse limite na moral que será vigilância completa, plena racionalidade e plena – isto é, livre – atividade. Entretanto, é digno de nota que a noção do racional, inicialmente reservada na sua significação à ordem do conhecimento – ligada, por consequência, ao problema do ser enquanto ser – tenha tomado bruscamente em Kant sentido numa ordem diversa daquela do conhecimento; mesmo que, dessa aventura essencial ao humano na tradição ocidental, a razão guarde (apesar da passividade que, como imperativo categórico, não deixará de atestar) sua pretensão à atividade, isto é, sua pertença, primeira ou última, à categoria do Mesmo. A razão é a identidade que se põe como Eu: identidade que se identifica – que volta a si – pela força de sua forma. É isso que se produz justamente sob a forma de consciência de si: ato de identificação ou identificação em ato. Força que volta a si conforme um itinerário que só se traça através do mundo e da história da humanidade. A racionalidade da razão, à guisa de consciência, não deixaria, assim, nada fora. A energia do retorno a si da identificação – esta *vis formae* – é a atividade de todo ato e, se for desembriagamento, desembriagamento no Mesmo, um retornar-a-si.

2. Adequação e vida

A fenomenologia husserliana impregnada de razão enquanto presença do ser em original, e invocando como princípio dos princípios – como racionalidade da razão – a intuição, foi entretanto a crítica mais rigorosa da evidência e isso até na evidência dos encadeamentos lógico-matemáticos (que a fenomenologia, no entanto, preservou contra toda psicologização, a ponto de passar, notadamente após os Prolegômenos, por sua suprema garantia). Sem nunca contestar ao conhecimento o privilégio de deter a origem do sentido, a fenomenologia não deixa de procurar, por trás da lucidez do sujeito e da evidência de que se satisfaz, como um acréscimo de racionalidade. Este não seria atribuído nem a um remontar ao princípio incondicional de uma dedução, nem a uma intensificação qualquer da luz, nem a um alargamento do horizonte objetivo do aparecer, o qual teria que "suprimir" o caráter parcial do dado, restituindo a parte do ser que se manifesta ao olhar do conhecimento à totalidade do universo que ela anuncia.

Às vezes, na obra husserliana, o recurso ao subjetivo toma a aparência de grande preocupação com a totalidade. Tanto é verdade que, à guisa de psicológico, o subjetivo pertence à totalidade do mundo e do ser. Assim, na sua Psicologia fenomenológica[2], os modos subjetivos do aparecer do mundo e da natureza – as Erscheinungsweisen, os aspectos do real que variam segundo as orientações e movimentos do corpo – e, mais profundamente ainda, a camada hilética do vivido, em sua função de sumários ou "silhuetas" (*Abschattungen*) constituindo "os aspectos subjetivos" do objeto (e mesmo a camada hilética despojada dessa função e considerada como vivida por ela mesma) – e, sem dúvida, aquém destas orientações subjetivas, as condições sociais da pesquisa e da identificação do verdadeiro (de que Husserl não fala) – tudo isso ainda é ser e faz parte do mundo[3]. Ignorar essa parte subjetiva do ser não é somente ser lançado em direção a abstrações, mas é também falsear um saber que se contentava com um

---

2. *Husserliana IX, Phaenomenologische Psychologie*, § 27ss., p. 147ss.

3. A ponto de se prolongar nas instituições de pesquisas, laboratórios e anfiteatros das Universidades que orientam estas "orientações". Estas "condições" do aparecimento do "ser em sua verdade" fazem evidentemente parte do ser e do mundo e justificam a recuperação do psíquico pela objetividade e pela extensão da ciência à psicologia.

2 Da consciência ao despertar – A partir de Husserl

real truncado. E, contudo, esse lado psíquico não constitui uma "região" do ser integrando-se ao mundo ou associando-se à natureza dialeticamente para "compor sistema" com ela, visto que sua descrição fenomenológica é um caminho privilegiado que leva à Redução, isto é, ao "absoluto" da consciência cujo sentido não é mais devedor a nada que seja existência do mundo. O "globo do mundo navega no subjetivo", de acordo com uma fórmula pitoresca da Psicologia fenomenológica: o elemento em que navega o mundo não tem o estatuto deste mundo, sequer tem estatuto, pois é somente por ele que o próprio equilíbrio de todo estatuto – a identificação do Mesmo – está assegurado.

Um acréscimo de racionalidade em relação ao que a evidência já contém se adquire, pois, em fenomenologia, por uma mudança de nível, por um aprofundamento que se efetiva da seguinte maneira precisa: num sujeito absorvido, com toda lucidez, pelo seu objeto, trata-se de despertar uma vida que a evidência absorveu e fez esquecer ou tornou anônima. De maneira mais geral ainda, trata-se de descer da entidade iluminada na evidência em direção ao sujeito que aí mais se apaga do que se anuncia.

A necessidade de ir em direção ao sujeito e de refletir sobre a consciência e a vida intencional em que o mundo e os objetos estão "noematicamente" presentes é, seguramente, motivada de vários modos, nos diversos momentos da apresentação da obra husserliana, enquanto o gesto motivado é sempre o mesmo.

Nas Investigações lógicas (primeira edição), à guisa de psicologia descritiva, a fenomenologia deve fazer com que sejam evitados certos equívocos que se infiltram nos dados, em razão da confusão entre o subjetivo e o objetivo[4]. Isso

---

4. Em virtude de uma tendência "de modo algum fortuita". Citamos *Recherches logiques (Investigações lógicas)* segundo a tradução de Hubert Elie, feita com a colaboração de Kelkel e Scherer – Paris: P.U.F., vol. 2, parte I, 1961, p.10 [Coleção Epimethée]. Nas Notas Anexas deste volume, encontram-se as variantes que distinguem a primeira edição, texto alemão de 1901, da segunda.

requer uma teoria do conhecimento que torna possível "as determinações seguras e últimas, senão de todas as distinções e evidências objetivas, pelo menos da maioria delas"[5]. Mas, infiltrações de sentido também se produzem por causa da linguagem e do simbolismo contra os quais a evidência objetiva está sem defesa: "Embora seja a análise ideal e não a análise fenomenológica dos vividos concretos que faça parte do domínio originariamente próprio da lógica pura, esta última ma nem por isso deixa de ser indispensável para o avanço da primeira. [...] O lógico nos é dado, em primeiro lugar, sob uma forma imperfeita: o conceito aparece-nos como uma significação verbal mais ou menos flutuante, a lei como uma asserção não menos flutuante, porque se constrói com conceitos. É verdade que, mesmo assim, não nos faltam evidências lógicas. Apreendemos com evidência a lei pura e sabemos que se fundamenta sobre as formas puras do pensamento. Mas esta evidência está ligada aos significados de palavras que estavam vivas na realização do ato de julgar enunciador da lei. Em virtude de um equívoco que passa despercebido, outros conceitos podem infiltrar-se sob essas palavras, e, para os significados profissionais que foram modificados, pode-se apelar injustamente à evidência experimentada anteriormente. De modo inverso, essa falsa interpretação proveniente de um equívoco também pode desnaturar o sentido das proposições de lógica pura (por exemplo, naquele de proposições empírico-psicológicas), e induzir ao abandono da evidência anteriormente experimentada e da significação única do lógico puro. – Essa maneira de ser dadas para as ideias lógicas e para as leis puras que se constituem com elas não pode, por conseguinte, bastar. Eis de onde nasce a grande tarefa de trazer à claridade e à distinção, conforme as exigências da teoria do conhecimento, as ideias lógicas, os conceitos e as leis. – É aqui que intervém a análise fenomenológica etc."[6]. Da mesma forma, um pouco mais adiante: "Mas a evidência

---

5. Op. cit., p. 264, Notas Anexas.

6. Op. cit., p. 7-8. O começo desta citação é tirado da primeira edição das *Recherches logiques*. Cf. Notas Anexas da tradução francesa, p. 263.

2 Da consciência ao despertar – A partir de Husserl

mais completa pode tornar-se confusa, pode ser falsamente interpretada, o que ela revela com toda certeza pode ser rejeitado"[7]. Sobre essas infiltrações de sentido que não devem nada à imperícia dos lógicos, "a lógica formal e a lógica transcendental" continuam a insistir trinta anos mais tarde.

A lógica que o lógico-matemático pode conduzir a bom resultado sem se ocupar de atos psíquicos nos quais sua teoria é vivida exige pois "uma psicologia descritiva" que reflita sobre esse vivido. Obscuridades viriam perturbar o olhar do matemático ou sua linguagem, ou se infiltrariam nos resultados de seu cálculo, enquanto repousariam como adquiridos em alguma escritura, mas fora do pensamento. Uma reflexão teria que verificar a pureza intuitiva inalterada do olhar dirigido para o objetivo. Tudo acontece como se a lucidez da Anschauung voltada para o objeto não fosse suficientemente lúcida e habitasse um espírito insuficientemente desperto. Somente pela reflexão sobre o vivido da consciência é que os termos objetivos se mantêm numa evidência que, por si própria, sem transparência para si, só desperta a si mesma na reflexão.

A motivação da fenomenologia por causa da instabilidade da evidência, em que aparecem os objetos do mundo ou as relações lógico-matemáticas quando é deixada a si mesma, está ligada aos motivos que convidam à teoria do conhecimento, cujo problema se formula de vários modos nas primeiras páginas das Investigações lógicas. "Como se deve compreender que o em si da objetividade chega à representação, portanto, possa tornar a ser, de algum modo, subjetivo?"[8] Essa formulação da teoria do conhecimento remete-nos, seguramente, ao estudo da estrutura geral do conhecer e, por consequência, à análise da consciência e ao sentido da objetividade dos objetos (que, na perspectiva das Investigações lógicas, se tratava de distinguir dos atos da consciência e de evitar qualquer confusão com eles). Mas, entre as duas

---

7. Op. cit., p. 10.
8. Op. cit., p. 11 e Notas Anexas, p. 264.

motivações: a instabilidade das evidências deixadas a si mesmas e a referência à problemática geral da teoria do conhecimento, o elo se estabelece, praticamente, no exercício de fato da fenomenologia.

Em *Ideen I*, a passagem à fenomenologia é chamada Redução transcendental. Ela aí se efetiva na via cartesiana: a partir da inadequação da evidência relativa ao mundo e às coisas que aí se mantêm – mediante a suspensão da crença na existência deste mundo e destes objetos que se afirmam apesar da incerteza – à procura da certeza ou da evidência adequada da reflexão sobre a cogitação, à qual esta mesma crença pertence – para aí medir o grau de sua incerteza e de sua certeza. Ou para esclarecer o sentido ou a modalidade da evidência ingênua! Existe aí uma alternativa que, em Ideen, é uma ambiguidade. Tratar-se-ia de conservar como ideal de certeza aquele da intuição que esposa plenamente a pretensão do pensamento, para medir com este padrão toda certeza? A fenomenologia teria, então, por meta remontar à consciência reduzida, questionar e tornar a questionar a suposta suficiência do mundo dado na evidência ingênua do homem-no-mundo ou do ser dado como mundo, depois de ter descoberto que, na intuição dirigida sobre o mundo, ou em uma consciência integrada ao mundo em forma de consciência psicológica, o pensamento nunca é suprido pela presença daquilo que ele visa, mas se abre por um processo de preenchimento infinito. A apoditicidade da intuição interna – na qual a intuição interna se deixa julgar e circunscrever – seria a finalidade da virada transcendental. Mas, pode-se dizer também que se trata de libertar o pensamento sensato das normas da adequação. Isso o libertaria da obediência ao ser, entendido como acontecimento da identificação do idêntico; acontecimento de identificação que só pode se dar como reunião num tema, como representação e como presença. No caso em que essa libertação seria o essencial, a redução seria não descoberta de incertezas comprometendo a certeza, mas um despertar do espírito para além de certezas ou incertezas, modalidades do conhecimento do ser. A Redução seria um despertar em que desponta uma racionalidade do

2 Da consciência ao despertar – A partir de Husserl

pensamento – significância de sentido – que rompe com as normas que ordenam a identidade do Mesmo. E, talvez (além dos horizontes que são abertos implicitamente pelos textos de Husserl nos quais seu pensamento se mantém firmemente), uma racionalidade do espírito que não se traduz nem em saberes, nem em certezas, designada pelo termo irredutível: despertar. Mesmo em *Ideen I* prevalece incontestavelmente o primeiro termo da alternativa que se acabou de formular. A redução torna possível, certamente, além da crítica contra a certeza das evidências, a descrição de evidências em que as incertezas entram em virtude de aspectos que caracterizam novas modalidades da evidência (e, por consequência, novos modos de ser). Em todo o caso, em *Ideen I*, a passagem a uma racionalidade mais profunda é ainda passagem de um conhecimento menos perfeito a outro mais perfeito; passagem de uma ordem, na qual o recobrimento do visado pelo visto é impossível à ordem da identificação adequada que seria a do apodítico.

Mas eis que, nas Meditações cartesianas, essa racionalidade apodítica interpreta-se diferentemente. Ela não se atém mais à "adequação" da intuição e do ato "signitivo" que a intuição preenche. A intuição do sentido interno é, por sua vez, incapaz de preencher a "intenção signitiva". Além de um núcleo de "presença viva" do eu a si próprio "apenas se estende um horizonte indeterminado de uma generalidade vaga, horizonte daquilo que, de fato, não é o objeto imediato de experiência, mas somente objeto de pensamentos que necessariamente o acompanha. A esse horizonte pertence o passado do eu, quase sempre completamente obscuro etc. ..."[9] Mas o limite do apodítico e do não apodítico não equivale àquele que separa o "núcleo" de seus horizontes – limite que nada indica nem faz valer nos textos (§§ 6-9) que as Meditações cartesianas de Husserl dedicam à apoditicidade. De forma que, na "presença viva do Eu a si mesmo", a adequação do "visado" e do "visto" não é o essencial. "A apoditicidade

---

9. *Méditations Cartésiennes*, p. 19.

pode, segundo os casos, pertencer a evidências inadequadas. Possui uma indubitabilidade absoluta de uma ordem especial e bem determinada, aquela que o cientista atribui a todos os princípios..."[10]. A determinação positiva da apoditicidade, que não se "conjuga com a adequação", falta nessas páginas difíceis em que se atestam, em diversas reprises, as dificuldades ligadas à noção de apoditicidade "provisoriamente negligenciada"[11].

Não será mister admitir que a indubitabilidade específica e excepcional da apoditicidade se refere – sem dela se deixar abstrair – à situação única do *cogito-sum*? Essa situação definiria a apoditicidade; não é um critério qualquer, exterior a essa conjuntura, que a tornaria apodítica. "Negar a apoditicidade do eu sou só é possível se se limitar a esses argumentos (isto é, aos argumentos em favor da dúvida ressurgente na evidência do eu sou) de uma maneira toda exterior"[12]. E, contudo, a necessidade de submeter à crítica (apodítica, ela também) a apoditicidade da experiência transcendental[13] em uma reflexão sobre a reflexão não é contestada. É-nos dito até que não levaria a uma regressão infinita[14]. Ora, não se pode esperar por alguma intuição adequada para deter essa regressão. Somente a evidência de uma ideia "no sentido kantiano do termo" poderia tornar pensável esse infinito da crítica. A apoditicidade da Redução transcendental será, então, uma reflexão sobre a reflexão apenas reunindo numa "ideia no sentido kantiano do termo" um processo sem conclusão da crítica da crítica. A apoditicidade do *cogito-sum* repousa sobre o infinito da "iteração"[15]. O indubitável apodítico não deriva de nenhum traço novo da evidência que lhe asseguraria uma abertura melhor sobre o ser ou uma nova aproximação.

---

10. Op. cit., p. 13.
11. Op. cit., p. 20.
12. Op. cit., p. 19.
13. Op. cit., p. 25, 129.
14. Op. cit., p. 130.
15. Cf. *Totalité et infini*, p. 65ss.

2 Da consciência ao despertar – A partir de Husserl 43

Deriva só do aprofundamento da evidência, da mudança de nível em que, da evidência que o esclarece, o sujeito desperta como de um "sono dogmático". Na "presença viva do Eu a si próprio"[16], o adjetivo "vivo" não designa essa vigília que só é possível como incessante redespertar? Em "presença viva" e "evidência viva", o adjetivo vem juntar-se enfaticamente aos títulos que convêm à evidência enquanto essência da verdade para aí fazer ressoar o *cogito-sum* como modalidade do próprio viver se identificando na sua imanência, mas despertando desta imanência à guisa de um-eu-que-se-mantém-à-distância, arrancado do estado de alma de que faz parte. Será que o adjetivo "vivo" não expressa a apoditicidade do subjetivo que não é apenas um grau de certeza, mas o modo da vida: o viver da vida? Este adjetivo não está a revelar, desde o início do discurso husserliano, o quanto importa a palavra Erlebnis, designando a subjetividade do subjetivo? O vivido e a vida seriam descritos, assim, não pelo êxtase da intencionalidade, não pelo fora-de-si do ser no mundo; nem mesmo, como na Psicologia fenomenológica – em que a vida é vivida antes que a hyle do sensível se revista da função de Abschattung[17] e pareça se exaurir em autoidentificar-se – pela reunião na síntese passiva do tempo, em "presença a si", em perfeito saber da consciência de si, em perfeita imanência. A presença a si como presença viva a si, em sua própria inocência, lança para fora seu centro de gravidade: sempre a presença de si a si desperta de sua identidade de estado e se apresenta a um eu "transcendente na imanência".

3. A vigilância como eu

No Ego – ponto em que a subjetividade está no auge de sua vida – intervêm, em Husserl, os termos de sono e vigília. O Ego situa-se fora da imanência, embora fazendo parte dela – como "transcendência na imanência" – o que deve sig-

---

16. *Méditations cartésiennes,* p. 19.

17. *Husserliana,* IX, p. 166ss.

nificar: uma diferença em relação ao "permanecer-o-mesmo" ou em relação ao "se-reencontrar-o-mesmo" que é a duração (ou a temporalização, como se diz agora) do tempo imanente ou o fluxo do vivido; mas uma diferença diversa daquela que separa o objeto intencional deste fluxo. Que pode significar a exterioridade lacerando o seio do íntimo, a "alma na alma", a alteridade, lá onde tudo é coincidência consigo ou reencontros consigo[18], irrealidade no coração do vivido? Que pode significar essa exterioridade que não seria êxtase intencional? Uma retro-cendência: o que se identifica na imanência e aí se recobre, se desprende de si ou se desembriaga, como no instante em que o sono cede, e onde no despertar o imediato vivido se esvaece em sonho que aconteceu e que apenas se lembra. A transcendência na imanência, a estranha estrutura (ou a profundidade) do psíquico como alma na alma, é o despertar que sempre recomeça na vigília mesma; o Mesmo infinitamente referido em sua identidade mais íntima ao Outro. Seria absurdo isolar este Outro dessa relação infinita e coagulá-lo como último – isto é, como o Mesmo por sua vez – por um apego impenitente ao racionalismo do Mesmo[19]. No despertar, entre o Mesmo e o Outro aparece uma relação irredutível à adversidade e à conciliação, à alienação e à assimilação. Aqui o Outro, em vez de alienar a unicidade do Mesmo por ele inquietada e mantida, apenas o chama do mais profundo dele mesmo ao mais profundo que ele próprio, lá onde nada nem ninguém pode substituí-lo. Seria já a responsabilidade por outrem? O

---

18. Pelo menos, tal como esta imanência era pensada por Husserl ainda em 1925, em que o imanente permanecia apodítico e adequadamente percebido. Cf. *Phänomenologische Psychologie* § 34, *in Husserliana* IX, p. 171ss.: o vivido é sempre diferente, mas, percebido adequadamente, é real, sem nenhum elemento de presença "irreal", sem nenhuma idealidade. O Mesmo objetivo é idealidade, percebido através do vivido, e sempre inadequadamente. Mas o diverso do vivido constitui uma coerência – um todo. Ele não é caótico.

19. E, sem dúvida, o apego ao Mesmo é impenitente. É possível justificar esta impenitência pelo próprio despertar que, responsabilidade por Outrem, tem necessidade de justiça, de comparação, de lucidez, de conhecimento, de presença, de ser, de ontologia. Cf. *Autrement qu'être*, p. 201ss. Incessantemente, o Infinito será reconduzido ao Mesmo redesperto por este *sem cessar*.

2 Da consciência ao despertar – A partir de Husserl

Outro chamando o Mesmo em seu ponto mais profundo! Heteronomia da liberdade que os Gregos não nos ensinaram[20]. Transcendência na imanência – é justamente a não pertença do Eu à trama dos estados da consciência que, assim, na sua imanência não se anquilosam por si mesmos.

O despertar é o eu que dorme e não dorme para quem se passa tudo o que na imanência mesma se passa[21]: coração desperto, não ente, não estado na profundidade dos estados de alma que dormem na sua identidade, insônia ou pulsar no último recanto do átomo subjetivo.

Essa vigilância do Eu que vem das profundezas da subjetividade que transcende sua imanência, de *profundis* do espírito, ruptura no coração da substância, insônia, tudo isso se descreve, seguramente, em Husserl, como intencionalidade. O eu-em-estado-de-vigília vela o objeto, permanece atividade objetivante até sob sua vida axiológica ou prática. É da alteridade do objeto, do choque do real que depende, aqui, o desembriagamento do despertar. A afecção sofrida e a estimulação recebida virão do objeto, daquilo que "se salienta"

---

20. A menos que eles no-lo tenham sugerido, tanto no Demônio de Sócrates como na entrada *pela porta*, do intelecto agente em Aristóteles.

21. Em *Experiência e julgamento*, Husserl mostra no *Eu que dorme* – indiferente em relação ao que "se salienta" (*sich abhebt*), na consciência, mas não o "afeta" ainda com a intensidade necessária ao despertar – a distinção da "proximidade" e do "afastamento" de objetos. Igualmente, no Anexo XXIV da *Psicologia fenomenológica* de 1925 (*Husserliana* IX, p. 479-480): "O dirigir-se-sobre... é uma modificação intencional do ainda-não se-dirigir-sobre... O não realizar o ato (intencional)" tem ainda maneiras diferentes: afetar o eu (suscitar um interesse, fornecer motivos ao Eu para tomadas de posições, excitar e eventualmente fornecer um estímulo que entre em concorrência com outros estímulos – de tudo isto resultam diferenças modais), não o afetar e, contudo, ficar consciente no presente vivo com uma "ausência de interesse", a qual é uma modalidade no eu que se refere a isso; "o eu *dorme em relação* àquilo e aquilo está, nesse sentido, inconsciente... Através de todo o vivido da consciência e através de todas as modificações do vivido, através do inconsciente, passa a síntese da identidade do eu". "Propriamente falando, tudo pertence ao eu desperto, enquanto que continuamente tematizando, realizando atos, funcionando como um Eu vivo de presença, mas funcionando também em obras passivas, nas associações e nas sínteses da constituição passiva". Op. cit., p. 481. Ver também no mesmo vol. IX da coleção *Husserliana*, p. 313, *Amsterdamer Vorträge*.

(*sich abhebt*) na imanência. O despertar responde ainda a uma alteridade a ser assimilada pelo Eu. É bem essa assimilação que a metáfora ótica do raio exprime, o qual, a partir do eu desperto, se dirige sobre o objeto que o despertara, se dirige sobre ele à guisa de saber, o espírito assimilando o que o atinge. Seguramente.

Todavia, enquanto em *Ideen I* a divisão da consciência intencional em "atualidades" e em "potencialidades" já supunha o fato da intencionalidade de maneira que esta não equivalia, à primeira vista, à irradiação do Eu, enquanto o Eu carcterizava somente a intencionalidade ativa que se atesta na atenção – já em Experiência e julgamento e em Psicologia fenomenológica[22] é a intencionalidade como tal que coincide com a vigilância do Eu afetado e já despertando. Ele nunca está entorpecido até a ausência. Mesmo na passividade da consciência, no ponto em que não se pode ainda falar do saber propriamente dito, o Eu vela. Mesmo que essa intencionalidade virtual deva desenvolver-se em saber e em evidências, trazendo o esquecimento à vida subjacente do Eu ou colocando essa vida em adormecimento, a possibilidade do despertar já faz bater o coração do Eu, do interior alterado e vivo – "transcendente na imanência". "O sono, olhado de perto, só tem sentido em relação à vigília e carrega, em si próprio, a potencialidade do despertar"[23].

Como consequência, a análise não deve avançar além da letra husserliana? Na identidade do estado de consciência presente a si próprio, nessa tautologia silenciosa do pré-reflexivo, vela uma diferença entre o mesmo e o mesmo nunca em fase, que a identidade não chega a clausurar: precisamente a insônia que não pode ser dita diversamente que com essas palavras de significação categorial. Ruptura da identidade, a insônia ou o vigiar – outramente que ser – derivam de categorias "lógicas" não menos nobres do que aquelas que sustentam e fundamentam o ser, como o ilustra a negatividade

---

22. Cf. nota precedente.
23. *Husserliana,* IX, p. 209.

2 Da consciência ao despertar – A partir de Husserl   47

dialética, por exemplo, com a qual a insônia não se conjuga. Categoria irredutível da diferença no coração do Mesmo, que vara a estrutura do ser, animando-o ou inspirando-o. Husserl compara o Eu à unidade de apercepção transcendental de Kant[24], o que, seguramente, terá sua razão, mas a identidade deste idêntico se rompe pela diferença da insônia, ao fazer um vazio que sempre se recria, não por desprendimento em relação a tudo o que foi adquirido, mas por resistência, se assim se pode dizer, a toda condensação deste próprio vazio que toma conta de mim como sonolência (ou como ser do ente). Insônia como desnucleação da própria atomicidade do uno (do qual se prevalece ainda a unidade da apercepção transcendental que sintetiza o dado) ou como des-apontamento de sua própria pontualidade.

Insônia ou dilaceramento que não é a finitude de um ser incapaz de se unir e de "permanecer em repouso" sob a forma de estado de alma, mas transcendência lacerando ou inspirando a imanência que, à primeira vista, o envolve como se ele pudesse ter uma ideia do Infinito, isto é, como se Deus pudesse manter-se em mim[25]. Vigília sem intencionalidade,

---

24. Op. cit., p. 208.

25. "Como se" – não incerteza ou simples verossimilhança das filosofias do *als ob*. Estas, apesar de sua prudência de empiristas, permanecem ligadas à verdade-resultado, à identidade ideal do objetivo e, mais genericamente, à univocidade da presença e do ser. Entendemos no "como se" o equívoco ou o enigma do não fenômeno, do não representável: testemunho, anterior à tematização atestando *um-"mais"-despertando-um-"menos"-que-ele-altera-ou-inspira*, da "ideia do Infinito", de "Deus em mim"; e *após*, o não sentido de um vestígio indecifrável, movimento desordenado do há (*il y a*) como puro existir. Diacronia não sincronizável, significância enigmática e, assim somente, significando além do ser ou de Deus. A noção de insônia, na sua distinção em relação à da consciência, aparece em nosso pequeno livro de 1947, intitulado *De l'existence à l'existant*, precisamente nos seus momentos de não sentido. Escrevíamos então: "Introduzimos, assim, no acontecimento impessoal do há (*il y a*) não a noção de consciência, mas a vigília, da qual a consciência participa, afirmando-se como consciência precisamente pelo fato de simplesmente dela participar. A consciência é uma parte da vigília, isto é: ela já a lacerou. Ela comporta precisamente um abrigo contra este ser ao qual, despersonalizando-nos, atingimos na insônia; este ser que não se perde, nem se ilude nem se esquece, que é, se pudermos usar a expressão, completamente sóbrio" (*De l'existence à l'existant*, p. 111).

mas somente despertada sem cessar de seu estado mesmo de vigília, desembriagando-se de sua identidade para o mais profundo dela mesma. Subjetividade como suscepção do Infinito, submissão a um Deus interior e transcendente. Em si, libertação de si. Liberdade do despertar mais livre que a liberdade do começo que se fixa em princípio[26]. Ela assemelha-se àquela que desabrocha na proximidade do próximo, na responsabilidade pelo outro homem, onde, no entanto, unicidade do não intercambiável, condição ou incondição de refém, eu sou único e eleito. Será isso analogia com a proximidade de outrem ou o prévio necessário ao despertar? Sem intencionalidade, outramente que ser – vigiar não é já substituir-se a Outrem? Em todo caso, é a partir de Outrem que Husserl descreverá a subjetividade transcendental, arrancando o Eu do seu isolamento em si. Mas a unidade da apercepção transcendental e a lucidez do saber reconhecidos como sujeito não estão sem justificação fenomenológica. Elas são necessárias ao despertar. O Eu está em si e em si ele está aqui e aqui ele está no mundo. É preciso arrancá-lo deste enraizamento. A Redução transcendental de Husserl tem a vocação de despertá-lo do entorpecimento, de re-animar sua vida e seus horizontes perdidos no anonimato. A Redução intersubjetiva a partir do outro arrancará o eu de sua coincidência consigo e com o centro do mundo, mesmo que Husserl não cesse de pensar na relação entre o eu e o outro em termos de conhecimento.

4. A redução como despertar

a exposição da apoditicidade, indubitabilidade *sui generis*, termina no § 9 das *Meditações cartesianas* com o reconhecimento das dificuldades ligadas aos problemas que levanta. A presença a si faz apelo a um sentido que não se

---

26. A bíblia hebraica, para nomear o despertar de Sansão, diz (*Juízes*, 13,25): "O espírito do Eterno começou a agitá-lo em Maané-Dan..." Usa para "agitar" o termo *vatipa'em*, palavra da mesma raiz que *pa'amon*, sino. O espírito agitando-se como o batimento ou a percussão de que ressoam ou vibram os sons de sino.

2 Da consciência ao despertar – A partir de Husserl

descreve mais pela adequação nem se destrói pela inadequação entre o visado e o visto[27]. O caminho que leva à Redução a partir de uma psicologia fenomenológica da percepção, a julgar pela *Krisis*, é melhor que o caminho seguido, em *Ideen I* e nas *Meditações cartesianas*, a partir de Descartes. A vida subjetiva revelará sua dignidade transcendental em sua anterioridade em relação ao real que, nela, se identifica, mas que absorve e reduz ao anonimato essa vida. Como se, no próprio conhecimento, enquanto referente a um objeto idêntico e identificável, a abertura fosse também um fechamento! Como se o pensamento que identifica um mundo ou que o habita fosse de imediato obstruído ou "aburguesado" por esse mesmo mundo! Como se, por consequência, a aventura do conhecimento não fosse toda a espiritualidade do pensamento, mas o torpor de uma vigília! Abertura obstruída por aquilo que se mostra, não para desencadear uma dialética da parte e do todo: como se a parte necessária ao saber do todo absorvesse, com efeito, o olhar – razão decaída à altura de entendimento – e fizesse esquecer a indigência da parte, tomada por um todo, e, assim, dissimulasse o todo em vez de o revelar; mas como se o alargamento – sob uma luz maior – do horizonte objetivo em que se mostra o objeto, e onde margeia com outros objetos que ele dissimula, não fosse ainda a dissipação da ingenuidade do olhar dirigido para seu tema. É a vida subjacente ao olhar que a fenomenologia husserliana desperta. Não se trata de acrescentar um tema interior ao tema exterior, mas de re-animar – ou de re-ativar – a vida para alcançar, sob o nome de ser indubitável, a presença viva. *Trata-se, na presença, de reencontrar a vida*. Como se a consciência na sua identificação do Mesmo adormecesse ao "despertar" para as coisas, como se o objeto contemplado fosse aquele que metamorfoseia e petrifica a vida em conhecimento.

---

27. A presença a si no *cogito* foi alguma vez persuasiva por causa do *tipo* de evidência alegada? Descartes convenceu-nos alguma vez, no *Discurso do método,* de que a certeza do *cogito* nos ensinava "que as coisas que concebemos como claras e distintas são todas verdadeiras"?

A Redução será, antes de tudo, a *démarche* que – sob o repouso *em si* em que se realizaria o Real referido a si próprio – mostrará ou despertará a vida contra a qual o ser tematizado já terá resistido, na sua suficiência. Vida comodamente chamada existência absoluta, mas cuja absolutidade será ab-solução ou desembriagamento, despertar ou estado-de-vigilância na exposição do "reduzido" a novas reduções, desfazendo o dogmatismo remanente ou retornante sob as identidades ideais, reativando intenções entorpecidas, reabrindo horizontes esquecidos, desconcertando o Mesmo no seio de sua identidade, lá onde o *vigiar* se faz *estado* de alma; desconcertando o estado de vigília do qual já se encontra devedor ao Mesmo, em seu repouso no qual ainda ou já se acomoda.

Ao Eu que é o próprio despertar, mas ao Eu que se reencontra o mesmo – a redução intersubjetiva! Esta não se dirige somente contra o solipsismo da "esfera primordial" e o relativismo da verdade que daí resulta, para assegurar a objetividade do saber à guisa de acordo entre subjetividades múltiplas. A constituição ou a explicação do sentido de um Eu diferente que eu, partindo da *analogia entre corpos animados* – síntese passiva realizando-se no eu primordial – arranca o eu de sua hipóstase, do *aqui*, já que seu caminhar de sonâmbulo não basta para separar do centro do mundo. A intercambialidade espacial do *aqui* e do *lá* não constitui somente a homogeneidade do espaço. Pelo aqui e pelo lá intercabiáveis, o Eu, embora tão evidentemente *primordial* e hegemônico no seu *hic et nunc* e na sua identificação, passa a *segundo* plano, vê-se outro, expõe-se a outrem, já tem contas a prestar. O contra-natureza ou a "maravilha" da reflexão sobre si, praticada na Redução egológica, não deriva sua chance desse arrancar-se intersubjetivo do primordial, da redução do Eu à sua prévia e esquecida secundariedade? A secundariedade em que, sob o olhar de outrem, a esfera primordial perde sua prioridade, seus privilégios e sua suficiência, é um despertar em que o egológico – o egotismo e o egoísmo – fogem como sonhos. Em Husserl, ela é temperada ou mesmo equilibrada pela reciprocidade das relações intersubjetivas, e isso procede de uma tradição tenaz, para a qual espírito equivale a saber, liberdade

2 Da consciência ao despertar – A partir de Husserl

a começo e na qual o sujeito, embora desnucleado, persiste como a unidade da apercepção transcendental.

Porém, a prévia exposição da esfera primordial, na sua identidade e "orgulho natural", ao Outro significa sujeição? O olhar do Outro é logo objetivação e coisificação? Na exposição do primordial ao outro, o Mesmo, de imediato votado a Outrem, não é eleito e, em sua responsabilidade, insubstituível e único? A vigilância – despertar que desabrocha no despertar – o despertar despertando o estado em que cai e se fixa a própria vigília – é vocação – e concretamente a responsabilidade por Outrem.

Contra a simples abstração que, partindo da consciência individual, se eleva à "Consciência em geral" pela omissão extática ou angélica de seu peso terrestre, pela embriaguez ou pelo idealismo de uma sublimação mágica, a teoria husserliana da redução intersubjetiva descreve a impressionante possibilidade do desembriagamento em que o eu se liberta de si, desperta do sono dogmático[28]. A Redução como explosão do Outro no Mesmo, em direção à insônia absoluta, é uma categoria sob a qual o sujeito perde a consistência atômica da apercepção transcendental.

Em Husserl, ela se apresenta até o fim como passagem de um conhecimento a outro melhor. A apodicticidade da Redução fica caracterizada como conhecimento indubitável, como presença viva do *ego cogito*. A *vida*, seguramente, só pode entrar no discurso filosófico como *presença* a uma reflexão. Mas Husserl não separará o viver da vida e a presença, condição do discurso filosófico. Com ele, a própria espiritualidade do espírito permanece sempre saber. E essa necessidade para a filosofia de permanecer, enquanto saber, saber da *presença* e do ser, não poderá, tanto em Husserl como no conjunto da filosofia ocidental, não significar a última figura do significativo (*sensé*) ou, o que dá no mesmo, esta necessidade só poderá significar que o significativo (*sensé*) tem

---

28. Paradoxalmente, a corporeidade humana oferece aqui não um obstáculo, mas um caminho.

seu sentido no último, no fundamental, no Mesmo. O espírito permanece fundamentado na presença do ser, ele é o acontecimento desta presença. O sentido que não pode, quando se mostra, não se mostrar na consciência, não se separará da aventura da consciência que é ontológica. Jamais a filosofia, partindo da presença do ser, despertará ou falará do despertar em termos diferentes daqueles do saber, jamais reduzirá o saber da ontologia a uma das modalidades do despertar, no qual modalidades mais *profundas* já despontam; jamais ela pensará a vigília – e o despertar do qual vive a vigília – como Razão sem entendê-la no conhecimento, sem reduzir à *manifestação* do sentido sua própria significância. Despertar-se da presença e do ser só poderá significar para ela uma aventura do espírito na forma de profusão de imagens em liberdade, poesia ou sonhos, embriaguez ou sono.

5. A vigília

A *vivacidade* da vida não é exceção: ruptura do abarcante pelo in-abarcável que, precisamente, assim, anima ou inspira? O despertar não seria inspiração? Termos irredutíveis. A *vivacidade* da vida – incessante implosão da identificação. Como se, encantamento ou queimadura, a vida já fosse, para além do *ver*, dor nos olhos pelo excesso de luz; para além do contato, a vida já fosse ignição da pele tocando – mas não tocando – o inapreensível. O Mesmo desconcertado pelo Outro que o exalta. Viver não é êxtase, é entusiasmo. O entusiamo não é embriaguez, é desembriagamento. Desembriagamento sempre a desembriagar, vigília à vigília de um despertar novo, o Mesmo sempre se despertando de si – Razão. Não repouso ou não perduração no Mesmo, não estado – será mister chamar criatura o *outramente* que assim se desdiz de ser? Talvez. Porém, na condição de não o compreender como ser-menor, nem como modificação qualquer ou derivada do ser. Pois a prioridade ou a ultimidade do Mesmo – assim como a consciência, o saber, a tematização e o ser – põem-se em questão. O quadro da ontologia rompe-se

2 Da consciência ao despertar – A partir de Husserl 53

aqui: o sujeito passa do Mesmo – que excluía ou assimilava o outro – ao despertar do Mesmo pelo outro, desembriagando-se de sua identidade e de seu ser.

Descrevemos alhures a desnucleação do *sujeito – substância*, partindo da responsabilidade por Outrem, como substituição a ele, sob a ordem do Infinito, onde o Infinito – nem tema, nem interlocutor – desperta-me para a vigilância, para velar pelo próximo[29].

Despertar irredutível ao saber, Razão que não se fixa na lucidez. Mas o saber vem a constituir-lhe uma modalidade privilegiada, justificando-se na medida em que a *responsabilidade por outrem*, e a condição – ou a incondição – de refém que esta responsabilidade significa, não pode, diante de terceiros, se privar de comparação, restringindo-se, portanto, à comparação dos incomparáveis, à objetivação, à consciência e ao próprio saber filosófico[30].

A questão colocada nestas páginas consistiu em perguntar se invariavelmente inteligência e significância são figuras do Mesmo, do conhecimento e do ser; ou se, ao contrário, a significação só esposa essas figuras a um certo nível da vigilância. Ao passo que, no repouso da identidade, a inteligibilidade já fica entorpecida e se "aburguesa" na presença satisfeita de seu lugar.

Aburguesamento ou suficiência, estranha "alteração" do Mesmo por ele mesmo, quando disto deveria ser preservado

---

29. Cf. *Autrementet qu'être*, principalmente o cap. IV, p. 125.

30. Se o despertar toma sua imagem concreta na responsabilidade por outrem, a representação, a identidade e a igualdade se justificam a partir da justiça. A igualdade deriva da equidade, à qual o conhecimento é necessário, como é necessário à espiritualidade do despertar uma civilização do conhecimento – uma *presença* à consciência e o enunciado filosófico. Porém, lucidez extrema, a filosofia, ainda correlativa do ser e exprimindo-se numa linguagem que Derrida chama logocêntrica – já se desdiz. No seu dito, distinguem-se os caminhos que levam ao conhecimento e à apresentação de um lado, e a vida que – outramente que ser ou antes da *essência do ser* – significa o Infinito do Outro. Distinção que permanece enigma e dia-cronia. Cf. *Autrement qu'être*, p. 195-218s.

por sua identidade e seu poder de assimilar o outro; alienação, "engordamento" que renega a alteridade opondo-se, na sua integridade, contra aquilo que a transcende e ainda a concerne[31].

Perguntamos se a razão, sempre à procura do repouso, do sossego, da conciliação – sempre implicando a ultimidade ou a prioridade do Mesmo – não se ausenta, já por aí, da razão viva. Não que razão equivalha à *procura* de uma igualdade consigo – de uma adequação a si – que seria *melhor* que a adequação já alcançada. Contra esse romantismo desusado e injustificável, como aquele que prefere a guerra à paz, o classicismo da plenitude é belo em sua lucidez. Mas, perguntamos se a lucidez – perfeição do conhecer – é a vigília mais desperta; mesmo que fosse preciso reconhecer que a própria vigilância pede para ser reconhecida com lucidez; perguntamos se a *vigília* não é antes paciência do Infinito do que nostalgia do igual; perguntamos, consequentemente, se, como vigilância e vigília, a razão não é o desconcerto inabsorvível do Mesmo pelo Outro – despertar sacudindo o estado de vigília –, desconcerto do Mesmo pelo Outro na diferença que, precisamente não indiferença, não se presta às adversidades e às reconciliações nas quais a comunidade – por formal que seja – provoca o movimento dialético. Aqui a diferença permanece sem comunidade alguma e a não indiferença – relação única do despertar – não se reduz a nada. Inquietude, aprofundamento ou comoção de todo fundamento e, assim, da presença ou da simultaneidade (pela qual se fixam origem e ultimidade no tempo) em dia-cronia, exposição ao outro à guisa de ferida ou vulnerabilidade. Não passividade de inércia ou do efeito, mas sensibilidade: dor do encantamento e da queimadura. Mais luz nos olhos que seu estado possa acolher, mais contato que a pele possa tocar: o Mesmo mantido desperto por um outro. Uma relação entre o Mesmo e o Outro que, para a filosofia do Mesmo, só pode ser provisória.

---

31. "Gordo, ele recalcitra" (*Deuteronômio* 32,15). Insensibilização que não equivale à ideologia: pois em pleno repouso do Mesmo, a razão legitimamente "se paga", sono sem influência de nenhuma compulsão, de nenhum desejo. Mas entorpecimento que, certamente, abre a razão às ideologias.

2 Da consciência ao despertar – A partir de Husserl

Mas não é assim a descrição da transcendência? Relação entre o Mesmo e o Outro que não se poderia interpretar como estado, fosse ele lucidez; relação devida à vigilância, a qual, in-quietude, não se repousa em seu tema, na representação, na presença, no Ser. A vigilância – despertar no despertar – significa a de-fecção da identidade, que não é sua extinção, mas sua substituição ao próximo – ordem ou desordem em que a razão não é mais conhecimento nem ação, mas onde, desconcertada por Outrem de seu estado – desconcertada do Mesmo e do ser –, está em relação ética com outrem, proximidade com o próximo.

Essas questões concernem ao último e até à possibilidade ou a impossibilidade do último. Será mister pensar que a identificação do Mesmo, em que o ser responde por sua presença, é a razão na sua vigilância de espírito, mas que, derrotada em cada uma de suas épocas, exige toda a história humana para reencontrar sua segurança e, consequentemente, se realizar dialeticamente mediante rupturas e reencontros da identidade até o triunfo final da *identificação* na Ideia Absoluta, identidade desse movimento racional e do ser? Ao contrário, não é mister na identidade do Mesmo e no seu retorno a si em que a razão como identificação aspira ao seu triunfo – na identidade do Mesmo, ao qual o pensamento por ele próprio aspira como a um repouso – não é mister temer aí por uma fixação, ou petrificação, ou engordamento, ou indolência? O dilema pode ser dito também diversamente: o outro que se esquiva à identificação se faz passar abusivamente – ou apenas por um tempo – por adversário do Mesmo, num jogo diabólico feito para desnortear um conhecimento na pressa de concluir e recusando a metodologia da história; jogo que o espírito desfará em sua paciência do conceito, assegurado de triunfar, em seu tempo, sobre o outro? Ou o outro não deve ser entendido de forma inteiramente diferente – segundo uma alteridade da qual alguns traços já foram traçados – como um questionamento incessante, sem ultimidade, da prioridade e da quietude do Mesmo, como o queimar sem consumação de uma chama inextinguível? Suscepção mais passiva que toda passividade, não deixando sequer cinzas: mas suscepção em que aflora o sentido: o mais no menos ou um pelo outro – suscepção da tendência, despertar no seio do próprio despertar, desembriagamento sempre mais profundo, insônia mais vigilante que a lucidez da evidência em que o Mesmo repousa – e ainda e já – sonho em seu presente; além da dialética, a qual, apesar de sua inquietude, permanece consciência do Mesmo na sua realização ou, mais simplesmente ainda, permanece a ideia mesma da realização e do último.

3
Sobre a morte no pensamento de Ernst Bloch*

1. A importância desse tema para a verdade deste pensamento

O marxismo de Ernst Bloch é deliberadamente humanista; ponto de vista que se justificaria tanto pelos textos da maturidade como por aqueles da juventude de Marx. Jamais a doutrina que se quer ciência preocupada com a objetividade rejeitaria o "humanismo real". "Precisamente enquanto real e não formal, ele é retomado e reerguido"[1].

Nova filosofia e não simples "secularização" – aplicação técnica ou "nivelação" realista – das verdades já adquiridas pela tradição do espiritualismo e da "espiritualidade", o marxismo tiraria sua força quer da reação moral que a miséria do próximo provoca, mesmo entre os privilegiados do regime injusto, quer da análise objetiva da realidade[2]. Duas fontes da consciência revolucionária – a qual seria a verdadeira consciência de si – confluentes ou vertentes da mesma origem subterrânea. "A miséria na medida em que compreende suas causas torna-se alavanca da revolução", "a humanidade que se concebe pela ação", identifica-se com "o itinerário vermelho da intelligentzia"; mas estas proposições não seriam mais marxistas que a ideia, de estilo husserliano, de um acesso

---

* Publicado em *Utopie* – Marxisme selon Ernst Bloch. Paris: Payot, 1976.

1. *Prinzip Hoffnung*, p. 1.608.

2. Ibid., p. 1.605.

autêntico à miséria do homem "subjugado, humilhado e desprezado" a partir da revolta ou, inversamente, de um acesso, a partir da miséria, à "força da revolta dirigida contra a causa da miséria"[3].

Porém, na filosofia de Ernst Bloch, que não é, à primeira vista, senão uma interpretação do marxismo, esta interpretação é poderosamente ampliada pela atenção voltada a todas as obras do espírito humano. Nelas despertam harmônicas inumeráveis: a cultura universal põe-se a vibrar por simpatia. Singular ressonância! Interpretando a seu modo a fórmula: "desconcertar todas as relações em que o homem fica humilhado, subjugado, desclassificado e desprezado", Ernst Bloch recupera, entretanto, as modalidades válidas da civilização humana – filosofia, arte e religião. Elas representam para ele a expressão da esperança humana, antecipação do futuro em que existirá uma humanidade hoje ausente. Antecipação da qual o marxismo seria a formulação adequada e rigorosa tornando somente possível a interpretação em espírito e verdade das obras do passado, ainda abstratas e mais pobres. O marxismo abandona o céu para falar a linguagem da terra. De acordo. Mas, "um bom conteúdo intelectual (ein guter Gehalt) não se enfraquece quando se o apruma, e é ainda mais evidente que ele não é secularizado quando, reerguido, é realizado"[4]. – A não ser que se entenda, acrescenta Bloch, a secularização, no sentido marxista, como supressão de toda a altura em que o homem não aparece. Com efeito, passa-se com a cultura mundial, como Bloch a vê, o mesmo que acontece com o Antigo Testamento visto pelos cristãos: apenas prefiguraria o sentido autêntico da revelação, embora a Igreja o conserve entre as Sagradas Escrituras.

A filosofia de Bloch quer, portanto, deliberadamente ignorar a "revolução cultural": sobre este ponto, ela já se situa numa era pós-revolucionária. Na cultura – entendida como esperança – a humanidade já se reencontrou, pelo menos

---

3. Ibid., p. 1.606.
4. Ibid., p. 1.615.

3 Sobre a morte no pensamento de Ernst Bloch

porque ela se procura, apesar da luta de classes. Não numa espécie de compromisso, não para atenuar essa luta, mas para intensificá-la, pois seria precisamente o único caminho em direção à universalidade real, esperada pela cultura humana. A revalorização dessas esperanças e sua afirmação constituem a obra magistral de Bloch, consagrada à interpretação da civilização mundial. Hermenêutica refinada que não se assemelha em nada às grosserias da redução vulgar "das super-estruturas" à infra-estrutura econômica. A grande cultura pessoal de Bloch – científica, histórica, literária, musical – está à altura da "documentação" que ele interpreta e, claramente, se deleita em interpretar como se orquestrasse, para uma orquestra reunindo todos os gênios da terra, o contraponto dos conceitos marxistas. Na sua filosofia – nisto conforme à sabedoria grega – o humano é, por conseguinte, tratado a partir do ser e, ao mesmo tempo, na sua irredutibilidade às coisas do mundo. O espetáculo da miséria e da frustração do próximo, do seu aviltamento sob um regime de exploração econômica e o discurso rigorosamente ético que ele gera, conjuga-se, segundo Bloch e em Bloch, com o discurso lógico sobre o ser, o discurso ontológico. Ele determina o seu despertar[5]. A realização do homem é a realização do ser em sua verdade. Mas, talvez, jamais um corpo de ideias apresentava uma interface em que a ética e a ontologia, na oposição em que são compreendidas num mundo inacabado, estão em sobre-impressão sem que se possa dizer qual é a escritura que sustenta a outra. Será isto ainda inteiramente conforme à razão de Atenas?[6]

---

5. *Prinzip Hoffnung*, 1.604.

6. Não se trata de contestar as fontes gregas do pensamento de Ernst Bloch, nem a predominância esmagadora, em seu espírito, da cultura ocidental sobre sua cultura propriamente judaica. Esta se reduz, provavelmente, à leitura do Antigo Testamento (em tradução) e aos elementos folclóricos importados dos guetos do Leste europeu com as histórias hassídicas, muito apreciadas no Ocidente. O contexto rabínico, isto é, talmúdico desses textos – sem o qual não existe judaísmo pós-bíblico – parece ser pouco conhecido pelo eminente filósofo. Entretanto, numerosos motivos nitidamente judeus – ou judaicamente acentuados – estão presentes em sua obra. Eis um inventário meio seco (certamente incompleto): 1) a utopia, a

Mas para que essa confluência do discurso filosófico e do discurso ético seja convincente, para que a ordem do que se convencionou chamar natureza, em seu frio esplendor ou em sua legalidade científica e astronômica, possa tomar uma significação para o homem reconhecido em seu des-astre[7], é preciso que seja dada resposta ao problema da morte. Sem o que a posição de Bloch parecer-se-ia com alguma homilia marxista. É preciso que o homem, tomando enfim lugar num mundo que se tornou sua ordem, sua pátria, sua casa (é o termo Heimat que Bloch utiliza para designar a realização do utópico), é preciso que ele encontre aí não apenas a justiça social sempre prometida a partir do logos universal da natureza pelos idealismos. É preciso que estes não apenas consolem o homem das violências que sofre na realidade, assegurando-lhe a liberdade de sua consciência transcendental, em que o ser do real se constitui e onde, ao menos em suas

---

ser comparada com aquilo que os textos talmúdicos chamam – para além do messianismo – *o mundo que está por vir*, "que nenhum olho viu"; 2) mundo a vir ao qual cada um traz sua parte: *ter sua parte no mundo que virá* diz-se no Talmud: *trazer sua parte ao mundo que está por vir*; 3) o mundo como inacabado: cf. literalmente o final do versículo 3, capítulo 2, do *Gênesis*: "... a obra que Deus criou por fazer"; 4) aproximação radical da ontologia e da ética, esta sendo não apenas o *sinal* da perfeição do ser, mas o próprio *acabamento*; a confrontar com textos talmúdicos numerosos em que a Tora – doutrina da justiça – é o ensinamento, o modelo como fundamento ou fundação do mundo; seu estremecimento ameaça o cosmos de retorno ao nada; 5) a liberdade do homem em vista-da-Obra, a confrontar com "Eu vos fiz sair da escravidão do Egito para que vós sejais meus servidores"; 6) o mundo pensado como *Heimat* – a confrontar com a noção da *terra prometida* – vomitando as sociedades injustas – mas que não é nem espaço vital, muito menos terra natal; 7) a antecipação do mundo utópico na admiração diante das realidades mais simples que se tornam "meu assunto": *tua res agitur*, a confrontar com a admiração que as bênçãos que embelezam os dias do judeu religioso exprimem; possibilidade de compreender as páginas de Buber, onde a relação com as coisas é apresentada no modelo Eu-Tu; 8) a morte que apenas tritura o invólucro do humano, a confrontar com a noção bíblica da vida "saciada de dias" (sem que a saciedade tenha algum ressaibo de desgosto).

7. Cf. sobre a noção do desastre as observações de Maurice Blanchot, em *Nouveau Commerce*, 30-31, p. 21s, retomadas em *Écriture du désastre* [Paris: Gallimard, 1981].

3 Sobre a morte no pensamento de Ernst Bloch

necessidades, o ser se compreende[8]. O acordo entre o ser e o homem exige, além dessas consolações, o aplacamento da angústia da morte inevitável do Eu. A não ser que a justiça e a realização do Ser recebam um sentido novo e mostrem uma analogia muito íntima, e que a subjetividade do sujeito, na sua relação com o Ser, reconheça uma modalidade insuspeita em que a morte perde seu dardo.

2. O futuro puro

Ernst Bloch entende o marxismo como momento filosófico. Ele o vê, de modo especial, no prolongamento da Fenomenologia do espírito, onde o trabalho recebe pela primeira vez dignidade categorial. A ambição marxista de transformar o mundo não significaria uma prioridade qualquer da ação que viria substituir a procura da verdade e submeter o mundo a um valor que não derivasse de tal pesquisa. A verdade do ser, precisamente enquanto verdade – e sem a intervenção de um voluntarismo qualquer interrompendo a Razão – está condicionada pelo trabalho, relação fundamental entre sujeito e objeto. O ato faria parte da manifestação do ser. O que, certamente, só é possível por uma nova noção da inteligibilidade do ser, contribuição marxista à história da filosofia antes de qualquer contribuição à política e à economia, entendidas como extensíveis a regiões particulares do Real. A inteligibilidade do ser, que é também sua "gesta de ser", coincidiria com

---

8. Não é pelo caminho spinozista (em que, no entanto, o filósofo não pensa "em nada a não ser na morte" porque pensa na vida imortal na totalidade divina, quando pensa verdadeiramente) que Ernst Bloch se engajará. Embora admirando o imanentismo de Spinoza, enquanto exclui do real pretensões finalistas e a violência de um Deus exterior ao ser – ele recusará este mundo *todo feito*, desde o início, "como um cristal com o sol no zênite, de maneira a impedir que algo projete uma sombra" (PH, 999), mundo sem história e sem desenvolvimento, este "complexo do feito", este substituto "astralo-mítico depois panteísta, depois mecanista" da totalidade que "se situa em seu lugar como unidade do mundo *dado*". "Ele será contra o contentamento experimentado na sua suficiência" (PH, 362). Para Ernst Bloch, o mundo está ainda por se fazer e por se transformar, e é na *práxis* que ele é verdadeiro.

sua realização de inacabado: por um lado, com sua materialidade – potência tendente ao ato, como ensinava Aristóteles; por outro, com sua humanidade, precisamente com a mediação pela qual a potência passa ao ato e se determina. A mediação pela qual ela se determina não é inicialmente uma "operação" do espírito – puro julgamento, pura síntese do entendimento do idealismo, derivado de Kant. O ato é o trabalho. Nada é acessível nem se mostra sem se determinar pela intervenção do trabalho corporal do homem. Trabalho que não é um impulso cego qualquer – isto é, causalidade mecânica acompanhada ao rigor de intenções em forma de epifenômenos; nem causalidade concordante – ou não – tarde demais – com alguma finalidade própria do homem e fazendo-se verdade ou erro, segundo o sucesso ou o fracasso deste acordo pragmático. Trabalho que não é cuidado de si mesmo na manipulação das "coisas-utensílios" (Zuhandenes), ladeando a alienação de si nas técnicas. Trabalho como condição transcendental da verdade, trabalho que produz ser com a matéria, no duplo sentido do termo produzir: fazer e apresentar o ser em sua verdade. A práxis é isso: o trabalho como condição transcendental do dado sensível, aparecer específico da matéria. Mas já o aparecer da sensação supõe um trabalho que nenhuma imagem precede. Noção nulamente híbrida que está forjada numa perspectiva que permanece filosófica. Errar-se-ia ao ver nela uma simplificação ou uma incompreensão do problema do conhecimento. É enquanto trabalhador que o homem é subjetividade.

A verdade do ser é, assim, atualização da potência – ou História. Determinação do indeterminado, ela vai em direção daquilo que ainda não tem lugar. Ela não se separa da esperança. A esperança está aqui em sua terra natal. Mas, conceber a verdade assim é denunciar como puramente ideológica – dependente de um conhecimento inacabado, da ciência do ser inacabado – a noção de um ser que seria, desde sempre, real ou que se desenvolveria num tempo, imitando na sua mobilidade uma eternidade imóvel da realização. Colocar a práxis como condicionando a verdade é tomar a sério o tempo; é entender por futuro o que verdadeiramente

3 Sobre a morte no pensamento de Ernst Bloch

não aconteceu e não pré-existe de modo algum: nem como implicado nas entrelinhas do explícito, nem como profundo no mistério da intimidade, nem como Deus juntando o tempo em sua transcendência, nem como Deus sive Natura. Deus sem transcendência, certamente, mas contendo o futuro na eternidade da Natureza. O futuro da práxis ainda não se realizou a título algum. É futuro de utopia na abertura da pura experiência. Sem ela, a atividade que culmina o ser – isto é, a humanidade – não poderia nem começar nem continuar na sua longa paciência de ciência e de esforço.

É preciso, seguramente, observar aqui a analogia entre o utopismo de Ernst Bloch e as grandes intuições da filosofia contemporânea, sensível ao futuro como ao essencial da temporalidade. A novidade irredutível de cada instante da duração bergsoniana, repondo em questão o definitivo do passado, ao qual ela confere livremente um sentido novo, já atesta uma ruptura com o tempo do Timeu. Após as Duas Fontes da Moral e da Religião, a duração assemelha-se à relação com o próximo numa generosidade criadora e conforme uma socialidade diferente daquela dos sociólogos e dos historiadores. Mas, precisamente assim, no caminho da interiorização, da pura espiritualidade em que, pela santidade, o futuro se faz presença e acontece, sem se mostrar no tempo do Mundo e sem ser consciência de seu utopismo. A história escamoteia-se, a miséria do mundo é, ora examinada superficialmente, ora evitada nas passagens subterrâneas da alma amadurecida sob as fundações dos quarteirões reservados aos pobres, bastante profundamente para não se chocar e para não provocar nenhum desabamento. O que não é insuficiência de coração, mas deficiência conceitual de uma filosofia. Para Ernst Bloch, a humanização do Real não poderia contornar o mundo.

Sabe-se, por outro lado, que, nas célebres análises heideggerianas do tempo, o "êxtase" do futuro tem um privilégio sobre aqueles do presente e do passado. Porém, é à finitude da existência humana, "devotada ao ser" e que na sua existência é "para-a-morte", que o tempo humano deve a originalidade de uma "temporalização a partir do futuro". O "ser-para-a-morte", o poder-ser mais próprio ao homem pois absolutamente incessível (cada um morre para si sem substituição possível), a angústia na qual advém a iminência do nada, é o futuro original, a modalidade mais autêntica da humanidade do homem. Esse esquema do futuro límpido está no oposto daquele que aparece no pensamento de Bloch. O nada da utopia não é o nada da morte e a esperança não é angústia. Isso salta aos olhos. Mas não é a morte que, em Bloch, abre o futuro autêntico; é em relação ao futuro da utopia que a própria morte deve ser compreendida. O futuro da utopia é a esperança de realizar o que não é ainda. Esperança de um sujeito humano ainda estranho a si mesmo, pura facticidade – puro Dass-sein; de um sujeito separado, invisível a si mesmo, ainda afastado do lugar onde no ser inacabado ele poderia verdadeiramente estar-aí (Dasein), mas esperança de um sujeito agindo para o futuro, cuja subjetividade não se identifica, em última instância, com a tensão sobre si – ao cuidado de si da ipseidade – mas com a dedicação a um mundo por vir, mundo a realizar, com a utopia.

3. Morte, onde está tua vitória?

Que não se veja nessas ideias as facilidades de um otimismo encomendado, opondo a esperança proletária ao pessimismo atestado pela filosofia desesperada da decomposição capitalista. No movimento messiânico da história que ele delineia, Bloch não quer ignorar o núcleo da singularidade humana. Ao contrário, ele censura os filósofos do "fluxo da consciência" – James e Bergson – de ignorarem em suas descrições as substâncias, os núcleos que interrompem a continuidade do tempo e onde a história se renova. Ele invoca, contra os modernos, o Platão do Parmênides que percebeu esses pontos à guisa de instantes que não estão nem em movimento nem em repouso. A facticidade do sujeito humano – o Dass-sein – é uma zona de obscuridade no ser, a ponto de o aqui só começar, para cada um, a uma certa distância do espaço que

3 Sobre a morte no pensamento de Ernst Bloch

ocupa. Com certeza, Ernst Bloch não considera levianamente o conatus essendi – a perseverança no ser –, nem a luta pela vida, nem a angústia do fim – toda essa escuridão em que o homem se debate. A gravidade que lhe atribui permite medir a diferença entre o inacabado e a realização e a plenitude da significação antropológica que assim é conferida a um processo, no entanto, pensado em termos de ontologia.

Na obscuridade de pura facticidade, no deserto do ser e sua indeterminação em que é jogado o sujeito, insere-se a esperança. Esperança de uma casa, de um Da-sein. O homem, no seu desamparo, não está ainda no mundo! Do fundo de sua obscuridade, o sujeito opera para este futuro esperado. Bloch recusa-se a tomar como essência do homem sua situação de fato. Sob os traços do homem "sem domicílio", ele vislumbra aquele que, "mais próximo de sua humanidade", pode experimentar como veste aquilo que, à primeira vista, parece colar-se nele como sua pele[9].

O sentido último da subjetividade seria, portanto, inteiramente extático. Não pela intencionalidade tomando consciência do ser, mas pela práxis que o produz e pela qual o sujeito é todo inteiro obra. O egoísmo do Eu, sendo possível exprimir-se assim, é posto às avessas, é revirado como uma veste. Mas o ser para o qual é o Eu alcança, em sua realização utópica, o Bem que não está mais além do ser: no bem abole-se a oposição do homem ao mundo; lá o homem "próximo de sua humanidade" está satisfeito, sem se fechar pela felicidade num destino separado, sem se fechar na concha de uma pele. Ele nada mais deixa à morte que esse invólucro fissurável!

Vitória sobre a morte seguramente inimaginável, mas utopicamente esperada. Ela se distingue, em Ernst Bloch, das construções analógicas – mas puramente retóricas, lógicas e dialéticas – da tradição filosófica, pela evocação das "premonições" ou dos "pressentimentos" vividos "prematuramente" e onde a conaturalidade do homem e do ser brilha

---

9. É no sentido de um fragmento notável de *Spuren* (vestígios), publicado em 1930, intitulado *Der Schwarze* (O Negro). Cf. na tradução francesa, publicada por Gallimard, p. 30.

como extrema possibilidade. Como os instantes privilegiados da contemplação do Uno, de que fala Plotino. Evocação muitas vezes retomada e que constitui o traço mais notável do que se poderia chamar a "mística da imanência", tentada em o "Princípio Esperança".

O sujeito, na obscuridade do fato bruto, trabalha por um mundo futuro, por um mundo melhor. Sua obra é histórica. Ela não está à altura da utopia. No futuro imediato, ela tem apenas sucesso parcial. Portanto, ela é também fracasso. A melancolia desse fracasso é a maneira pela qual o homem se harmoniza com seu vir a ser histórico, é sua maneira de se manter no ser inacabado. Melancolia que não deriva, portanto, da angústia, da qual derivaria toda a afetividade, a se crer em Heidegger. Bem ao contrário: é a angústia da morte que seria uma modalidade da melancolia. O medo de morrer – medo de deixar uma obra inacabada! Que a obra utópica do acabamento possa coincidir com a essência do homem, que a "preocupação em obrar" não seja, como pensa frequentemente Heidegger, agitação e distração e uma maneira de desertar – ilusoriamente – um destino finito, Ernst Bloch o mostra, ao evocar os momentos privilegiados em que a obscuridade do sujeito é varada por um raio vindo como do futuro utópico. Lá, um lugar é deixado "à consciência da glória da utopia no homem"[10]. Esses instantes em que a luz da utopia penetra, por um momento, na obscuridade do sujeito, Bloch chama-os admiração. Admiração que é questão.

Questão informulável – pois o ser no seu acabamento é sem referências, a palavra ser já seria demais[11]; porém, questão informulável da qual se nutre toda questão humana ulterior, mesmo que esta – e até a filosofia, sobretudo a científica – enfraqueça e sufoque pela formulação das questões e das respostas a admiração que as alimenta. Admiração que não depende da "quididade" daquilo que provoca admiração, mas do como da relação com as coisas. Pode ser provocada pelo "modo como uma folha é agitada pelo vento; mas o

---

10. *Prinzip Hoffnung*, p. 1.388.
11. *Spuren*, trad. francesa, p. 235, sob o título *L'Étonnement*.

3 Sobre a morte no pensamento de Ernst Bloch

que é entendido, assim, pode também se encher de conteúdo mais familiar e mais significante (*mit bekannteren, höheren Inhalt*). Pode ser um sorriso de criança, o olhar de uma jovem, a beleza de uma melodia elevando-se do nada, o brilho desdenhoso de uma palavra rara que não se refere a nada de forma segura. Entretanto, este conteúdo mais significante não é necessário para suscitar e realizar a intenção-símbolo que vai em direção ao tua *res agitur* que assim aparece. Ela é a admiração mais profunda, sem nenhuma derivação, elemento do autêntico sob a figura de uma questão, fazendo-se eco nela própria"[12]. Mas é preciso remeter ao conjunto do texto que utilizamos aqui, onde a descrição da "admiração" é feita a propósito de um simples "chove" tirado do Pan de Knut Hamsun[13]. Entre as situações "mais significantes" em que essa admiração se produz e nas quais a morte não pode tocar o homem, pois aí a humanidade já deixou o indivíduo, Bloch evoca o campo de batalha de Austerlitz em *Guerra e Paz* de Tolstoi, onde o príncipe Bolkonski contempla a pura altura do céu, e, em *Anna Karenina*, Karenina e Vronski, à cabeceira de Anna gravemente doente.

Vitória sobre a morte pressentida na admiração, isto é, lá onde começa a filosofia! Bloch conforma-se à tradição ocidental: o acordo do homem e do ser anuncia-se com a filosofia. Apesar de toda a exaltação que movimenta a realização utópica, nada viria – nem do alto, nem de fora – desconcertar ou inquietar a imanência da história, no entanto, messiânica e escatológica, expressa nesse pensamento. A admiração é, ao mesmo tempo, questão e resposta. Questão, por sua desproporção com a obscuridade do sujeito; resposta, por sua plenitude. "Tudo pode ser talmente nosso próprio "ser" que não se tenha mais necessidade de questão, mas que se ponha plenamente na admiração e se torne, enfim, felicidade: um ser que seja felicidade"[14].

---

12. *Prinzip Hoffnung*, p. 1.388.
13. *Spuren*, loc. cit.
14. *Spuren*, trad. francesa, p. 237. Sublinhado por nós.

Abolição no "ser que chega a termo" – ou transformado pela práxis – da oposição homem-ser! É preciso pensá-la com vigor. Não haverá na *démarche* de Ernst Bloch um gesto intelectual extremamente notável, para além de todo artifício dialético e independentemente do seu credo pessoal? Somos levados a conceder-lhe uma importância própria e considerável. A transformação do mundo que é, propriamente falando, sua formação ou in-formação: a introdução de formas na matéria pela práxis, no sentido aristotélico de atualização – esse processo "objetivo" está tão íntima ou tão autêntica, tão propriamente (*eigentlich*) ligado a essa práxis que essa objetividade se exalta em possessivo – no possessivo de tua *res agitur*. Não será mister pensar que o lugar original do possessivo está aqui em vez de situá-lo na apropriação de coisas, na propriedade? Em consequência, movimento notável a partir desse tua *res agitur*: mais originalmente – mais propriamente – que a partir da morte incessível, identifica-se a identidade do Eu, e toma consistência a consciência, senão do *non omnis moriar* de Horácio, pelo menos do *non omnis confundar*.

Até o fim a realização humana coincide com o ser dirigindo-se à sua determinação completa. A chegada do ser a ele próprio é, seguramente, impossível sem o fim da miséria do homem: de minha miséria e, sobretudo, da miséria de outrem. Miséria – alienação que não é somente sinal ou metáfora do inacabamento mas seu modo original. "A humanidade obtém um lugar numa democracia tornada realmente possível, assim como esta representa o primeiro lugar humano de habitação... O marxismo bem praticado, cuidadosamente libertado e desembaraçado de seus maus vizinhos é, para começar, *humanity in act*, rosto humano em sua realização. Ele procura o caminho, o único que objetivamente lhe convenha, nele se engaja e o segue, de forma que seu futuro seja, ao mesmo tempo, inevitável e ofereça um estar em casa"[15]. Esse caminho é também o da inteligibilidade do

---

15. *Prinzip Hoffnung*, p. 1.608.

ser, de sua vinda a si próprio, tornada suprema objetividade. Decididamente, Marx é para a humanidade que se procura "a verdade, o caminho e a vida". A constituição de um lugar humano de habitação e a "gesta" de ser enquanto ser seria o mesmo acontecimento – o mesmo *Er-eignis* (no sentido hei-deggeriano): o mesmo acontecimento de auto-apropriação ou de des-alienação – do aparecimento do possessivo do tua *res agitur.*

Mas essa salvação do homem e do ser é pensada em termos de uma ontologia de duas dimensões, ao excluir toda referência à altura, como se aí houvesse temor de confundir altura e céu. No presente ensaio, que não tem intenções crí-ticas e no qual se valoriza, sobretudo, a força de certos con-ceitos de Bloch, não se pode, contudo, não se admirar que a altura seja concebida até o fim segundo o modelo do subre-natural e, por esta legítima razão, seja suspeita, porquan-to, na apresentação feita por Bloch de certas experiências excepcionais da realização utópica, o ser se põe, de algum modo, no superlativo, para aclarar a obscuridade do sub-jetivo. Uma passagem da noção de ser à noção admissível de criatura não é assim sugerida? E a elevação evidente da noção superlativa de ser não deveria ter levado à elaboração de uma dimensão de altura menos contestável que aquela do universo pré-copernicano?

4
Da deficiência sem preocupação ao sentido novo*

Para Mikel Dufrenne

... A essa camada em que se opera originariamente a simbiose do homem e do mundo, desvendar-se-ia sempre, balbuciantes e ambíguas, as expressões da exigência segundo a qual o homem é tarefa para o homem.
Mikel Dufrenne, *Pour l'homme*, p. 166.

I

Os casos de deficiência humana – de inferioridade para a sua tarefa de homem, em que o homem se acha impotente para responder àquilo que dele se espera – fazem parte da experiência cotidiana. As causas físicas, econômicas e políticas tomaram conta do homem como se ele fosse apenas uma realidade natural entre outras. A elevação da identidade humana ao posto de subjetividade transcendental não anula o efeito que a penetração do metal – ponta do punhal ou bala de revólver – pode ter no coração do Eu, que é apenas víscera. Afirma a Lógica de Port-Royal: "Todo o vigor do espírito humano é forçado a sucumbir ao menor átomo da matéria". A deficiência do homem não remonta a essa morte entendida como porta do nada irrecusável, vindo fulminar um ser cujo

---

* Publicado em *Concilium*, n. 113, 1976.

4 Da deficiência sem preocupação ao sentido novo

sentido se reduz à essância[1], à tarefa ou à missão de ser, isto é, ao exercício da atividade expressa pelo verbo dos verbos, pelo verbo ser que, irrefletidamente, toma-se por auxiliar? Verbo dos verbos, ele enuncia, com efeito, uma atividade que não provoca nenhuma mudança – nem de qualidade nem de lugar – mas, precisamente, a identificação mesma do idêntico. O verbo ser é como a não inquietude da identidade, como o ato de seu repouso que, apesar da aparente contradição dos termos, os gregos não hesitaram em pensar como ato puro e que, provavelmente, só é pensável a partir do lugar em que é possível espantar-se com a terra firme sob os pés e com a abóbada celeste e suas estrelas fixas acima da cabeça. Por conseguinte, a deficiência do homem começa no traumatismo do fim rompendo a energia do esse, na "finitude da essância humana". A iminência da morte, a ameaça das violências que podem antecipar a sua chegada, o divertimento que dela desvia a atenção, mas também a fé que a nega – permitem modelar a "matéria" humana à vontade.

Essa energia essencial do humano, ou essa coragem de ser – fonte da coragem, sem mais –, mostra-se concretamente na manutenção de sua identidade contra tudo o que viria alterar-lhe a suficiência ou o para si, na sua recusa a suportar toda causa que venha exercer-se sobre ele sem o seu consentimento. Espera-se do homem, em todas as coisas, uma decisão livre e racional. O consentimento seria dado, a decisão estaria tomada, desde o momento em que se toma consciência. Nada pode acontecer ao homem se não for, em um grau qualquer, assumido por ele; nada poderia tocá-lo sem a meditação da reflexão.

No entanto, essa atividade não pode ignorar aquilo que pode aliená-la. Nesse sentido, é somente sob a forma de livre querer, e não de onipotência, que ela é ativa. No homem, a finitude é também a distinção da vontade e do entendimento. Mas o sonho de potência infinita não deixa de permanecer

---

1. Escrevemos essância com *a* para designar, por esta palavra, o sentido verbal do termo ser: a efetuação do ser, o *Sein* distinto do *Seiendes*.

sua ideia fixa. A não ignorância ou o conhecimento do outro como dado permite superar a finitude: ao elevar-se à Razão, o saber do entendimento estende o seu poder ao infinito e, com a filosofia de Hegel, aspira a não deixar nada que é outro de fora. O pensamento absoluto seria a coincidência da vontade e do entendimento na Razão. O próprio fato de que essa excelência requer tempo – "como todos nós fomos crianças antes de nos tornar homens" (o que, para Descartes explicaria, sem comprometer a liberdade humana da idade madura, o embaraço, por vezes pitoresco, de nosso mundo) – instaura, em Hegel, a vontade na potência. O processo da história significa um processo de integração da totalidade do dado ao infinito da Ideia. A partir de então, o homem se une à divindade que, desde os gregos, se descreve por essa coincidência da vontade e do saber, unidos no pensamento do pensamento por essa necessidade inteligível. Ele se afirma idêntico e inalterável, instalado sobre o terreno inabalável que é a terra no sistema astronômico – fato empírico, porém a tudo subjacente; fato fundador no ato de seu repouso e fundador do próprio conceito de fundação. Presença "sob o sol" e presença em pleno meio-dia do conhecimento. Presença nos dois sentidos da expressão sob o sol, que a palavra onto-logia reúne.

A decepção que a deficiência humana suscita encontra, assim, um atenuante na evocação do inacabamento do processo histórico, anunciando a integração universal do Ser na Ideia; por meio deste inacabamento, o ato puro seria, ainda e unicamente, vontade livre. Mas pode-se, também, explicar essa deficiência pela renúncia à liberdade que, enquanto liberdade, expõe-se, sem desmentir-se, a uma escolha infeliz. O pecado explicaria a própria mortalidade e seria, assim, a última razão da não liberdade; porém, assim fazendo, ele confirmaria a liberdade essencial do homem. Em consequência disso, a humanidade deficiente – criminosa, imoral, doente, detida ou atrasada no seu desenvolvimento – deveria, encarcerada, internada, colonizada, educada, ser separada da verdadeira humanidade, da humanidade boa, sã e madura. A deficiência não comprometeria o homem pensado sempre como essância ativa e livre. Mas é possível assegurar-se de

4 Da deficiência sem preocupação ao sentido novo

que, na pura atividade, a consciência de si que o homem atinge na Humanidade – Estado mundial e homogêneo –, a morte, como nada, perde seu dardo e deixa de ser o ponto onde começa a deficiência?

II

Um dos rigorosos ensinamentos do pensamento heideggeriano é a possibilidade de que o fiasco humano esteja ligado ao "ato de ser" e à finitude deste ato entregue ao nada da morte. Sem essa finitude, o ato não teria nenhum sentido como ato, embora a época da metafísica, esquecida da essância da verdade, a tenha instituído como ato eterno em sua onto-teo-logia. Esse pensamento abre, de modo genial, perspectivas sobre pensamentos novos por suas audácias fenomenológicas. Mas, apesar disso, na medida em que se liga ao ato até mesmo na morte, do mesmo modo que a dialética hegeliana, ele se situa entre os resultados da tradição filosófica de nosso continente.

A ipseidade humana esgota seu sentido *em estar aí*, em ser-o-aí, desenrolando-se como ser-no-mundo. Mas estar-aí é um *modo* que remete ao ter-de-ser. Antes de toda formulação teórica da questão, o ter-de-ser já é a essância como questionamento sobre a essância do ser. Tal questionamento não é um atributo qualquer, um adjetivo da substância humana, mas a maneira, a modalidade, o *como*, a adverbialidade do ser que *tem de ser*. De acordo com muitas passagens de *Ser e tempo*, o homem possui apenas um privilégio metodológico: seu ser se manifesta sob a forma de interrogação sobre a essância do ser, e é por isso que ele seria a via que conduziria à resposta. Mas, no homem, a interrogação sobre a ess*â*ncia inverte seu genitivo-objetivo para genitivo-subjetivo (esta versão não é um simples momento na evolução de Heidegger; é a famosa *Kehre* heideggeriana): a essância do ser é estar-em-questão; o homem se interroga sobre a essância do ser porque o ser equivale a estar-em-questão, porque o *esse* cumpre seu curso nesse *movimento-de-se-colocar-em-questão*. Não se trata, pois, de um acontecimento antropológico, envolvendo a região humana do Real. É enquanto aventura do *esse* tomado absolutamente (enquanto *Sein überhaupt*) que o ser em questão realiza seu jogo no *estar-aí* do homem às voltas com seu *ter-de-ser* e, enquanto tal, questionando.

Mas, em Heidegger, essa redução da humanidade à sua tarefa de ser vai até uma dedução bastante notável da própria ipseidade humana a partir da essância do ser. A essância do ser, ou *estar-em-questão*, encontra-se em questão no *estar--aí* enquanto *ter-de-ser* que é o ser do homem. Dizer que o *homem é* significa: o homem *tem* de ser. A "propriedade" indicada no *ter* do ter-de-ser mede todo o irrecusável – irrecusável *até a morte* – da sujeição ao ser, encerrada no *de* do ter de ser... É nesse sentido que Heidegger pode dizer no início do parágrafo 9 de *Ser e tempo* que o *estar-aí* é caracterizado pela *Jemeinigkeit*, pela "minheidade" (*mienneté*). É porque o estar-aí é essencialmente *Jemeinigkeit* que o homem que *tem-de-ser* é Eu. E não inversamente! A ipseidade é como a ênfase do *de*... A essância – a "gesta" ou o curso do ser – segue assim – desde *Ser e tempo* – no seu estar-em-questão como apropriação pelo *estar-aí* que *tem* de ser – como *Er-eignis*. E o homem esgota o sentido de sua humanidade e de sua ipseidade ao articular o *Er-eignis* do ser.

Mas esse modo de estar em questão como *Er-eignis* a partir do *estar-aí* é desenvolvido por Heidegger como aventura para a morte: temporalidade e finitude. Finitude que, enquanto tal, já comporta a possibilidade de uma deficiência: de uma recaída na vida cotidiana sombreando a "certeza a priori" do fim, aliviando a existência, tranquilizando-a com respeito à morte, distraindo-a, permitindo-lhe comprazer-se no próprio ser que, no entanto, está condenado ao fim. Aqui reencontramos ainda a deficiência humana como o inverso de sua tarefa de ser, que é a tarefa ou o destino do homem.

O que é surpreendente nessa análise, no entanto – já tão impelida a entrever o sentido do humano a partir de uma passividade e de um passivo mais passivo que todo padecer e que toda paciência simplesmente correlativas de atos – é sua fidelidade à ideia de ato de assumir, de compreensão, de assenhoreamento, é esse ressurgimento da coragem por trás da passividade. O *ser-para-a-morte* ou estar à morte é ainda um poder-ser; a morte, segundo uma terminologia significativa, é *possibilidade* da impossibilidade e não instante extremo, arrancado de todo ato de assumir; a morte não é impossibilidade de poder, para além de todo assenhoreamento ou de todo desassenhoreamento, e para além de todo acolhimento, é puro rapto. As disposições afetivas (*Stimmungen*) que, para Heidegger, significam, para o estar-aí e para a humanidade, outras tantas maneiras de se conciliar com a essância que está a ser – isto é, a apoderar-se do poder ser –, referem-se todas, para ele, à angústia pela qual o ser para a morte afronta corajosamente e desesperadamente – livremente! – o nada. Por conseguinte, é nesse nada que a humanidade *é* fielmente seu destino ontológico, entre ser e não ser. Tanto a angústia quanto o homem nela imerso são ontologias. Mas o fim da essância não está mais em questão. Ela é apreendida. Ser para a morte como ser para o término, como ser para o fim – é certeza, *Gewisshei*t, em seu ápice de *Gewissen* e como origem da consciência moral. A iminência da morte – o próprio porvir da temporalidade – ameaça com o nada. Somente o nada ameaça na morte.

III

Perguntamos se o humano, pensado a partir da ontologia como liberdade, como vontade de potência ou como ato de assumir na sua totalidade e na sua finitude a essância do ser – se pensado a partir da angústia (olhar mergulhado no abismo do nada) que se experimentaria em toda emoção e em toda in-quietude – se pensado a partir da ontologia à qual se subordina e sobre a qual se funda e da qual derivaria e onde se inseriria, para a filosofia europeia, sua lei e sua obediência moral e política e tudo o que a Bíblia parecia lhe trazer – se este humano está ainda à medida daquilo que, na deficiência humana, choca a inteligência moderna. Inteligência moderna que, em

Auschwitz, viu o resultado da lei e da obediência – decorrente do ato heroico – nos totalitarismos, fascistas e não fascistas, do século XX. A inteligência moderna tem suas razões, mesmo que a Razão eterna deva um dia renegá-las. Ela esgota-as nas lembranças bem recentes – e na atualidade ainda atual – em que a deficiência humana perdeu sua modalidade de exceção na submissão à propaganda, ao terror, a todas as técnicas do condicionamento em que a onipotência dos homens se mostrou correlativa à certeza de que se pode tudo fazer do homem. Desumanizados pela delegação dos poderes, os homens buscavam a exaltação do poder e, assim, não só as vítimas estavam desumanizadas, mas também os que comandavam. A rigor, estes eram instrumentos de um mecanismo, de uma dialética, de um sistema, do dinheiro. Pode-se dizer que eles não colocavam em causa os axiomas da própria análise marxista, a qual reconhecia, a uma só vez, os fatos da alienação e dos condicionamentos em função das estruturas econômicas e, assim, apesar das convulsões sociais diante das quais a simples vontade livre confessava sua impotência, tal análise juntava-se ao otimismo humanista ao anunciar uma humanidade triunfante em estado nascente, graças a uma lucidez integrante e à utilização dessas convulsões como necessárias à eficácia humana. O fenômeno do estalinismo e as reincidências dos conflitos nacionalistas entre Estados que entraram na via do socialismo conferiram às possibilidades de degradação humana uma significação diferente daquela que esta poderia receber a partir de uma barbárie inocente, das faltas originais ou não originais e do divertimento. O sucesso das teses psicanalíticas nesse período que segue a derrocada – pelo menos provisória – do fascismo (sucesso, ele próprio, explicável pela lembrança do totalitarismo) habituou-nos à ideia dos traumatismos não mediatizados e de uma influência insuspeita sobre a liberdade, a uma sondagem clandestina de uma humanidade desarmada, a procedimentos nos quais a razão se lavava com os cérebros e não se assemelhava mais à unidade da apercepção transcendental nem a uma Razão prática.

Mas a deficiência humana recebe de nosso tempo uma nova significação em virtude da consciência que nós temos

4 Da deficiência sem preocupação ao sentido novo

dessa deficiência. Ela é vivida numa ambiguidade: desespero e frivolidade. A exaltação do humano na sua coragem e no seu heroísmo – na sua identidade de atividade pura – inverte-se em consciência de malogro, mas também de jogo. Jogo de influências e de pulsões. Jogo jogado sem jogadores, nem desafio; jogo sem sujeito e não rigor racional de tipo estoico, spinozista, ou hegeliano. É essa inversão da crise do sentido em irresponsabilidade do jogo que é, talvez, apesar de sua ambiguidade, a modalidade mais perversamente sutil do fiasco humano. Desordem graciosa como simples reflexos do ser e incapaz de resistir à droga e que, na sua arbitrariedade, se experimenta como menos constrangedora que a lei social e a própria lógica, sempre repressiva. O ser aceita-se como agradável. Denuncia-se a lei rigorosa como hipócrita, pois, obstinada em seu rigor, ela apenas revela seus desgastes e sua absurdidade. Sem perder sua significação de fim, a morte acrescenta a gratuidade do ilusório à leviandade do ser. "Vaidade das vaidades", a expressão do Eclesiastes é maravilhosamente precisa. Vaidade com expoente: a morte só golpearia as aparências de atos, pois não haveria mais atos, nem sujeito e nem atividades. Só haveria caprichos de epifenômenos já se diferenciando de si mesmos. Ilusórios simulacros de significados se dissipam no abismo da morte. Crise da linguagem na qual se dissolvem todas as sínteses, toda a obra da subjetividade constituinte. Trata-se do fim do mundo do qual os arsenais nucleares revelam o aspecto popular e angustiante. O fiasco do humano talvez caminhe para isso.

IV

Pregação e consolação são modos de falar distintos do dizer filosófico. Mas o fiasco do humano, que nos parece surgir no prolongamento de certa exaltação do Mesmo, do Idêntico, da Atividade e do Ser – mesmo que isso signifique o questionamento dessas realidades –, não sugere, por este próprio questionamento, outra significância: outro sentido e outra forma de significar? Pode-se perguntar se o desacordo entre o Sentido e o Ser – o risco permanente de o Sentido expulsar-se do Ser e, nesta evasão, vagar como errante, exilado e perseguido – não se assemelha a uma racionalidade que dispensa a confirmação por parte do Ser e *à qual o fiasco da racionalidade do Mesmo é uma provação necessária e suportável*? Racionalidade nova ou mais antiga que a racionalidade da terra firme "sob o sol", isto é, que a positividade. Por conseguinte, ela não se reduz à aventura ontológica com a qual essa positividade coincide, de Aristóteles a Heidegger, e na qual foram arrastados, juntamente com a teologia tradicional – que permaneceu pensamento do idêntico e do ser –, o Deus e o homem da Bíblia ou seus homônimos. E, assim como para Nietzsche essa aventura foi mortal para Deus, o anti-humanismo contemporâneo considera-a mortal para o homem. Mortal pelo menos para os seus homônimos: o homem-no-mundo e o Deus que, nos trás-mundos, se coloca sob o mesmo sol deste mundo. Há muito tempo que o sentido que não triunfa, que não se instala no repouso absoluto da terra sob a abóbada do céu, é tomado como puramente objetivo, romântico, ou como infortúnio da consciência infeliz. Não se pergunta se o não repouso, a inquietude, a questão e, a partir daí, a Busca e o Desejo, depreciados entre os valores positivos, são um simples decréscimo do repouso, da resposta e da posse, isto é, se eles não são pensamentos insuficientes do idêntico, conhecimentos indigentes, ou se, nessas relações desiguais a si mesmas, não se pensa a diferença, a alteridade irredutível, o "in-abarcável", o Infinito ou Deus; se, por acaso, conhecimento, resposta, resultados não seriam precisamente um psiquismo insuficiente para os pensamentos necessários aqui, mais pobres que a questão que é sempre também súplica endereçada a outrem, mesmo que seja um pedido sem resposta; se pedido, procura e desejo, longe de trazer em si mesmos apenas o vazio da necessidade, não são a explosão do "mais" no "menos", que Descartes chamava ideia de infinito? Não é precisamente desses pensamentos – pensamentos outros que aqueles que, na consciência intencional, "querem", à sua medida, o correlativo, o repouso e a identidade do positivo *astronômico* – que fala Blanchot quando diz: "Pressentimos que o *des-astr*e é o pensamento"?[2]

Sem se considerar a "síntese passiva" do tempo, isto é, o envelhecimento que se faz, o humano permanece limitado à igualdade a si e ao ser, à atividade na consciência de si – ao idêntico, ao positivo que torna possível a terra firme. Envelhecimento que ninguém faz e que significa, sem que alguém o diga, adeus ao mundo, à terra firme, à presença, à essância: é o des-inter-essamento através do passar. Mas esse desinteressamento, essa despedida, esse adeus não significam um *a-Deus*? A síntese passiva do tempo, a paciência, é espera sem fim esperado, traída pelas expectativas determinadas e satisfeitas com aquilo que vem sob a forma de uma apreensão e de uma *compreensão*. O tempo como espera – paciência, mais passiva que toda passividade correlativa a atos – espera o inapreensível.

O inapreensível dessa espera mantém-se ainda na hipóstase do *ente* na qual a língua que o nomeia o encerra? Ou ainda: o *entre-meio* deste modo não é a maneira pela qual o humano se afeta ou se inspira, na qual ele se *coloca em questão* e a partir da qual ele questiona? Paciência da espera, o tempo é questão, busca, súplica e pedido. Pensamentos mais pensantes que os pensamentos positivos que todavia desejaríamos colocar em seu lugar, como se a paciência e o tempo fossem alguma teologia negativa, separada de seu deus pela indiferença. Há aí, ao contrário, um grau de passividade onde a busca e a questão parecem ainda recolhidas, isto é, mantidas no segredo de seu risco de espera paciente. A palavra do profeta (Is 65,1), que nós citamos a título de ilustração, expressa-o admiravelmente: "Fui procurado por aqueles que não colocaram questões, fui encontrado por aqueles que não me procuravam". Pensamentos que são os mais pensantes! Paciência e extensão do tempo que não devem ser entendidas

---

2. Maurice Blanchot. "Discours sur la patience". *In: Nouveau Commerce*, n. 30-31, p. 21 [reeditado em *Ecriture du désastre*. Paris: Gallimard, 1981]. Decompomos em des-astre e sublinhamos, no texto citado, a palavra desastre.

como o paliativo de uma revelação parcimoniosa do Infinito ao finito humano: elas suportam ou sofrem a recusa ou questionamento que fere – ou surpreende – o finito e pelo qual, precisamente, o Infinito transcende para além do ser; é também por meio dele que o Infinito inspira – traumaticamente – o finito e que ele pode ser pensado. O *in* do Infinito não é simples negação, mas tempo e humanidade. O homem não é "anjo decaído que se lembra dos céus", mas ele pertence à própria significação do Infinito. Significação inseparável do tempo; significação inseparável da paciência e da espera; contra estas retorna a questão insidiosa – a única questão pretensamente séria – a questão sobre a existência de Deus – tomando-as como contingências "subjetivas". Ela é unicamente o retorno da ontologia e de sua pretensão de deter a medida última do sentido. Talvez seja contra ela que a palavra do profeta, que acabamos de citar, também testemunha: o termo paralelo a *ser encontrado* permanece ainda o verbo exprimindo a forma passiva de *buscar* – a transcendência *encontra* sem deixar de ser busca (é sua vida) e mesmo paciência, passiva até esquecer sua própria procura – ou pedido – na pura extensão e no puro langor; no puro silêncio do tempo. Inspiração traumática – traumatismo sem tangência, traumatismo pressentido: temor! É preciso contestar a fenomenologia heideggeriana da afetividade que estaria enraizada na angústia da finitude. A afetividade não eudemonista, não hedonista do temor não espera, para emocionar-se, uma ameaça que coloca meu ser em causa, como se o temor de Deus só pudesse inquietar-me pela sanção que me ameaça[3].

Mas, sem dúvida, o sentido último dessa paciência e desse temor – da questão e da busca que neles se encerram – mostra-se na análise que tentamos realizar em outro lugar[4]: virada dessa espera de Deus em proximidade de outrem, em minha responsabilidade de refém; virada desse temor, tão avesso ao terror diante do Sagrado quanto à angústia do Nada, em temor pelo próximo.

---

3. Cf., mais adiante, no cap. "A má consciência e o inexorável", p. 231s.

4. Cf., mais adiante, no cap. "Deus e a filosofia", o subtítulo n. 4, "Divina Comédia", p. 98-103.

PARTE II

A IDEIA DE DEUS

5
Deus e a filosofia*

Nota preliminar

As ideias aqui expostas já foram apresentadas, sob diversas formas, em conferências: na Universidade de Lille, em 13 de março de 1973; no congresso anual da Associação dos Professores de Filosofia das Faculdades Católicas da França, em 1º de maio de 1973; no simpósio organizado pela Academia de Ciências e Humanidades de Israel e pelo Departamento de Filosofia da Universidade de Jerusalém, em honra do 90º aniversário do Professor Hugo Bergman, no dia 23 de dezembro de 1973 (em hebraico); nas Faculdades Universitárias Saint-Louis em Bruxelas, em 20 e 21 de fevereiro de 1974; nas reuniões organizadas pelo Centro Protestante de Estudos, no dia 3 de março de 1974, e pela Faculdade de Teologia Protestante, no dia 4 de março de 1974, em Genebra.

O texto que publicamos baseou-se sobre o conteúdo essencial de cada comunicação. Seu itinerário de conferências tomou um caráter ecumênico. Este fato é lembrado aqui, sobretudo, para prestar homenagem à vida e à obra do Professor Hugo Bergman, o qual, bem cedo instalado em Jerusalém, sempre foi fiel à vocação universal de Israel que o Estado de Sião devia servir, tornando possível um discurso dirigido a todos os homens na dignidade humana, para poder, em consequência, responder por todos os homens, nossos próximos.

---

* Publicado em *Nouveau Commerce*, n. 31, em 1975.

1. A prioridade do discurso filosófico e a ontologia

1º – "Não filosofar é ainda filosofar". O discurso filosófico do Ocidente reivindica a amplidão de um englobamento ou de uma compreensão última. Obriga todo discurso a justificar-se diante da filosofia.

A teologia racional aceita essa vassalidade. Se ela consegue arrancar, em benefício da religião, algum domínio sobre o qual o controle da filosofia não se exerce mais, tal domínio terá sido reconhecido, com perfeito conhecimento de causa, como filosoficamente incontrolável.

2º – Essa dignidade de último e real discurso cabe à filosofia ocidental em virtude da coincidência rigorosa entre o pensamento em que a filosofia se mantém e a ideia da realidade em que este pensamento pensa. Para o pensamento, esta coincidência significa: não ter de pensar além daquilo que pertence à "gesta de ser" ou, pelo menos, não ter de pensar além daquilo que modifica uma prévia pertença à "gesta de ser", como as noções ideais ou formais. Para o ser do real, esta coincidência significa: aclarar o pensamento e o pensado mostrando-se. Mostrar-se, aclarar-se significa precisamente ter um sentido, ter a inteligibilidade por excelência, subjacente a toda modificação de sentido. Consequentemente, seria preciso entender a racionalidade da "gesta de ser" não como eventual característica que lhe seria atribuída quando uma razão viria conhecê-la. Que um pensamento venha a conhecê-la, eis precisamente o que é a inteligibilidade. É preciso entender a racionalidade como incessante surgimento do pensamento pela energia da "gesta do ser" ou de sua manifestação, e é preciso entender a razão a partir desta racionalidade. Pensamento significativo (*sensé*), pensamento do ser seriam pleonasmos e pleonasmos equivalentes, justificados, porém, pelas peripécias e privações às quais esta identificação do pensamento do significativo e do ser, por direito, se expõe.

3º – O discurso filosófico deve, portanto, poder abranger Deus – de que fala a Bíblia – se Deus tem um sentido. Mas,

5 Deus e a filosofia

pensado, Deus se situa imediatamente no interior da "gesta de ser". Situa-se como *ente* por excelência. Se a intelecção do Deus bíblico – a teologia – não atinge o nível do pensamento filosófico, não é porque ela pensa Deus como *ente* sem explicitar previamente o "ser deste ente", mas porque, ao tematizar Deus, ela o conduz no curso do ser; ao passo que o Deus da Bíblia significa de maneira diversa – isto é, sem analogia com uma ideia submetida a *critérios*, sem analogia com uma ideia obrigada a se mostrar verdadeira ou falsa – e significa, além do ser, a transcendência. E não é por azar que a história da filosofia ocidental foi uma destruição da transcendência. A teologia racional, radicalmente ontológica, procura fazer valer, no domínio do ser, a transcendência, exprimindo-a por advérbios de altura aplicados ao verbo ser: Deus existiria eminentemente ou por excelência. Mas, a altura – ou a altura acima de toda altura – que se exprime assim vem da ontologia? E a modalidade que este advérbio de altura eminente faz valer não rege o sentido verbal do verbo ser, a ponto de excluí-lo – inapreensível – do pensável, a ponto de excluí-lo do *esse* que se mostra, isto é, que se mostra significativo (*sensé*) num tema?

4º – Por outro lado, pode-se pretender que o Deus da Bíblia não tem sentido, quer dizer, não é pensável. Seria o outro termo da alternativa. "O conceito de Deus não é um conceito problemático, simplesmente não é conceito", escreveu num livro recente a Senhora Delhomme, prolongando uma alta linhagem do racionalismo filosófico que se recusa a acolher a transcendência do Deus de Abraão, de Isaac e de Jacó entre os conceitos sem os quais não haveria pensamento. O que a Bíblia eleva acima de toda compreensão ainda não teria atingido o limiar da inteligibilidade!

Consequentemente, o problema que se põe e que será o nosso consiste em se perguntar se o sentido equivale ao *esse* do ser, isto é, se o sentido que em filosofia é sentido já não é restrição do sentido, se já não é derivação ou deriva do sentido, se o sentido equivalente à essência – à gesta do ser, ao ser enquanto ser – já não é abordado na presença que é o tempo do Mesmo. Suposição essa somente justificável pela possibilidade de remontar a partir deste sentido, pretensamente condicionado, a um sentido que não se diria mais em termos de ser nem em termos de ente. É preciso perguntar-se se, para além da inteligibilidade e do racionalismo da identidade, da consciência, do presente e do ser – para além da inteligibilidade da imanência – não se entendem a significância, a racionalidade e o racionalismo da transcendência; se, para além do ser não se mostraria um sentido cuja prioridade traduzida em linguagem ontológica se dirá *prévia* ao ser. Não é certo que, para além dos termos de ser e ente, se recaia necessariamente no discurso da opinião ou da fé. Com efeito, permanecendo ou se querendo fora da razão, fé e opinião falam a linguagem do ser. Nada se opõe menos à ontologia que a opinião da fé. Perguntar-se, como tentamos fazê-lo aqui, se Deus pode ser enunciado num discurso sensato (*raisonnable*), que não seria nem ontologia nem fé, é, implicitamente, duvidar da oposição formal estabelecida por Yehuda Halévi e retomada por Pascal, entre o Deus de Abraão, de Isaac e de Jacó, invocado sem filosofia na fé, por um lado, e o deus dos filósofos, por outro; é duvidar que esta oposição constitua uma alternativa.

2. A prioridade da ontologia e a imanência

5º – Dissemos que, para a filosofia ocidental, o sentido ou a inteligibilidade coincide com a manifestação do ser, como se o processo próprio do ser se produzisse, à guisa de inteligibilidade, na claridade, e assim se tornasse tematização intencional numa experiência. Desta tematização derivam ou são susceptíveis, por compressão ou por espera, todas as potencialidades da experiência. Na exposição temática, esgota-se o processo do ser ou da verdade. Mas, se o ser *é* manifestação – se o exercício do ser equivale a esta exibição – *a* manifestação do ser não é senão a manifestação "deste exercício", isto é, manifestação da manifestação, verdade da verdade. Assim, a filosofia encontra na manifestação sua matéria e forma. Per-

5 Deus e a filosofia

maneceria no seu apego ao ser – ao ente ou ao ser do ente –, intriga do conhecimento e da verdade, aventura da experiência entre o claro e o obscuro. Há certeza de que é neste sentido que ela carrega a espiritualidade do Ocidente em que o espírito permanece coextensivo ao saber. Mas saber – ou pensamento ou experiência – não deve ser entendido como um reflexo qualquer da exterioridade num foro interior. A noção do reflexo, metáfora ótica tomada dos entes e dos acontecimentos tematizados, não é o próprio do saber. O saber só se compreende na sua essência própria a partir da consciência cuja especificidade fica escamoteada quando se a define com a ajuda do conceito do saber que a supõe.

É como modalidade ou modificação da *insônia* que a consciência é consciência de..., reunião em ser ou em presença que – em certa profundidade da vigilância em que a vigilância deve vestir-se de justiça – importa à insônia[1]. A insônia – vigília ou vigilância – longe de se definir como simples negação do fenômeno natural do sono, pertence ao categorial, condição de toda atenção e de todo embotamento antropológico. Sempre no limiar do despertar, o sono comunica com a vigília: mesmo tentando evadir-se, permanece à escuta na *obediência da vigília* que o ameaça e chama, da vigília que *exige*. O categorial da insônia não se reduz nem à afirmação tautológica do Mesmo, nem à negação dialética e nem ao êxtase da intencionalidade tematizante. Vigiar não equivale ao *cuidado de vigiar*... em que já se procura o idêntico, o repouso e o sono. É na consciência somente que o *vigiar*, já medusado, se dobra para um conteúdo que se identifica e se reúne numa presença, na "gesta de ser" e que aí se absorve. A insônia como categoria – ou como metacategoria, mas, nesse caso, é por ela que o *meta* toma sentido – não vem inscrever-se num quadro de categorias a partir de uma atividade determinadora, exercida sobre o outro como *dado*, pela unidade do Mesmo (e toda atividade não é mais que identificação e cristalização do Mesmo contra o Outro, mas

---

1. Cf. *Autrement qu'être ou au-delà de l'essence,* p. 195-207.

sob sua afecção), a fim de assegurar ao Outro, consolidado em ente, a gravidade de ser. A insônia – a vigília do despertar – é inquietada desde o coração de sua *igualdade* formal ou categorial pelo Outro que desnucleia tudo o que, nela, se nucleia em substância do Mesmo, em identidade, em repouso, em presença, em sono; pelo Outro que rompe este repouso, que o rompe desde aquém do *estado* em que a igualdade tende a se instalar. Está precisamente aí o caráter categorial irredutível da insônia: o Outro no Mesmo que não aliena o Mesmo, mas precisamente o desperta; despertar como exigência que nenhuma obediência iguala ou adormece: um "mais" no "menos". Ou, para fazer uso de uma linguagem dessueta, aí está a espiritualidade da alma incessantemente redespertada de seu estado de alma em que o próprio *vigiar* já se fecha sobre si mesmo ou adormece para se repousar nas suas fronteiras de estado. Passividade da Inspiração ou subjetividade do sujeito desembriagado de seu ser. Formalismo da insônia mais formal que o de toda forma definidora, delimitadora, enclausurante, formalmente mais formal que o da forma enclausurante em presença e em *esse*, repletando-se de conteúdo. Insônia ou vigília, mas vigília sem intencionalidade – des-interessada. Indeterminação – mas que não é apelo à forma – que não é materialidade. Forma que não *paralisa* seu próprio delineamento de forma, que não condensa em conteúdo seu próprio vazio. Não abarcado – Infinito.

6º – A consciência já rompeu com esse des-interessamento. Ela é identidade do Mesmo, presença do ser, presença da presença. É preciso pensar a consciência a partir dessa ênfase da presença[2]. A presença só é viável como um retorno da consciência a si mesma, fora do sono, e, por aí, a consciência remonta à insônia; mesmo que este retorno a si mesma, à guisa de consciência de si, nada mais seja que esquecimento do Outro que desperta o Mesmo do interior, mesmo que a liberdade do Mesmo nada mais seja que um sonho

---

2. Necessidade exigida pela justiça, a qual, no entanto, é exigida pela vigilância e, assim, pelo Infinito em mim, pela ideia do infinito.

5 Deus e a filosofia

desperto. A presença só é viável como incessante retomada da presença, como incessante re-presentação. O sem-cessar da presença é repetição, sua retomada, sua apercepção de representação. A re-tomada não descreve a re-presentação. É a re-presentação que é a própria possibilidade do retorno, a possibilidade do *sempre* ou a presença do presente. A unidade da apercepção, o "eu penso" – a descobrir na re-presentação – à qual, assim, se devolve uma função, não é uma maneira de tornar a presença puramente subjetiva. A síntese realizada pela unidade do *eu penso*, por trás da experiência, constitui o ato da presença ou a presença como ato ou a presença em ato. Movimento englobante realizado pela unidade nucleada em "eu penso", o qual, sinopse, é a estrutura necessária à atualidade do presente. O conceito operatório do idealismo transcendental que é a "atividade do espírito" não repousa sobre uma empiria qualquer do desdobramento de energia intelectual. É, sim, a extrema pureza – extrema até a tensão – da presença da presença, que é o ser em ato aristotélico, presença da presença, tensão extrema que vai à implosão da *presença* em "experiência feita por um sujeito", em que precisamente a presença retorna sobre si mesma realizando-se plenamente. O psiquismo da consciência é essa ênfase do ser, presença da presença, suprema presença sem escapatória, sem subterfúgios, sem esquecimento possível nas dobras de uma implicação qualquer e que seria indesdobrável; o "incessante" é a explicitação, sem possibilidade de apagamento, referência a um despertar à guisa de lucidez, mas assim vigília ao ser, atenção a... e não exposição ao outro, já modificação do formalismo sem intencionalidade da Insônia. Mas ocorre que pela consciência nada poderia se dissimular no ser; é uma luz que clareia de um extremo ao outro do mundo: tudo o que desliza e cai no passado é recordado ou reencontrado pela história. A reminiscência é a consciência extrema que é também a presença e a ontologia universais: tudo o que está em condições de encher o campo da consciência foi, a seu tempo, acolhido, percebido, teve uma origem. Pela consciência, o passado nada mais é que uma modificação do presente. Nada consegue ou pôde chegar sem se apresentar, passar de contrabando sem se declarar, sem se manifestar, sem se deixar inspecionar quanto à sua verdade. A subjetividade transcendental é a figura desta presença: nenhuma significação precede aquela que lhe confiro.

Como consequência, o processo do presente desenrola-se pela consciência como uma "nota firme" no seu *sempre,* na sua identidade do mesmo, na simultaneidade de seus momentos. O processo do subjetivo não vem de fora. É a presença do presente que comporta consciência, de sorte que a filosofia, à procura das operações transcendentais da apercepção do *eu penso,* não é uma curiosidade malsã e acidental qualquer; ela é a representação – a reatualização da representação, isto é, a ênfase da presença, o ficar-o-mesmo do ser na sua simultaneidade de presença, no seu sempre, na sua imanência. A filosofia não é somente conhecimento da imanência, mas é a própria imanência[3].

7º – A imanência e a consciência, recolhendo a manifestação da manifestação, não são abaladas pela interpretação fenomenológica dos estados afetivos ou do psiquismo

---

3. A noção da experiência é inseparável da unidade da presença, da simultaneidade e, conseeiaentemente, remete à unidade da apercepção que não vem de fora "tomar consciência" da simultaneidade. Ela pertence à própria "maneira" da presença: presença – ser – só é possível como tematização ou reunião do transitório e, a partir daí, como fenômeno que é a própria exibição temática. Nem toda significação remonta à experiência ou se resume em manifestação. A estrutura formal da significância: um-para-outro não remete imediatamente ao "mostrar-se". Sofrer-pelo-outro, por exemplo, tem um sentido em que o saber é adventício. A aventura do conhecimento caraterístico do ser, diretamente ontológico, não é o único modo nem o modo prévio da inteligibilidade ou do sentido. É preciso questionar a experiência como fonte de sentido. Não se pode mostrar que o sentido enquanto saber tem sua motivação num sentido que, no ponto de partida, nada tem do saber. Nem por isso se contesta que a filosofia seja um conhecimento. Mas a possibilidade para o saber de englobar todo sentido não é a redução de todo sentido às estruturas que sua exibição impõe. Daí a ideia de uma dia-cronia da verdade em que o dito deve ser desdito, e o desdito mais uma vez desdito. Neste sentido, a essência cética da filosofia pode ser considerada com seriedade: o ceticismo não é uma contestação arbitrária, mas é uma doutrina da prova e do exame, embora irredutível ao exame de tipo científico.

5 Deus e a filosofia

voluntário, que coloca no coração da consciência a emoção ou a angústia que viria desconcertar sua impassibilidade ou que, partindo do temor ou do tremor diante do sagrado, os compreenderia como vivências originais. Não é por azar que o axiológico e o prático recobrem, em Husserl, um fundo representativo.

Permanecem experiência – experiência dos valores, ou experiência do querido enquanto querido. O fundo representativo – que Husserl aí faz aparecer – consiste, aliás, menos numa serenidade qualquer da intenção teorética que na identificação do idêntico à guisa de idealidade, na reunião, na representação à guisa de presença, à guisa de uma lucidez que não deixa nada escapar, breve na imanência.

8º – Mas, é bom notar: a interpretação da afetividade como modificação da representação ou como fundada sobre uma representação atinge seu objetivo na medida em que a afetividade é tomada ao nível de uma tendência – ou da concupiscência, como diria Pascal – ou de uma aspiração que pode satisfazer-se no prazer ou que, insatisfeita, permanece pura carência que faz sofrer; na base desta afetividade encontra-se a atividade ontológica da consciência – toda ela investimento e compreensão, isto é, presença e representação (cuja tematização especificamente teórica é apenas uma das modalidades). Isso não exclui que, por outro caminho que o da tendência que vai ao seu termo, desabroche uma afetividade que se distinga claramente do delineamento e do plano da consciência, e que saia da imanência, que é transcendência, da qual tentamos dizer o "alhures".

9º – Um pensamento religioso que se justifica por experiências religiosas pretensamente independentes da filosofia já é, enquanto fundado sobre a experiência, referido ao "eu penso" e inteiramente ligado à filosofia. O "relato" da experiência religiosa não abala a filosofia e, consequentemente, não romperia a presença e a imanência das quais a filosofia é a realização enfática. É possível que a palavra Deus tenha chegado à filosofia a partir de um discurso religioso. Mas a filosofia – mesmo que o recuse – entende este discurso como o das proposições que versam sobre um tema, isto é, como tendo um sentido que se refere a um desvelamento, a uma manifestação da presença. Os mensageiros da experiência religiosa não concebem outra significação de sentido. A "revelação" religiosa é de antemão assimilada ao desvelamento filosófico – assimilação que a própria teologia dialética mantém. Que um discurso possa falar diversamente que para dizer o que foi visto ou ouvido no exterior, ou experimentado interiormente – permanece insuspeito. Portanto, o ser religioso interpreta sua vivência como experiência. Contra sua vontade, já interpreta Deus, cuja experiência pretende fazer, em termos de ser, de presença e de imanência.

Daí surge a questão prévia: o discurso pode significar diferentemente que significar um tema? Deus significa como tema do discurso religioso que nomeia Deus – ou como discurso que, precisamente, pelo menos como primeira aproximação, não o nomeia, mas o diz por um título diverso que o da denominação ou da evocação?

3. A ideia do infinito

10º – A tematização de Deus na experiência religiosa já escamoteou o incomensurável da intriga que rompe a unidade do "eu penso"[4].

Na sua meditação sobre a ideia de Deus, Descartes delineou o percurso extraordinário de um pensamento que vai até a ruptura do *eu penso*, com rigor inigualável. Mesmo pensando Deus como um ser, pensa-o como ser eminente, ou pensa-o como ente que *é* eminentemente. Diante desta aproximação entre a ideia de Deus e a ideia do ser, é preciso perguntar-se se o adjetivo *eminente* e o advérbio *eminente-*

---

4. Essa possibilidade de escamotear ou não atingir a divisão da verdade em dois tempos – do *imediato* e do *refletido* – merece consideração e prudência. Ela não conduz necessariamente à subordinação deste àquele ou daquele a este. A verdade como *dia-cronia,* como recusa da sincronização da síntese é, talvez, o próprio da transcendência.

5 Deus e a filosofia

mente não se referem à altura do céu acima de nossas cabeças e se não excedem a ontologia. Seja como for, Descartes mantém aqui uma linguagem substancialista, interpretando o incomensurável de Deus como um superlativo do existir. Mas, para nós, não é ali que reside sua contribuição insuperável. Não são as provas da existência de Deus que aqui nos interessam, mas a ruptura da consciência, que não é um recalcamento no inconsciente, mas um desembriagar-se ou um despertar que sacode o "sono dogmático" que dormita no fundo de toda consciência que repousa sobre o objeto. *Cogitatum* de uma *cogitação* que, à primeira vista, a contém, a ideia de Deus, significando o não abarcado por excelência – não é a própria absolução do absoluto? – supera toda capacidade; sua "realidade objetiva" de *cogitatum* implode a "realidade formal" da cogitação. Isto, talvez, derrube – antes da letra – a validade universal e o caráter original da intencionalidade. Afirmamos: a ideia de Deus rompe o pensamento que – investimento, sinopse e síntese – nada mais faz do que enclausurar numa presença, re-presentar, reconduzir à presença ou deixar ser.

Malebranche soube medir o alcance do acontecimento: não há ideia de Deus ou Deus é sua própria ideia. Estamos fora da ordem em que se passa da ideia ao ser. A ideia de Deus é Deus em mim, mas Deus já rompendo a consciência que visa a ideias, diferente de todo conteúdo. Diferença esta que não é uma emergência, como se um englobamento tivesse sido possível, nem uma fuga qualquer ao império da consciência, como se uma *compreensão* pudesse ser feita aqui. E, contudo, ideia de Deus – ou Deus em nós – como se o não se-deixar-englobar fosse uma relação excepcional comigo, como se a diferença entre o Infinito e o que devia englobá-lo e compreendê-lo fosse uma não indiferença do Infinito a esse englobamento impossível, não indiferença do Infinito para o pensamento: posição do Infinito no pensamento, mas bem diversa daquela que se estrutura como compreensão do *cogitatum* pela cogitação. Posição como passividade inigualável, pois inassumível (talvez seja nesta passividade – de além de toda passividade – que se precisa reconhecer o despertar).

Ou, inversamente, como se a negação incluída no Infinito em relação ao finito significasse não uma negação qualquer derivada do formalismo do julgamento negativo, mas, precisamente, a *ideia do Infinito*, isto é, o Infinito em mim. Ou, mais exatamente, como se o psiquismo da subjetividade equivalesse à negação do finito pelo Infinito, como se – sem querer brincar com as palavras – o *in* do Infinito significasse ao mesmo tempo o *não* e o *dentro*[5].

11º – A atualidade do *cogito* interrompe-se, assim, à guisa de ideia do Infinito pelo inenglobável, não pensado mas sofrido, pospondo num segundo tempo da consciência o que num primeiro tempo pretendia carregá-lo: após a certeza do *cogito*, presente a si mesmo na segunda Meditação, após a "parada" que as linhas finais desta Meditação sinalizam, a terceira meditação anuncia que "tenho de certo modo em mim, primeiramente, a noção do infinito que do finito, isto é, de Deus que de mim mesmo". Ideia do Infinito, *Infinito em mim*, isto só pode ser como passividade da consciência – será ainda consciência? –, passividade inassimilável à receptividade. Esta é reapropriação no acolhimento, assunção no golpe recebido. A ruptura da atualidade do pensamento na "ideia de Deus" é uma passividade mais passiva que toda passividade; como a passividade de um traumatismo sob o qual a ideia de Deus fosse colocada em nós. "Ideia colocada em nós" – essa figura de estilo convém à subjetividade do *cogito*? Convém à consciência e à sua maneira de manter um conteúdo que consiste em deixar-lhe sempre as marcas de sua apreensão? No seu presente de consciência, não tira ela sua origem e seus conteúdos de si mesma? Uma ideia pode ser introduzida num pensamento e abjurar suas cartas de nobreza socrática, seu nascimento imanente na reminiscência, isto é, sua origem na própria presença do pensamento que a pensa ou na recupe-

---

5. O nascimento latente da negação não reside na subjetividade, mas na ideia do Infinito; ou, se quisermos, na subjetividade enquanto ideia do Infinito. É neste sentido que a ideia do infinito, como manifesta Descartes, é uma *verdadeira ideia* e não apenas o que eu concebo "pela negação do que é finito".

ração deste pensamento pela lembrança? Ora, na ideia do Infinito descreve-se uma passividade mais passiva que toda passividade atinente a uma consciência: surpresa ou suscepção do inassumível, mais aberta que toda abertura – despertar – mas sugerindo a passividade do criado[6]. A introdução em nós de uma ideia inabarcável derruba esta presença a si que é a consciência, forçando assim a barragem e o controle, frustrando a obrigação de aceitar ou adotar tudo o que entre de fora. Por isso, é uma ideia que significa, mas por uma significância anterior à presença, a toda presença, anterior a toda origem na consciência e, assim, an-árquica, acessível no seu vestígio; ideia que significa por uma significância mais antiga que sua exibição, que não se esgota na exibição, que não tira seu sentido de sua manifestação, rompendo assim com a coincidência do ser e do aparecer em que, para a filosofia ocidental, reside o sentido ou a racionalidade, rompendo a sinopse; ideia mais antiga que o pensamento rememorável que a representação retém na sua presença. Que pode querer dizer esta significância mais antiga que a exibição? Ou, mais exatamente, que pode querer dizer a antiguidade de uma significação? Na exibição, poderá ela entrar em outro tempo que o presente histórico, o qual já anula o passado e sua dia-cronia pelo fato de representá-lo? Que pode querer dizer esta antiguidade senão o traumatismo do despertar? – Como se a ideia do Infinito – o Infinito em nós – revelasse uma consciência que não está suficientemente desperta? Como se a ideia do

---

6. Descartes, ao interrogar-se sobre "a maneira pela qual adquiri essa ideia", sobre o sentido desta receptividade, diz na terceira Meditação: "Pois eu não a recebi pelos sentidos e jamais ela se ofereceu a mim contra minha expectativa como o fazem as ideias das coisas sensíveis, quando estas coisas se apresentam ou parecem apresentar-se aos órgãos exteriores de meus sentidos". Nas ideias das coisas sensíveis, a surpresa da experiência é assumida pelo entendimento que extrai dos sentidos o inteligível claro e distinto, o que permite dizer que as coisas sensíveis "parecem apresentar-se aos órgãos exteriores de meus sentidos". Processo da receptividade! "Ela" – a ideia do infinito, continua Descartes – "também não é uma pura produção ou ficção de meu espírito; pois, não está em meu poder diminuir-lhe ou acrescentar-lhe coisa alguma. E, consequentemente, nada mais resta a dizer senão que, como a ideia de mim mesmo, ela nasceu e se produziu comigo desde que fui criado".

96   De Deus que vem à ideia

Infinito em nós fosse exigência e significação no sentido em que, na exigência, uma ordem é significada.

4. Divina comédia

12º – Já dissemos que não é na negação do finito pelo Infinito, entendida na sua abstração e no seu formalismo lógico, que se deve interpretar a ideia do Infinito ou o Infinito no pensamento; é, ao contrário, a ideia do Infinito ou o Infinito no pensamento que é a figura própria e irredutível da negação do finito. O *in* do infinito não é um *não* qualquer: sua negação é a subjetividade do sujeito por trás da intencionalidade. A diferença do Infinito e do finito é uma não indiferença do Infinito para com o finito e o segredo da subjetividade. A figura do Infinito-introduzido-em-mim – conforme Descartes contemporânea de minha criação[7] – significaria que o não poder-compreender-o-Infinito-pelo-pensamento é uma relação de algum modo positiva com este pensamento; mas, com este pensamento como passivo, como cogitação quase desconcertada que não comanda mais – ou não comanda ainda – o *cogitatum*, que não se apressa ainda em direção da adequação entre o termo da teleologia espontânea da consciência e este termo dado no ser – o que é o destino da teleologia essencial da consciência, tendendo a seu termo intencional e conjurando a presença da re-presentação. Melhor dito: o não poder-compreender-o-Infinito-pelo-pensamento significaria precisamente a condição – ou a incondição – do pensamento, como se dizer a incompreensão do Infinito pelo finito não significasse apenas dizer que o Infinito não é o finito e como se a afirmação da diferença entre o Infinito e o finito devesse permanecer abstração verbal sem a consideração do fato da incompreensão do Infinito pelo pensamento precisamente, a qual, por esta incompreensão, é posta como pensamento[8], como subjetividade posta enquanto se põe a si mesma. O

---

7. Cf. nota precedente.
8. Ou, como diz Descartes, que é *criada*.

5 Deus e a filosofia

Infinito não precisa associar-se nada de novo para afetar a subjetividade: é seu próprio in-finito, sua diferença em relação ao finito, que já é sua não indiferença para com o finito. Isso equivale à cogitação que não *compreende* o *cogitatum* que a afeta absolutamente. O Infinito, ao afetar o pensamento, ao mesmo tempo o devasta e o chama: mediante uma "reposição em seu lugar", ele o põe no lugar. Ele o desperta. Despertar do pensamento que não é acolhimento do Infinito – não é recolhimento nem assunção, os quais são necessários e bastam à *experiência*. A ideia do Infinito é seu questionamento. A ideia do Infinito sequer se assume como o amor que desperta na ponta de flecha que fere, em que o sujeito, aturdido pelo traumatismo, se retoma imediatamente na sua imanência de estado de alma. O Infinito significa, precisamente, o aquém da manifestação: o sentido não se reduz à manifestação, à representação da presença ou à teleologia; o sentido não se mede pela possibilidade ou impossibilidade da verdade do ser, mesmo que a significação do aquém devesse, de alguma forma – mesmo que fosse pelo seu vestígio – mostrar-se nos enigmas do dizer.

13º – Qual é, pois, a intriga do sentido, diferente daquela da re-presentação e da empiria, que se tece na ideia do Infinito – na monstruosidade do infinito *colocado* em mim –, ideia que, na sua passividade que precede toda receptividade, não é mais ideia? Qual é o sentido do traumatismo do despertar em que o Infinito não poderia se pôr como correlativo do sujeito, nem entrar em estrutura com ele, nem tornar-se seu contemporâneo numa copresença – mas que o transcende? De que maneira pensar a transcendência como relação se ela deve excluir a última – e a mais formal – copresença que a relação garante a seus termos?

O *in* do infinito designa a profundidade da afecção com que é afetada a subjetividade por essa "introdução" do Infinito nela, sem preensão e compreensão. Profundidade do sofrer que nenhuma capacidade compreende, nenhum fundamento sustenta, em que gora todo processo de investimento e vão pelos ares as trancas que fecham a retaguarda da interioridade. Introdução sem recolhimento a devastar seu lugar como um fogo devorador, catastrofando o lugar, no sentido etimológico do termo[9]. Deslumbramento em que o olho guarda mais do que tem; ignição da pele que toca e não toca o que, para além do apreensível, queima. Passividade ou paixão em que se reconhece o Desejo, em que o *mais* no *menos* desperta com a sua chama mais ardente, mais nobre e mais antiga um pensamento votado a pensar mais do que pensa[10]. Mas desejo de uma ordem outra que as da afetividade e da atividade hedonista ou eudemonista em que o Desejável se investe, se atinge e se identifica como objeto da necessidade, em que a imanência da representação e do mundo exterior se reencontra. A negatividade do *In* do Infinito – outramente que ser, divina comédia – escava um desejo que não se preenche, que se alimenta de seu próprio acrescimento e que se exalta como Desejo – que se afasta de sua satisfação – à medida que se aproxima do Desejável. Desejo de além da satisfação e que não identifica, como a necessidade, um termo ou um fim. Desejo sem fim, de além do ser: des-inter*essamento*, transcendência – desejo do Bem.

Mas se o Infinito em mim significa Desejo do Infinito, se está certo da transcendência que aí se *passa*? O desejo não restitui a contemporaneidade do desejante e do Desejável? Isto pode ser dito ainda de outra forma: o desejante não tira do Desejável, como se já o tivesse apreendido por sua intenção, uma complacência a desejar? O des-inter*essamento* do Desejo do Infinito não é inter*essamento*? Desejo do bem além do ser, transcendência – dissemo-lo sem nos preocupar pela maneira como o interessamento se exclui do Desejo do

---

9. "Eis o Eterno que sai do seu lugar, que desce e pisa as alturas da terra. Sob seus pés fundem-se as montanhas, os vales gretam: assim a cera funde-se sob a ação do fogo e as águas precipitam-se pelas ladeiras" (*Miqueias* 1,3-4). "O que sustenta cede ao que é sustentado", transtorna-se ou se dissolve, esta é a "estrutura" (que é, se assim se pode dizer, a própria des-estrutura) que este texto enuncia e exprime, independentemente de sua autoridade – e de sua "retórica" de Sagradas Escrituras.

10. Cf. *Totalité et infini*, seção I, p. 1-78 e *passim*.

Infinito e sem mostrar em que o Infinito transcendente merece o nome de Bem, quando sua própria transcendência pode significar apenas indiferença.

14º – O amor só é possível pela ideia do Infinito – pelo Infinito introduzido em mim, pelo "mais" que devasta e desperta o "menos" desviando da teleologia, destruindo a hora e a felicidade do fim. Platão obriga Aristófanes a uma confissão, que na boca do mestre da Comédia ressoa de modo singular: "São aqueles que passam sua vida juntos, de ponta a ponta, que seriam... incapazes de exprimir o que desejam que lhes aconteça um ao outro"[11]. Hefesto dirá que querem "de dois seres que eram tornar-se um só"[12], restituindo, assim, um fim ao amor e reconduzindo-o à nostalgia do que foi outrora. Mas por que os mesmos amantes não sabem dizer o que pedem um ao outro além do prazer? Diotima vê a intenção do amor além desta unidade, mas o percebe indigente, carente e susceptível de vulgaridade. Vênus celeste e Vênus vulgar são irmãs. O amor se compraz na própria espera do Amado, quer dizer, goza-a mediante a representação que preenche a espera. A pornografia é, talvez, o que desponta em todo erotismo, como o erotismo em todo amor. Ao perder no gozo o desmesurado do Desejo, o amor é concupiscência, no sentido pascaliano do termo, assunção e investimento pelo eu. O eu penso reconstitui no amor a presença e o ser, o interessamento e a imanência.

A transcendência do Desejável além do interessamento e do erotismo em que se mantém o Amado é possível? Afetado pelo Infinito, o Desejo não pode visar a um fim que ele alcançaria: no Desejo, a aproximação afasta e o gozo só faz crescer a fome. Nesta reviravolta dos termos se "passa" a transcendência ou o desinteressamento do Desejo. Como? E na transcendência do Infinito, o que nos dita a palavra Bem? Para que o desinteressamento seja possível

---

11. *Banquete*, 192 C.
12. Ibid., 192 E.

no desejo do Infinito, para que o Desejo além do ser, ou a transcendência, não seja uma absorção na imanência que assim faria seu retorno, é mister que o Desejável ou Deus fique separado no Desejo; como desejável – próximo, mas diferente – Santo. Isso só é possível se o Desejável me ordena ao que é o não desejável, ao indesejável por excelência, a outrem. Retornar a outrem é despertar, despertar à proximidade, que é responsabilidade para com o próximo, a ponto de substituir-se a ele. Mostramos alhures[13] a substituição a outrem no seio dessa responsabilidade e, por aí, a desnucleação do sujeito transcendental, a transcendência da bondade, nobreza do suportar puro, ipseidade de pura eleição. Amor sem Eros. A transcendência é ética, e a subjetividade – que enfim não é o "eu penso" (que ela é de início), que não é a unidade da "apercepção transcendental" – é, à guisa de responsabilidade por Outrem, sujeição a ele. O eu é passividade mais passiva que toda passividade porque no acusativo, se (soi) – que nunca esteve no nominativo – sob a acusação de outrem, mesmo que sem falta. Refém de outrem, obedece a um mandamento antes de tê-lo ouvido, fiel a um engajamento que jamais assumiu, a um passado que jamais esteve presente. Vigília – ou abertura de si – absolutamente exposta e desembriagada do êxtase da intencionalidade. E este modo para o Infinito, ou para Deus, de remeter, do seio de sua própria desiderabilidade, à proximidade não desejável dos outros – nós o designamos pelo termo de "eleidade", virada extra-ordinária da desiderabilidade do Desejável – da suprema desiderabilidade que chama a ela a retidão retilínea do Desejo. Virada pela qual o Desejável escapa ao Desejo. A bondade do Bem – do Bem que não dorme nem dormita – inclina o movimento que ela suscita para afastá-lo do Bem e orientá-lo para outrem e somente por aí em direção ao Bem. Irretitude que vai mais alto que a retidão. Intangível, o Desejável separa-se da relação do Desejo que ele suscita e, por esta separação ou santidade, permanece terceira pessoa: Ele no fundo do Tu. Ele é Bem

---

13. Cf. *Autrement qu'être,* cap. IV.

5 Deus e a filosofia

num sentido eminente e preciso: não me cumula de bens, mas me sujeita à bondade, melhor que os bens a receber[14].

Ser bom é déficit, enfraquecimento e loucura no ser; ser bom é excelência e altura além do ser – a ética não é um momento do ser – é outro modo e melhor que ser, a própria possibilidade do além[15]. Nessa reviravolta ética, o Desejável remetendo ao Não desejável – nessa missão estranha que ordena aproximar-se de outrem – Deus é subtraído à objetividade, à presença e ao ser. Nem objeto, nem interlocutor. Seu afastamento absoluto, sua transcendência vira em minha responsabilidade – o não erotismo por excelência – por outrem. É a partir dessa análise que Deus não é simplesmente o "primeiro outro", "o outro por excelência" ou "o absolutamente outro", mas outro que outrem, outro de uma alteridade prévia à alteridade de outrem, à sujeição ética ao próximo, e diferente de todo próximo, transcendente a ponto da ausência, a ponto de sua confusão possível com a indeterminação do há (*il y a*)[16]. Confusão em que a substituição ao próximo ganha em desinteressamento, quer dizer, em nobreza e, por isso mesmo, a transcendência do Infinito eleva-se em glória. Transcendência verdadeira de uma verdade dia-crônica e,

---

14. Franz Rosenzweig interpreta a *resposta* dada pelo Homem ao Amor com que Deus ama, como o movimento para com o próximo. Cf. *Stern der Erlösung*, parte II, livro II. É a retomada da estrutura que comanda um tema homilético do pensamento judaico: "As franjas nas bordas das vestes" cuja visão deve recordar ao fiel "todos os mandamentos do Eterno" (*Números* 15,38-40), recebem o nome *tsitsith*, em hebraico. Este termo é cotejado no antigo comentário rabínico, chamado *Siphre*, com o verbo *tsuts*, uma forma do qual no *Cântico dos Cânticos* 2,9 significa "observar" ou "olhar": "Meu bem-amado... observa pela grade". O fiel, ao olhar as "franjas" que lhe recordam suas obrigações, volta assim seu olhar ao Bem-amado que o observa. Seria isso o face a face com Deus!

15. É a significação do além, da transcendência e não a ética que nossa pesquisa busca. Encontra-a na ética. *Significação*, pois a ética estrutura-se como um-para-o-outro; significação do além do ser, pois fora de toda finalidade numa responsabilidade que sempre cresce – des-interessamento em que o ser se desfaz de seu ser.

16. Vestígio de um passado que jamais foi presente – mas ausência que ainda desconcerta.

sem síntese, mais alta que as verdades sem enigma[17]. Para que esta fórmula – transcendência até a ausência – não signifique a simples explicitação de uma palavra ex-cepcional, era mister restituir esta palavra à significação de toda a intriga ética – à divina comédia sem a qual esta palavra não poderia surgir. Comédia na ambiguidade do templo e do teatro, mas onde o rir fica sufocado na garganta com o aproximar-se do próximo, isto é, do seu rosto ou de seu desamparo.

5. Fenomenologia e transcendência

15º – A exposição da significação ética da transcendência e do Infinito além do ser pode ser feita a partir da proximidade do próximo e de minha responsabilidade por outrem.

Pôde parecer, até aqui, que se construía a abstração de uma subjetividade passiva. A receptividade do conhecimento finito é reunião da dispersão do dado em simultaneidade da presença, em imanência. A passividade "mais passiva que toda passividade" consistia em sofrer – ou, mais exatamente, em já ter sofrido num passado irrepresentável – que nunca foi presente – um traumatismo inassumível, atingido pelo in do infinito a devastar a presença e a despertar a subjetividade à proximidade de outrem. O não abarcado, rompendo o abarcante ou as formas da consciência, transcende assim a essência ou "a gesta" do ser cognoscível que conduz sua forma de ser na presença; transcende o interessamento e a simultaneidade de uma temporalidade representável ou historicamente reconstituível, transcende a imanência.

Esse traumatismo – inassumível – infligido pelo Infinito à presença, ou essa afecção da presença pelo Infinito – essa afetividade – delineia-se como sujeição ao próximo: pensa-

---

17. Verdade dia-crônica – dia-cronia da verdade sem síntese possível. Haveria, contrariamente ao que nos ensina Bergson, "desordem" que não é outra ordem, lá onde os elementos não podem fazer-se contemporâneos, por exemplo, na maneira (mas será isso um exemplo ou a exceção?) pela qual Deus escapa à presença da re-presentação.

5 Deus e a filosofia

mento que pensa mais do que pensa – Desejo – envio ao próximo – responsabilidade por outrem.

Essa abstração, todavia, é-nos familiar no acontecimento empírico de obrigação para com o outro, como impossível indiferença – impossível sem carência – diante dos males e das faltas do próximo, como responsabilidade irrecusável para com ele. Responsabilidade cujos limites e urgência extrema é impossível fixar e medir. Para a reflexão, ela é desconcertante sob todos os ângulos, já que vai até a obrigação de responder pela liberdade do outro, de ser responsabilidade pela sua responsabilidade; ao passo que a liberdade que um eventual engajamento ou até a assunção de uma necessidade imposta exigiria não consegue encontrar um presente que englobe os possíveis de outrem. A liberdade deste não pode fazer estrutura nem entrar em síntese com a minha. A responsabilidade para com o próximo consiste precisamente no que vai além do legal e obriga para além do contrato; ela me incumbe de aquém de minha liberdade, do não presente, do imemorial. Entre eu e o outro escancara-se uma diferença que nenhuma unidade da apercepção transcendental poderia recuperar. Minha responsabilidade por outrem é precisamente a não indiferença dessa diferença: a proximidade do outro. Relação, no sentido absoluto do termo, extra-ordinária, não restabelece a ordem da representação em que todo passado retorna. A proximidade do próximo permanece ruptura diacrônica, resistência do tempo à síntese da simultaneidade.

A fraternidade biológica humana – pensada com a sóbria frieza cainesca – não é uma razão suficiente para me tornar responsável por um ser separado; a sóbria frieza cainesca consiste em pensar a responsabilidade a partir da liberdade ou de acordo com um contrato. A responsabilidade pelo outro precede a minha liberdade. Não deriva do tempo tecido de presenças – nem de presenças esvaecidas no passado e representáveis – do tempo de inícios ou de assunções. Não me permite que me constitua num eu penso substancial como uma pedra, ou como um coração de pedra, em si e para si. Prolonga-se em substituição ao outro, até a condição – ou incondição – de refém. Responsabilidade que não dá margem de tempo: sem presente de recolhimento ou de retorno a si, e que me põe em situação de atraso; diante do próximo, eu compareço mais que apareço. Respondo de uma só vez a uma assignação. Assim, o pétreo nó de minha substância fica desnucleado. Mas a responsabilidade à qual fico exposto nesta passividade não me apreende como coisa intercambiável, pois ninguém aqui me pode substituir. Ao apelar a mim como a um acusado que não poderá recusar a acusação, obriga-me como insubstituível e único – como eleito. Na mesma medida em que me chama à minha responsabilidade me interdiz toda substituição. Insubstituível para a responsabilidade, não posso sem carência ou sem falta ou sem complexo me furtar ao rosto do próximo: eis-me votado ao outro sem demissão possível[18]. Não posso esquivar-me do rosto do outro na sua nudidade sem recurso: na sua nudidade de abandonado que brilha entre as fendas que estriam a máscara do personagem ou sua pele enrugada, no seu "sem recurso", que é preciso entender como brados já dirigidos a Deus, sem voz nem tematização. A ressonância do silêncio – *Geläut des Stille* – é certamente ali que ressoa. Imbróglio que deve ser tomado a sério: relação a... sem representação, sem intencionalidade, não recalcada – nascimento latente em outrem da religião; anterior às emoções e às vozes, antes da "experiência religiosa" que fala de revelação em termos de desvelamento do ser; relação como acesso insólito, no seio de minha responsabilidade, ao insólito desconcerto do ser. Mesmo que logo se diga: "não foi nada". "Não era nada" – não era ser, mas de outro modo que ser. Minha responsabilidade – contra minha vontade – que é a maneira pela qual outrem me incumbe ou me incomoda, me é próximo – é escuta deste brado. É o despertar. A proximidade do próximo é minha responsabilidade por ele: aproximar-se é tornar-se responsável pelo seu irmão; ser

---

18. Devotamento forte como a morte e, num sentido, mais forte que a morte. Na *finitude*, a morte desenha um destino que ela interrompe; ao passo que nada poderia dispensar-me da resposta à qual *passivamente* sou obrigado. O túmulo não é um refúgio – não é um perdão. A dívida perdura.

5 Deus e a filosofia

responsável por seu irmão é ser seu refém. A imediatidade significa isso. A responsabilidade não vem da fraternidade, mas é a fraternidade que nomeia a responsabilidade por outrem, aquém da minha liberdade.

16º – Propor a subjetividade nessa responsabilidade é entrever nela uma passividade jamais suficientemente passiva de consumação por outrem, cuja luz brilha e clareia a partir do ardor sem que a cinza dessa consumação possa tornar-se o núcleo do em-si e por-si; sem que o eu oponha a outrem nenhuma forma que o proteja ou lhe ofereça uma medida. Consumação de holocausto. "Sou cinza e pó", diz Abraão ao interceder por Sodoma[19]. "Quem somos nós?", diz mais humildemente ainda Moisés[20].

Que significa essa assignação em que o sujeito se desnucleia e não recebe nenhuma forma capaz de assumi-la? Que significam essas metáforas atômicas senão um eu arrancado ao conceito do Eu e ao conteúdo de obrigações cujo conceito fornece rigorosamente a medida e a regra, e exposto precisamente a uma responsabilidade desmedida, pois que cresce à medida que a resposta é mantida? Responsabilidade que cresce gloriosamente. Eu que não é designado mas que diz "eis-me aqui". "Cada um de nós é culpável diante de todos, por todos e por tudo, e eu mais que os outros", diz Dostoiévski, no livro Os irmãos Karamázov. Eu que diz eu, e não aquele que singulariza ou individua o conceito ou o gênero: Eu, mas eu único no seu gênero que vos fala na primeira pessoa. A não ser que se possa sustentar que é na individuação do gênero ou do conceito do Eu que me desperto e me exponho aos outros, isto é, me ponho a falar. Exposição que não se assemelha à consciência de si, à recorrência do sujeito, confirmando o eu por si. Recorrência do despertar que pode ser descrito como o estremecimento da encarnação pela qual o dar toma sentido – dativo original do para o outro em que o sujeito se faz coração e sensibilidade e mãos que dão. Mas,

---

19. Gênesis 18,27.
20. Êxodo 16,7.

assim, posição já de-posta de seu reino de identidade e de substância, já em dívida, "para o outro", até a substituição ao outro, alterando a imanência do sujeito na base de sua identidade; sujeito insubstituível para a responsabilidade que lhe incumbe e por aí reencontrando nova identidade. Mas, à medida que me separo do conceito de Eu, o estremecimento do sujeito é crescimento de obrigação no processo de minha obediência, aumento da culpabilidade com o aumento da santidade, acrescimento da distância na proporção da aproximação. Não há repouso para si ao abrigo de sua forma, ao abrigo do seu conceito de eu! Não há "condição", sequer a da servidão. Solicitude incessante da solicitude, exagero da passividade na responsabilidade pela responsabilidade pelo outro. Desta forma, a proximidade nunca é suficientemente próxima; eu responsável nunca acabo de me esvaziar de mim mesmo. Acrescimento infinito no seu esgotamento em que o sujeito não é simplesmente uma tomada de consciência deste esgotar-se, mas seu lugar e acontecimento e, por assim dizer, sua bondade. Glória de um longo desejo! O sujeito como refém não foi nem a experiência nem a prova do Infinito, mas o testemunho do Infinito, modalidade desta glória, testemunho que desvelamento algum precedeu.

17º – O excesso crescente do Infinito que ousamos chamar glória não é uma quintessência abstrata. Há uma significação na resposta, sem esquiva possível à assignação que me vem do rosto do próximo: é a exigência hiperbólica que de imediato a excede. Surpresa para o próprio respondente que, desalojado de sua interioridade de eu e de "ser com dois lados", é despertado, quer dizer, exposto ao outro, sem moderação e sem reserva. A passividade desta exposição a outrem não se esgota em quaisquer aberturas para sofrer o olhar ou o julgamento objetivante de outrem. A abertura do eu exposto ao outro é a implosão ou o pôr a interioridade ao avesso. Sinceridade é o nome desta extra-versão[21]. Mas

---

21. Um-para-o-outro, estrutura formal da significação, significância ou racionalidade da significação que, aqui, não começa expondo-se num tema; mas é minha abertura ao outro – minha sinceridade ou minha *veracidade*.

5 Deus e a filosofia

que pode significar esta inversão ou extra-versão senão uma responsabilidade para com os outros em que não retenho nada para mim? Responsabilidade na qual tudo em mim é dívida e doação, na qual meu ser-aí é o último ser-aí em que os credores alcançam o devedor. Nesta responsabilidade, minha posição de sujeito no seu que lhe é próprio é já minha substituição aos outros ou expiação pelos outros. Responsabilidade pelo outro – por sua miséria e sua liberdade – que não remonta a nenhum engajamento, a nenhum projeto, a nenhum desvelamento prévio em que o sujeito seria posto para si antes de estar-em-dívida. Exagero de passividade na medida (ou no desmesurado) em que a devoção pelo outro não se fecha em si à guisa de estado de alma, mas desde já é votada ao outro.

Tal excesso é dizer. A sinceridade não é um atributo que, eventualmente, recebe o dizer; é pelo dizer que a sinceridade – exposição sem reserva – se torna possível. O dizer faz sinal a outrem, mas significa neste sinal a própria doação do sinal. Dizer que me abre a outrem antes de dizer um dito, antes que o dito desta sinceridade se interponha entre eu e o outro. Dizer sem palavras, mas não de mãos vazias. Se o silêncio fala, isso não ocorre por um mistério interior qualquer ou por um êxtase qualquer da intencionalidade, mas pela passividade hiperbólica do dar, anterior a todo querer e tematização. Dizer testemunhando a outrem o Infinito que me fende ao me despertar no Dizer.

A linguagem entendida dessa forma perde sua função de luxo, essa estranha função de duplicar o pensamento e o ser. O dizer como testemunho precede todo dito. O Dizer antes de enunciar um Dito (inclusive o Dizer de um Dito, enquanto a aproximação do outro, é responsabilidade por ele) já é testemunho dessa responsabilidade. O Dizer é, portanto, um modo de significar que precede toda experiência. Testemunho puro: verdade do martírio sem dependência referente a qualquer desvelamento, mesmo na forma de experiência "religiosa", obediência que precede mesmo a escuta da ordem. Testemunho puro: sem dar testemunho de uma experiência prévia, mas do Infinito não acessível à unidade da apercepção, não aparecente, desproporcional ao presente, que ele não poderia englobar nem compreender. No entanto, ele me concerne e me importuna falando por minha própria boca. Só do Infinito pode haver puro testemunho. Não se trata de uma maravilha psicológica, mas da modalidade pela qual o Infinito se passa, significando pela mediação daquele a quem ele significa, entendido à medida que, antes de qualquer engajamento, respondo por outrem.

Posto sob um sol causticante, sem espaço de sombra em mim, sem qualquer resíduo de mistério, sem qualquer pensamento dissimulado e qualquer "espaço meu", supresso todo endurecimento ou afrouxamento da trama por onde a esquiva seria possível – eu sou testemunha – ou vestígio, ou glória – do Infinito, rompendo o mau silêncio que protege o segredo de Giges. Extra-versão da interioridade do sujeito que se tornaria visível antes de se tornar vidente! O infinito não está "diante" de mim; sou eu quem o exprime, precisamente ao fazer sinal da doação do sinal, sinal do "para-o-outro", em que me des-interesso: eis-me aqui. Acusativo maravilhoso: eis-me aqui sob vosso olhar, obrigado, vosso servidor. Em nome de Deus. Sem tematização! A frase em que Deus entra no jogo das palavras não é "eu creio em Deus". O discurso religioso prévio a todo discurso religioso não é o diálogo. É o "eis-me aqui" expresso ao próximo ao qual sou entregue, eis-me aqui em que anuncio a paz, isto é, minha responsabilidade por outrem. "Ao fazer desabrochar a linguagem em seus lábios... Paz, paz a quem está longe e a quem está próximo, diz o Eterno"[22].

6. A significação profética

18º – Na descrição que se acaba de fazer não se tratou da condição transcendental de uma experiência ética qualquer. A ética como substituição a outrem – doação sem reserva – rompe a unidade da apercepção transcendental, condição de

---

22. Isaías 57,27.

5 Deus e a filosofia

todo ser e de toda experiência. Des-interessamento no sentido radical do termo, a ética significa o campo inverossímil em que o Infinito está em relação com o finito sem se desmentir por esta relação em que, ao contrário, ele apenas se passa como Infinito e como despertar. O Infinito transcende-se no finito, passa o finito no fato em que me ordena o próximo sem se expor a mim. Ordem esta que se insinua em mim como um ladrão, apesar dos fios atentos da consciência; traumatismo que me surpreende absolutamente, sempre já passado num passado que nunca foi presente e permanece irrepresentável.

Essa intriga do infinito em que me faço autor do que escuto pode ser chamada inspiração. Ela constitui, aquém da unidade da apercepção, o próprio psiquismo da alma. Inspiração ou profetismo em que sou intermediário do que enuncio. "Deus falou, quem não profetizará"? diz Amós[23], comparando a reação profética à passividade do medo que invade aquele que ouve o rugido das feras. Profetismo como testemunho puro; puro, pois anterior a todo desvelamento: sujeição à ordem anterior à escuta da mesma. Anacronismo que, segundo o tempo recuperável da reminiscência, não é menos paradoxal que uma predição do futuro. É no profetismo que se passa – e desperta – o Infinito e que, transcendência, recusando a objetivação e o diálogo, significa de maneira ética. Ele significa no sentido em que se diz significar uma ordem; ele ordena.

19º – Ao delinear, por trás da eira da filosofia, na qual a transcendência está sempre sendo reduzida, os contornos do testemunho profético, não se resvalou nas areias movediças da experiência religiosa. O fato de a subjetividade ser o templo ou o teatro da transcendência e o fato de a inteligibilidade da transcendência tomar um sentido ético, com certeza não vêm contradizer a ideia do Bem além do ser. Ideia esta que garante a dignidade filosófica de um projeto em que a significância do sentido se separa da manifestação ou da presença

---

23. Amós 2,8.

do ser. Pode surgir a pergunta se a filosofia ocidental foi fiel a tal platonismo. Ela descobriu a inteligibilidade em termos que se conjugam uns em relação aos outros, um significando o outro; foi assim que, para ela, o ser tematizado na presença se clareava. A claridade do visível – significava. O tropo próprio da significância da significação escreve-se: um-para--o-outro. Mas a significância faz-se visibilidade, imanência e ontologia na medida em que os termos se unem num todo e sua própria história se sistematiza para clarear-se.

Nas proposições acima expostas, a transcendência como um-para-o-outro ético foi formulada à guisa de significância e de inteligibilidade[24]. O tropo da inteligibilidade delineia-se no um-para-o-outro ético, significância prévia àquela que revestem os termos em junção no sistema. Aliás, esta significância mais antiga que todo delineamento poderá delinear-se? Mostramos alhures o nascimento latente do sistema e da filosofia a partir desta inteligibilidade augusta, e não vamos retomá-lo aqui[25].

A inteligibilidade da transcendência não é ontológica. A transcendência de Deus não pode ser dita nem pensada em termos de ser, elemento da filosofia atrás do qual esta nada mais vê que noite. Mas a ruptura entre a inteligibilidade filosófica e o além do ser ou a contradição que haveria em com--preender o infinito não exclui Deus da significância, a qual, por não ser ontológica, não se reduz a simples pensamentos referentes ao ser em decréscimo, a pontos de vista sem necessidade ou a jogo de palavras.

Em nosso tempo – consistirá nisso sua própria modernidade? – há uma presunção de ideologia a pesar sobre a filosofia. Presunção esta que não pode derivar da filosofia, pois, para ela, o espírito crítico não pode satisfazer-se com desconfianças, mas deve aduzir provas. Porém, a presunção – irrecusável – haure sua força em outras vertentes. Começa no grito

---

24. Que o termo significância tenha empiricamente o sentido de uma marca de atenção dada a alguém é um fato digno de nota.

25. Cf. *Autrement qu'être,* p. 59 e 195.

de revolta ético, testemunho da responsabilidade. Começa na profecia. O momento em que, na história espiritual do Ocidente, a filosofia se torna suspeita, não é um momento qualquer. Reconhecer, com a filosofia – ou reconhecer com filosofia – que o Real é racional (*raisonnable*) e que só o Racional (*Raisonnable*) é real, e não poder sufocar nem cobrir o grito daqueles que, no dia posterior a este reconhecimento, procuram transformar o mundo, já é caminhar num domínio do sentido que o englobamento não pode compreender e entre razões que a "razão" não conhece, e que não começaram na Filosofia. Portanto, um sentido testemunharia a partir de um além que não seria o no man's land do não sentido onde se acumulam as opiniões. Não filosofar não seria "filosofar ainda" nem sucumbir às opiniões. Sentido testemunhado nas interjeições e nos gritos antes de se desvelar nas proposições; sentido a significar como mandamento, como ordem. Sua manifestação num tema já decorre de seu significar ordenante: a significação ética significa não para uma consciência que tematiza, mas a uma subjetividade, toda ela obediência, obediente de uma obediência que precede o entendimento. Passividade mais passiva que a da receptividade do conhecer, receptividade que assume o que a afeta; consequentemente, significação em que o momento ético não se funda sobre estrutura preliminar alguma de pensamento teórico, de linguagem ou de língua. A linguagem nada mais exerce sobre a significação que o esboço de forma revestindo matéria – o que relembra a distinção entre forma e significação que, nela, e por suas referências ao sistema linguístico, se mostra; mesmo que este dito deva ser desdito, e o deve para perder sua alteração linguística; mesmo que a significação deva ser reduzida e perder as "manchas" que contraiu expondo-se à luz ou permanecendo na sombra; mesmo que à unidade do discurso se substitua um ritmo de alternância de dito em desdito, de desdito em desdito. Implosão da onipotência do logos, do logos do sistema e da simultaneidade. Implosão do logos num significante e um significado que não é apenas significante; contra a tentativa de amalgamar significante e significado, e a de expulsar a transcendência do seu primeiro ou derradeiro refúgio expondo à linguagem, como sistema de sinais, todo o pensamento, à sombra de uma filosofia para a qual o sentido equivale à manifestação do ser e à manifestação do esse do ser.

A transcendência como significação e a significação como significação de uma ordem, dada à subjetividade, anterior a todo enunciado: puro um-para-o-outro. Pobre subjetividade ética privada de liberdade! A não ser que aí se insinue o traumatismo de uma fissão do si mesmo numa aventura com Deus ou por Deus. Com efeito, esta ambiguidade é necessária à transcendência. A transcendência deve interromper suas próprias demonstração e mostração: sua fenomenalidade. Ela precisa do entreaberto e da dia-cronia do enigma que não é certeza simplesmente precária, mas que rompe a unidade da apercepção transcendental em que a imanência sempre triunfa sobre a transcendência.

6
Questões e respostas*

O encontro cujo diálogo as páginas a seguir reproduzem, com algumas modificações que deixam intacta sua essência de improvisado, aconteceu numa das salas da Universidade de Leyden, por ocasião das manifestações que, em março de 1975, celebravam os quatrocentos anos de fundação dessa Universidade. Convidado a participar, Emmanuel Lévinas teve também de responder, ao longo de duas horas, às questões que filósofos holandeses fizeram sobre seus ensaios, numa sessão que teve lugar no dia 20 de maio do mesmo ano. Algumas dessas questões, enumeradas e escritas, foram-lhe entregues na abertura da sessão.

O Professor Andriaanse de Leyden encarregou-se de organizar e supervisionar uma gravação desse diálogo. A datilografia contou com sua colaboração para chegar a bom termo.

A improvisação constitui, talvez, por sua urgência que é empenhativa e seus inevitáveis "à margem da questão" que são liberdade, um modo próprio da expressão. Sem esquivar-se de nenhuma responsabilidade, Emmanuel Lévinas submete aos leitores esses vestígios de uma prova oral.

Dr. T.C. Frederikse – Gostaria de saber se, na sua filosofia, o senhor não julga demasiado negativamente a história, aparentemente por reação contra a filosofia hegeliana da história, em que o outro não tem função efetiva senão pelo lugar que ocupa na totalidade. Não será possível julgar mais positivamente a história, como acontecimento aber-

---

* Publicado pela primeira vez em *Nouveau Commerce* 36-37, 1977.

to em que o próximo vem a mim a partir de nosso passado comum e me propõe ou me convida a entrar com ele num futuro novo? Falando gramaticalmente, não é verdade que o vocativo só tem sua razão de ser quando se abre espaço ao verbo no imperfeito e no futuro? Lendo *Totalidade e infinito* me vem a impressão que o rosto do outro emerge, por assim dizer, do nada, e isto confere à sua filosofia um caráter fantomático.

E. Lévinas – O senhor diz que no livro *Totalidade e infinito* o outro aparece de maneira fantomática. Se o outro deve ser acolhido como outro, é preciso que ele seja acolhido independentemente de suas qualidades. Sem isto, sem uma certa imediatidade – é precisamente a imediatidade por excelência, a relação com outrem é a única a valer como imediata – o resto de minhas análises perderia toda a sua força. A relação passaria por uma dessas relações tematizáveis que se estabelecem entre objetos. Pareceu-me que o esquecimento de todas essas "incitações" à tematização é a única maneira para o outro valer como outro. O senhor diz: não há acontecimentos num vocativo puro. Não penso que o rosto de outrem nada mais suscite, à guisa de relações interpessoais, que o vocativo. Isso é próprio de Buber. Sempre procurei focar o acontecimento – formal, certamente, se tudo o que acabo de dizer sobre a exclusão das qualidades de caráter, de condição social e dos predicados em geral permanece válido – que se produz na relação com outrem. Três são as noções a reter: em primeiro lugar, a proximidade. Tentei defini-la sem recorrer ao espaço reduzido que separaria os termos ditos próximos. Busquei passar da proximidade espacial à ideia da responsabilidade por outrem que é uma "intriga" bem mais complexa que o simples fato de dizer "tu" ou de pronunciar um nome. Procurei, também, olhando por trás ou na responsabilidade, formular a noção – bem estranha na filosofia – de substituição, como sentido último da responsabilidade. Não é o aparecer que seria aqui o último acontecimento, embora na filosofia fenomenológica o último acontecimento deva aparecer. Aqui, sob a modalidade éti-

6 Questões e respostas

ca, é pensada uma "categoria" diferente do saber. A tarefa principal que está por trás de todos estes esforços consiste em pensar o Outro-no-Mesmo sem pensar o Outro como um outro Mesmo. A partícula no não significa assimilação: o Outro desconcerta ou desperta o Mesmo, o Outro inquieta ou inspira o Mesmo; dito de outro modo, o Mesmo deseja o Outro ou o espera (o tempo não dura por esta paciente espera?). Existe transição de sentido que passa de cada um desses verbos a todos os outros. O Mesmo, por conseguinte, não está em repouso, a identidade do Mesmo não consiste naquilo a que se reduz toda sua significação. O Mesmo contém mais do que pode conter. É nisto que consiste o Desejo, a busca, a paciência e a duração do tempo. Trata-se de uma temporalidade muito singular, estranha à filosofia grega. Na obra *Timeu de Platão*, o círculo do Mesmo consegue enfeixar o círculo do Outro. Ao final, tudo se acalma no Mesmo, como em Hegel, verifica-se a identidade do idêntico e do não idêntico. Além disso, se pensa que a inquietude do Mesmo provocada pelo Outro é uma insuficiência. Nos meus ensaios, a in-quietude do Mesmo que vem pelo Outro é o Desejo que será busca, questão e espera: paciência e duração do tempo, e o próprio modo do excesso, da superabundância. A busca, agora, não é mais expressão de carência, mas modalidade portadora do "mais no menos". Eis os verdadeiros termos a que incessantemente remetem todas as minhas pesquisas que, à primeira vista, podem parecer como puramente éticas, teológicas ou edificantes.

Prof.-Dr. M. Spindler – Com isso o senhor considera ter respondido à questão posta por M. Frederikse sobre a filosofia da história?

E. Lévinas – Sim e não. A história não esteve na origem de minha reflexão. Contudo, penso que um acontecimento de responsabilidade ilimitada por outrem é outra coisa que um vocativo sem consequência de interpelação; ele tem, certamente, uma significação histórica, dá testemunho de nossa época e lhe confere uma marca. Se uma análise, para ser histórica, deve referir-se de modo preciso a situações históricas determinadas e avaliá-las, e anunciar como tudo vai se compor, absolutizando-se ou arruinando-se definitivamente, não tenho filosofia da história. Mas, penso sim que a responsabilidade *ilimitada* por outrem, a desnucleação de si mesmo, pode ter tradução no concreto da história. – O tempo, na sua paciência e duração, na sua espera, não é "intencionalidade" nem finalidade (finalidade do Infinito – que derisão!), mas é ao Infinito e significa a dia-cronia na responsabilidade por outrem. Certo dia, em Louvain, após uma conferência sobre essas ideias, fui conduzido a uma casa de estudantes denominada "pedagogia"; estava rodeado de estudantes sul-americanos, quase todos padres, mas sobretudo preocupados com a situação na América do Sul. Falaram-me do que lá se passava, como de uma suprema provação da humanidade. Interrogavam-me, não sem ironia: onde, concretamente, teria eu encontrado o Mesmo preocupado com o Outro a ponto de sofrer uma fissão? Respondi: pelo menos aqui. Aqui, neste grupo de estudantes, de intelectuais que poderiam muito bem ocupar-se de sua perfeição interior e que, no entanto, não tinham outros temas de conversa além da crise das massas da América Latina. Não eram eles reféns? Essa utopia da consciência apresentava-se historicamente realizada na sala em que me encontrava. Que a história seja concernida por utopias da consciência como essas, é o que penso seriamente.

Prof.-Dr. H. Heering – Não seria interessante estabelecer aqui uma relação com a segunda questão escrita? "Encontramos o termo 'justiça' usado para a relação com outrem e também para a relação com o terceiro. Entretanto, são relações bem distintas no seu pensamento. Não exigiriam uma distinção terminológica?"

E. Lévinas – Não é fácil falar do modo como as coisas foram escritas há 15 anos. Trata-se da aparição do terceiro. Por que há o terceiro? Pergunto-me, às vezes, se não se justifica assim: tornar possível uma responsabilidade des-inte-

6 Questões e respostas

ressada por outrem exclui a reciprocidade; mas o outro ficaria sem dedicação ao seu outro? É mister um terceiro. Seja como for, na relação com outrem sempre estou em relação com o terceiro. Mas ele é também meu próximo. A partir deste momento, a proximidade torna-se problemática: é preciso comparar, pesar, pensar, é preciso fazer justiça, fonte da teoria. Toda a recuperação das Instituições – e a própria teoria – da filosofia e da fenomenologia – isto é, explicitar o aparecer – se faz, a meu ver, a partir do terceiro. O termo "justiça", com efeito, situa-se bem melhor lá onde se requer a "equidade" e não minha "subordinação" a outrem. Se é mister a equidade, requer-se a comparação e a igualdade: igualdade entre o que não se compara. Consequentemente, o termo "justiça" aplica-se muito mais à relação com o terceiro do que à relação com outrem. Mas, na realidade, a relação com outrem nunca é só relação com outrem: desde já o terceiro está representado em outrem; na própria aparição do outro o terceiro já está a me olhar. Isto faz com que a relação entre a responsabilidade para com outrem e a justiça seja extremamente estreita. A distinção que o senhor faz é justa, sem deixar de ser verdadeira a proximidade entre estes termos. A linguagem ontológica empregada na obra *Totalidade e infinito* não é uma linguagem definitiva. Nesta obra, a linguagem é ontológica porque, sobretudo, não quer ser psicológica. Na realidade, aí já se trata da busca do que chamo o "além do ser", a fenda dessa igualdade a si que é sempre o ser – o *Sein* – sejam quais forem as tentativas para separá-lo do presente. Isto vale para o termo "justiça": é mister fazer a diferença que o senhor assinala.

N.N. – Se sou vulnerável, como o senhor acentua em seus livros, como posso ser responsável? Quando se sofre não se pode fazer mais nada.

E. Lévinas – Por vulnerabilidade, procuro descrever o sujeito como passividade. Se não há vulnerabilidade, se o sujeito não está sempre na sua paciência à beira de uma dor insana, ele se constitui para ele mesmo; nesse caso, não está mais longe o momento em que ele é substância, orgulho, imperialista, momento em que há outrem como objeto. A tentativa consistia em não apresentar minha relação com outrem como um atributo da minha substancialidade, como um atributo da minha dureza de pessoa, mas, ao contrário, como o fato da minha destituição, da minha deposição (no sentido em que se fala da deposição de um soberano). Só assim começa a ter sentido em mim uma verdadeira abnegação, a substituição a outrem. O senhor diz: no sofrimento não se pode fazer nada. Mas, há certeza que o sofrer estaciona em si mesmo? Quando se sofre por alguém, a vulnerabilidade é também sofrer para alguém. Trata-se, portanto, da transformação do "por" em "para", da substituição do "para" ao "por". Sem isso, o senhor se situa imediatamente no mundo da revanche, da guerra, da afirmação prioritária do eu. Não contesto que, de fato, estamos sempre neste mundo, mas é um mundo em que somos alterados. A vulnerabilidade é o poder de dizer adeus a este mundo. Diz-se adeus envelhecendo. O tempo dura à guisa desse adeus e do a-Deus.

N.N. – Mas, quando se sofre, quando se deixa vir o mal como vem, como se pode ainda ser responsável? Minha questão remete à quarta questão escrita: *"A noção de substituição oferece também algum espaço para a ideia que, às vezes, é necessário se opor ao outro para seu bem ou para o bem de um terceiro?"*

E. Lévinas – Se só houvesse outrem diante de mim, diria até o fim: devo-lhe tudo. Sou para ele. E isto vale inclusive para o mal que me faz: não sou seu igual, estou para sempre sujeito a ele. Minha resistência começa quando o mal que me faz é feito contra um terceiro que é também meu próximo. É o terceiro que é a fonte da justiça e, por aí, da repressão justificada; é a violência sofrida pelo terceiro que justifica que se pare com violência a violência do outro. A ideia de que sou responsável pelo mal feito pelo outro – ideia rejeitada, reprimida mesmo que psicologicamente possível – conduz-nos ao sentido da subjetividade.

6 Questões e respostas

É atestada pela frase de Dostoiévski que sempre cito – é Aliocha, me parece, quem a diz –: "Cada um de nós é culpado diante de todos por todos e por tudo, e eu mais que os outros". No segundo trato da frase o eu deixa de considerar-se como um caso particular do Eu em geral. É o ponto único que suporta o universo ("suporta" nos dois sentidos do termo: suporta o insuportável e o carrega). Evidentemente, esse eu é logo recuperado pelo seu conceito geral. É mister que se evada ainda. O eu como eu é o eu que se evade de seu conceito. É precisamente esta situação que intitulei vulnerabilidade, a culpabilidade absoluta, ou melhor, responsabilidade absoluta. O eu, quando se refletiu psicologicamente sobre ele, já é um eu igual aos outros eus. O conceito do eu me recupera sempre. A ideia de substituição significa que *eu* me substituo a outrem, mas que ninguém pode substituir-me enquanto eu. Quando se começa a dizer que alguém pode substituir-me, começa a imoralidade. Por outro lado, o eu enquanto eu, nessa individualidade radical que não é uma situação de reflexão sobre si, é responsável pelo mal que se faz. Desde cedo fiz uso desta expressão ao falar da dissimetria da relação interpessoal. O eu é perseguido e, em princípio, ele é responsável pela perseguição que ele sofre. Mas, "felizmente", ele não está só; há terceiros e não se pode admitir que se persiga terceiros!

Dr. M. Fresco – O senhor pensa que uma filosofia está sempre baseada, em sua origem, numa opção ou numa intuição fundamental que não se pode mais fundar? Quais são as consequências para esta filosofia e para toda a filosofia? Tenho em mente a diferença entre a tradição greco-latina e a tradição judeu-cristã. Na primeira, a relação entre o eu e o outro foi concebida de maneira totalmente diferente daquela da tradição pagã. Nesta, é sobretudo o eu que é o centro e o outro não existe senão em relação ao eu, enquanto que na tradição judeu-cristã, da qual o senhor faz parte, é antes o outro que está no centro, e, embora o eu deva assumir a responsabilidade absoluta, contudo é ele que existe em relação com o outro que é central.

120 De Deus que vem à ideia

Assim, se não há ligação possível entre essas duas opções fundamentais, que conclusão tirar dessa constatação?

E. Lévinas – O termo "central" é um termo vago. Em que consiste esta centralidade? – O senhor me pergunta: não há uma opção primeira? Diria antes: há uma questão primeira. Dir-lhe-ei porque prefiro o termo "questão primeira": a questão pode ser colocada além daquilo que tem garantia de uma resposta. A questão já é uma relação lá onde não há lugar para uma resposta, lá onde uma resposta não é suficiente, pois ela diminuiria o que está em questão. Nossas questões teóricas já são uma forma amenizada do que é a questão, do que é a busca ou o Desejo. Estaria de acordo com o senhor que isto revela uma grande diferença. A filosofia ocidental é uma filosofia da resposta – é a resposta que conta; é o resultado, como diz Hegel –, ao passo que é a questão que é a coisa... nem ouso dizer primeira, porque a ideia de prioridade é uma ideia grega – é a ideia do princípio –, e eu não sei se convém falar de prioridade quando se quer falar da questão de um pensamento mais pensante que a proposição dóxica da resposta – da questão busca e Desejo –, da busca no sentido em que a Bíblia fala da busca de Deus e em que "Deus *encontrado*" se diz ainda como *procurado* (cf. Isaías 65,1; é preciso conferir o texto hebraico onde isto é visível). Não se trata de uma situação em que *se* põe a questão; é a questão que se apodera de nós; nós é que somos questionados. Todas estas situações provavelmente são diferentes na maneira grega e na maneira que está inscrita muito profundamente na tradição bíblica. Minha preocupação onipresente consiste precisamente na tradução desse não helenismo da bíblia em termos helênicos e não simplesmente em repetir as fórmulas bíblicas no seu sentido óbvio, isolado do contexto, o qual, na altura de tal texto, é *toda* a Bíblia. Não há nada a fazer: a filosofia se fala em grego. Mas não se deve pensar que a linguagem modela o sentido. A língua grega – a língua segundo a sintaxe – permite provavelmente apresentar o sentido. Tudo o que se passa na linguística dos dias de hoje situa-se, no meu modo de ver, no prolongamento da tradição grega: a ideia de que é a própria linguagem que é o acontecimento do sentido, o acontecimento fundamental. Aí nós tocamos questões últimas, supondo que haja questões últimas: a prioridade, a ultimidade são termos da filosofia grega. Mas me apercebo que não respondi diretamente à sua questão sobre o *eu* e o *outro*. Tenho a impressão de ter falado dela, em certo sentido, ao responder à questão precedente.

H. Philipse – Qual é a relação entre a religião e a filosofia e entre sua religião e sua filosofia?

E. Lévinas – A religião sabe muito mais. A religião crê saber muito mais. Não creio que a filosofia possa consolar. A consolação é uma função totalmente diferente; é religiosa.

H. Philipse – Para o senhor, a filosofia é um divertimento como para Pascal?

E. Lévinas – Se o incontornável pode ser divertimento e se um divertimento pode ser incontornável.

H. Philipse – A atitude filosófica, que é por essência uma atitude cética, não está em contradição com a atitude da fé?

E. Lévinas – "Cético" quer dizer apenas o fato de examinar as coisas, o fato de pôr as questões. Não penso que uma questão – ou pelo menos o questionamento originário – seja apenas uma insuficiência de resposta. As questões funcionais, mesmo as científicas – e muitas filosóficas – nada mais esperam que respostas. A interrogação como atitude original é uma "relação" àquilo que resposta alguma pode conter, àquilo "que não pode ser contido"; torna-se responsabilidade. Toda resposta comporta um "à margem da questão" e faz apelo a um des-dito.

Prof.-Dr. Th. De Boer – Gostaria de colocar-lhe uma questão de método que aparece em várias passagens de sua obra. Como é possível exprimir em discurso a relação metafísica com o Outro? No prefácio da obra *Totalidade e infinito* o senhor se refere ao método transcendental de Husserl. Afirma ter seguido a análise intencional que remonta à origem aquém de toda origem, o fundamento mais radical da teoria e da prática. No seu livro recente encontrei duas ideias novas concernentes ao problema do método. Na página 228, aparece a exaltação da linguagem que é talvez a própria filosofia; e na página 182, o senhor fala de iteração pré-reflexiva ("no Dizer deste próprio Dizer"). Poder-se-ia, pois, concluir que há, por assim dizer, três caminhos que conduzem da ontologia à metafísica: a redução transcendental, a exaltação e a iteração. O que lhe solicito hoje concerne sobretudo a algumas passagens da obra *Autrement qu'être ou au-delà de l'essence,* onde o senhor diz que em dado momento as categorias ontológicas se transformam em termos éticos (p. 146) e que os tropos da linguagem ética encontram-se adequados à estrutura que o senhor quer exprimir (p. 155). A linguagem está em condições de igualar o paradoxo da descrição metafísica (cf. p. 120, n. 35). Gostaria de saber se as citações referidas representam um elemento radicalmente novo em seu pensamento ou não. – Será que a linguagem ética não torna supérflua a problemática difícil dos caminhos para a metafísica, da redução da linguagem ontológica? Pois estes caminhos são aporias ou becos sem saída. Pelo fato de dar posição central ao problema da inefabilidade da dimensão metafísica, o senhor não honra demais a ontologia? O senhor diz que a linguagem traduz tão bem quanto trai. Se a linguagem ética é adequada à problemática metafísica, isto não vale para a linguagem ética. E isto não vem significar que a exploração da linguagem ética poderia oferecer possibilidades novas para dizer a relação ao Infinito?

E. Lévinas – São questões fundamentais. O que está escrito no prefácio de Totalidade e infinito permanece para mim verdadeiro até o fim quanto ao método. Não é a palavra "transcendental" que eu reteria, mas a noção de análise intencional. Penso que, apesar de tudo, o que faço tem viés fenomenológico, mesmo que não haja redução segundo as regras exigidas por Husserl e sua fenomenologia não seja totalmente respeitada. O traço dominante, que determina mesmo aqueles que hoje não se dizem mais fenomenólogos, consiste no fato de que, ao remontar a partir do que é pensado para a plenitude do próprio pensamento, se descobre, sem haver aí implicação alguma de ordem dedutiva, dialética ou outra, dimensões de sentido cada vez novas. É esta análise que me parece a novidade husserliana e que, separada da metodologia própria de Husserl, é uma conquista que permanece para todos. O fato é o seguinte: se, ao falar de um tema, vou para as "modalidades" pelas quais a ele se acede, tal modalidade é essencial ao sentido deste próprio tema; ela nos revela uma paisagem de horizontes que foram esquecidos e com os quais o que se mostra não tem mais o sentido que tinha quando se o considerava diretamente. A fenomenologia não consiste em erigir os fenômenos em coisas em si, mas em conduzir as coisas em si ao horizonte de seu aparecer, de sua fenomenalidade, consiste em fazer aparecer o próprio aparecer por trás da quididade que aparece, mesmo que este aparecer não incruste suas modalidades no sentido que ele libera ao olhar. Eis o que permanece, mesmo quando a intencionalidade não é mais considerada como teorética, quando não é mais considerada como ato. A partir da tematização do humano, abrem-se dimensões novas, essenciais ao sentido pensado. Todos aqueles que pensam assim e procuram estas dimensões para encontrar este sentido fazem fenomenologia. E agora o resto. É na situação que se realiza, me parece, a unidade daquilo que fica disperso ou parece construído ou dialético no dizer ontológico, o qual, aliás, deve lutar contra as formas ônticas de toda linguagem. Nesse sentido, a linguagem que a traduz fala de maneira mais direta; mas inversamente o alcance – ou, se preferir, o contexto – desta linguagem é inseparável deste itinerário a partir da ontologia. A ética é como a redução de certas linguagens. Nisto é mais adequado; mas eu diria também que o Dizer logo deve ser acompanhado de um desdito, e o desdito deve ainda ser desdito à sua maneira, sem parar; não há formulações definitivas. É por isso que minha conclusão no livro anteriormente citado intitula-se "outramente dito". Enfim, algo sobre o qual o senhor não me interroga – mas, talvez, o termo "exaltação" faça alusão a isso –, que vai ilustrar em que sentido é possível, nos desdobramentos, associar as ideias de uma nova maneira, debulhar os conceitos de uma maneira nova. O termo que uso muito neste momento é "ênfase". O método transcendental consiste sempre em buscar o fundamento. – "Fundamento", aliás, é um termo da arquitetura, termo que existe para um mundo que se habita, mundo que é antes de tudo o que ele suporta, mundo astronômico da percepção, mundo imóvel, o repouso por excelência, o Mesmo por excelência. A partir daí, uma ideia é justificada quando ela encontrou seu fundamento, quando se mostrou as condições de sua possibilidade. – Por outro lado, na minha forma de proceder que parte do humano e da aproximação do humano, do humano que não é simplesmente o que habita o mundo, mas que envelhece no mundo, que dele se retira de maneira diferente que por oposição – que dele se retira pela passividade do envelhecimento (retirada que confere, talvez, à própria morte seu sentido, em vez de pensá-la a partir da negação que é um julgamento) – há outra maneira de justificação de uma ideia pela outra: passar de uma ideia a seu superlativo, até sua ênfase. Eis que uma nova ideia – de forma alguma implicada na primeira – decorre ou emana da ênfase. A nova ideia encontra-se justificada não sobre a base da primeira, mas por sua sublimação. Exemplo bem concreto: em certo sentido, o mundo real é o mundo que se põe, sua maneira de ser é a tese. Mas pôr-se de maneira verdadeiramente superlativa – não brinco com as palavras – não é expor-se, pôr-se a ponto de aparecer, afirmar-se a ponto de se fazer linguagem? Assim, passamos de uma estrutura rigorosamente ontológica para a subjetividade ao nível da consciência que o ser invoca. – Dou outro exemplo. Quando digo: a passividade consiste em entregar-se, em sofrer além de toda passividade, passividade que não se assume, chego à fissão do si mesmo. Nossa "passividade" ocidental é receptividade seguida de assunção. As sensações são produzidas em mim, mas eu me apodero destas sensações e as concebo. Estamos diante de um sujeito passivo quando ele não se dá seus conteúdos, é verdade. Mas ele os acolhe. Ele se entrega bem mais quando ele se diz; sejam quais forem os refúgios do Dito – das palavras e das frases – o Dizer é abertura, um novo grau de passividade. Antes do discurso, sou revestido de uma forma, sou onde meu ser me esconde. Falar é romper esta cápsula da forma e entregar-se. – Trato a ênfase como procedimento. Penso reencontrar aí a via *eminentiae*. Em todo caso, é a maneira pela qual passo da responsabilidade à substituição. A ênfase significa ao mesmo tempo figura de retórica, excesso da expressão, maneira de se exagerar e maneira de se mostrar. O termo é muito bom, como o termo "hipérbole": há hipérboles em que as noções se transmutam. Descrever esta mutação também é fazer fenomenologia. É a exasperação como método de filosofia! Responderia isso quanto ao método. Dir-lhe-ei também que mais não sei. Não creio que possa haver transparência possível em método nem que a filosofia seja possível como transparência. Aqueles que, ao longo de sua vida, fizeram metodologia escreveram muitos textos que substituem livros mais interessantes que eles poderiam ter escrito. Azar para a caminhada sob um sol sem sombra que seria a filosofia. Essas são as reflexões pelas quais sustentaria que meu método, apesar de tudo, é "análise intencional"; que a linguagem ética me parece mais próxima da linguagem adequada; e que, para mim, a ética não é absolutamente uma camada que vem recobrir a ontologia, mas que é, de alguma maneira, mais ontológica que a ontologia, uma ênfase da ontologia.

Isso responde também à questão escrita que passo a ler: "Em 1972 – portanto antes da obra *Autrement qu'être ou au-delà de l'essence* – o professor Dr. Th. De Boer escreveu um artigo sobre sua obra intitulado Um transcendentalismo ético. Se a condição transcendental é explicada não como um fato mas como um valor prévio – em holandês *voor-waarde* – o senhor consente nesta característica?" Pois bem, estou absolutamente de acordo com esta fórmula, se transcendental significa certa anterioridade: salvo que a ética precede a ontologia. Ela é mais ontológica que a ontologia, mais sublime que a ontologia. É de lá que procede o equívoco que a faz parecer chapeada sobre, ao passo que ela a precede. Trata-se, pois, de um transcendentalismo que começa pela ética.

Prof.-Dr. J.G. Bomhoff – A experiência moral não pode ser traduzida como uma experiência do outro enquanto idêntico a si mesmo? A meu ver, isto corresponde muito bem ao imperativo, pelo menos, bíblico: "Ama teu próximo como a ti mesmo."

E. Lévinas – Em primeiro lugar, procuro evitar a expressão "experiência moral"; esta supõe um sujeito que está aí, que antes de tudo *é* e que, em certo momento, faz uma experiência moral; ao passo que é na maneira pela qual ele está aí, pela qual vive, que aparece esta ética; ou mais exatamente: o des-inter-essamento des-faz seu *esse*. A ética significa isto. No que concerne ao texto bíblico – mas eis-nos em plena teologia – sinto-me bem mais embaraçado do que os tradutores aos quais o senhor se refere. Que significa a expressão "como a ti mesmo"? Buber e Rosenzweig sentiam-se aqui muito embaraçados pela tradução. Disseram para si: a expressão "como a ti mesmo" não significa que se ama mais a si mesmo? Em vez de verter como o senhor, traduziram: "Ama teu próximo, ele é como tu". Mas se consentir em separar o último termo do versículo hebraico *kamokha* do início do mesmo, pode-se ler o todo ainda de outra forma: "Ama teu próximo; esta obra é como tu mesmo"; "Ama teu próximo; é tu mesmo"; "É este amor do próximo que é tu mesmo". Diria o senhor que é uma leitura extremamente audaciosa? Mas o Antigo Testamento suporta várias leituras, e é quando o conjunto da Bíblia se torna o contexto do versículo que este ressoa com todo seu sentido. É isto o comentário infindável do Antigo Testamento. Um padre dominicano, por quem tenho grande admiração e que conhece admiravelmente o hebraico, disse um dia na minha presença: o que se toma por uma interpretação infinita da letra da Escritura é simplesmente uma leitura que considera como contexto do versículo o conjunto do livro. Não bastam os dois ou três versículos que precedem ou seguem o versículo a ser comentado! Para a hermenêutica absoluta de um versículo é mister o conjunto do livro! Ora, no conjunto do livro há sempre uma prioridade do outro em relação a mim. Esta é a contribuição bíblica no seu conjunto. Responderia à sua questão da seguinte maneira: "Ama teu próximo; tudo isto é tu mesmo; esta obra é tu mesmo; este amor é tu mesmo". *Kamokha* não se refere a "teu próximo", mas a todas as palavras que o precedem. A Bíblia é a prioridade do outro em relação a mim. É em outrem que sempre vejo a viúva e o órfão. Outrem sempre tem precedência. A isto chamei, em linguagem grega, dissimetria da relação interpessoal. Nenhuma linha do que escrevi fica de pé sem isto. Eis o que é a vulnerabilidade. Somente um eu vulnerável pode amar seu próximo.

Prof.-Dr. H.J. Heering – Quando outrem faz mal contra mim, geralmente ele o faz também contra si. O senhor diz: sou eu que o substituo e é imoral exigir que ele me substitua. Duas questões surgem: não é verdade que, em certos casos, a substituição pode implicar que me oponha a outrem para seu bem? E a segunda: Esta substituição de outrem a mim, em vez de imoralidade, não pode ser, às vezes, a-moralidade no sentido do que é mais sublime do que a moral, em suma, não pode ser gratidão?

E. Lévinas – A substituição a outrem quer dizer: no extremo refúgio de mim mesmo não me sentir inocente inclusive do mal que outrem me faz. Irei bem mais longe. "Extremo refúgio" não é uma fórmula suficiente. Pode fazer crer que o eu tem uma cápsula. Para explicar a noção de substituição é mister que diga mais, que use hipérboles: a individuação de mim, aquilo pelo qual o eu não é simplesmente um ser idêntico, uma substância qualquer, mas aquilo pelo qual ele é ipseidade, aquilo pelo qual ele é único, sem extrair sua unicidade de nenhuma qualidade exclusiva, é o fato de ser designado ou assignado ou eleito para se substituir sem poder se esquivar. Por esta assignação indesviável, do "Eu" em geral, do conceito se arranca aquele que responde na primeira pessoa – eu, ou diretamente no acusativo: "eis-me aqui". É a partir dessa ideia que consegui compreender melhor algumas páginas de Heidegger. (Os senhores sabem, sempre me custa prestar homenagem a Heidegger; mas sabem também que não é por causa de sua genialidade incontestável.) No parágrafo 9 de *Sein und Zeit,* o *Dasein* é posto como *Jemeinigkeit.* Que significa esta *Jemeinigkeit? Dasein* significa que o *Dasein* tem de ser. Mas esta "obrigação" de ser, esta maneira de ser é uma exposição a ser tão direta que se torna minha! É a ênfase dessa retitude que se exprime por uma noção de *propriedade primeira* que é a *Jemeinigkeit.* A *Jemeinigkeit* é a medida extrema da modalidade pela qual o *Dasein* é submetido à essância. Algumas linhas abaixo, Heidegger diz: é porque o *Dasein* é *Jemeinigkeit* que ele é um *Ich.* Ele não diz absolutamente que o *Dasein* é *Jemeinigkeit* porque ele é um *Ich*; ao contrário, ele vai ao *Ich* a partir da *Jemeinigkeit,* a mim a partir do "superlativo" ou da ênfase dessa sujeição, desse ser-entregue-ao-ser, desta *Ausgeliefertheit.* O *Dasein* está tão entregue ao ser que o ser é seu. É a partir de minha impossibilidade de me recusar a essa aventura que a aventura é minha própria, que ela é *eigen,* que o *Sein* é *Ereignis.* E tudo o que vai ser dito sobre o *Ereignis* em *Sein und Zeit* já está indicado no parágrafo 9 do mesmo. O ser é o que se torna meu-próprio, e é por isso que se requer um homem ao ser. É pelo homem que o ser é "propriamente". – São as coisas mais profundas de Heidegger. O parágrafo citado, com o movimento que vai da *Jemeinigkeit* ao *Ich,* ficou muito empalidecido pela tradução de *Eigentlichkeit* por "autenticidade"; empalideceu-se precisamente esse elemento de *Eigentlichkeit* na autenticidade: princípio de todo *Eigentum* (podemos possuir alguma coisa porque há *Jemeinigkeit),* mas sobretudo "o acontecimento do ser", a essância – como a não alienável. Essa leitura de Heidegger com certeza me foi ditada pela ideia de que o eu humano, o si-mesmo, a unicidade do eu consiste na impossibilidade de se esquivar do outro. Enquanto não há outro, não se pode falar nem de liberdade nem de não liberdade; ainda não há identidade da pessoa que é uma identidade do "indiscernível", interior a quem é único por força de se não poder esquivar do outro. O não poder-se-esquivar é precisamente esta marca de unicidade em mim: a primeira pessoa fica primeira pessoa, mesmo quando empiricamente ela se esquiva. Esquivar-*se*, verbo pronominal: quando me esquivo de minhas obrigações para com o outro, ainda permaneço eu. Não faço alusão ao sentimento do pecado para dizer que é neste sentimento do pecado que se atesta que se *é para o outro*; direi: é-se entregue porque se é eu. Neste sentido, o eu é absolutamente inconstruível conceitualmente. No conhecimento, com certeza, há retorno do eu a si, mas se há no fluxo da consciência um centro em direção ao qual o retorno é possível, o nó deste retorno provém de outra intriga. É pela ética, pela ênfase de minha obrigação que eu sou eu. É assim que respondo à sua questão. Neste sentido, sua objeção é absolutamente justa ao nível psicológico, ao nível das relações inter-humanas; mas ela me conduz a enunciar o que acontece – metafisicamente – sob esta substituição que o senhor tem razão de examinar também no sentido de conduta ética, de conduta cotidiana. Quanto à objeção que me é feita de que essa ideia de responsabilidade implica certo paternalismo – "você é responsável pelo outro e não se importa com o fato de que o outro deva aceitar sua responsabilidade" –, respondo: o que o outro pode fazer por mim compete a ele. Se também isto fosse minha atribuição, a substituição seria apenas um momento do intercâmbio e perderia sua gratuidade. Minha atribuição é minha responsabilidade e minha substituição inscrita no meu eu, inscrita como *eu*. O outro pode substituir a quem quiser, salvo a mim. Provavelmente, é por causa disto que somos numerosos no mundo. Se, em lugar de substituir a outrem, eu esperar que outro me substitua, cairia numa moral duvidosa além de, com isto, destruir toda transcendência. Não é possível deixar-se substituir para a substituição, como não é possível deixar-se substituir para a morte.

Prof.-Dr. H. Heering – Sendo assim, vem à tona a questão escrita n. 9: "O senhor recusa a ideia de perdão concedido por Deus, e vê isto como uma diferença importante entre sua concepção judaica e a concepção cristã. Não seria possível lançar uma ponte entre essas duas concepções pelo pensamento frequentemente pronunciado na Bíblia, que o perdão de Deus não nega a Tora mas, ao contrário, convida a obedecê-la? Como, nesta perspectiva, se deve julgar seus conceitos 'inspiração' e 'testemunho'?"

E. Lévinas – Não há sequer um elemento de uma grande espiritualidade que esteja ausente em outra grande espiritualidade. A ideia de graça não é em absoluto uma ideia rejeitada pela espiritualidade judaica. Convém notar, de passagem, que para caracterizar a espiritualidade judaica não basta evocar o Antigo Testamento; é judaico o que é lido segundo o pensamento rabínico no Antigo Testamento. Ora, segundo este pensamento, para se obter a graça é absolutamente necessário que haja um primeiro gesto vindo do homem. Inclusive Maimônides afirma isto. Maimônides, inebriado de pensamento grego quanto de Talmude, diz num dos textos de seu Código Rabínico, consagrado ao arrependimento, que tive ocasião de comentar recentemente diante de cristãos: o primeiro gesto a pedir o perdão está em minha liberdade e é devido por mim, e só quando este primeiro gesto é realizado é que o Céu vem em socorro. Proceder-se-á em teu socorro e te será dado mais que a parte igual ao que tens feito. Suponho que os senhores são hebraizantes: a famosa fórmula Im Shamoa Tishma, que significa, em hebraico simples, "se tu escutas", é dividida em duas: Im Shamoa = "se tu escutas", "se tu obedeces"; Tishma = "tu entenderás muito mais". Este redobramento característico do verbo hebraico é entendido assim com toda a liberdade do comentário rabínico que, no entanto, na sua aparente acribia literal – contra a gramática – procura o espírito do conjunto. Mas, eis que estamos em plena teologia! A noção de pecado original existe também no pensamento rabínico; o pecado não comporta uma condenação que pode estender-se até tornar impossível o primeiro gesto de liberdade no arrependimento. Os textos de Maimônides são explícitos a este propósito. Lembro-me que meus ouvintes cristãos ficaram admirados desse livre-arbítrio absoluto. Pareceu-lhes psicologicamente aberrante. Porém, acrescentaram: "No fundo, também nós mantemos os dois polos da corrente; portanto, isto não pode ser absolutamente aberrante". – Gerhard Scholem, historiador da religião (sem contar-se entre os homens religiosos), mostrou que na mística judaica o fiel, na sua aproximação a Deus, é como a borboleta que gira em torno do fogo, bem perto, mas nunca entra no fogo. Conserva sempre sua independência em relação ao fogo em torno do qual gira. Toda a mística judaica é como essa borboleta que não queima suas asas. – Mas, estou a relatar-lhes fatos de história do pensamento judaico; não é filosofia. Chegou, talvez, o momento de ler a questão escrita concernente à noção do infinito: "Como compreender o adjetivo 'infinito'? Na origem, é um substantivo ou um advérbio? Dito de outro modo: o infinito 'é' 'algo', ou apenas um 'como', notadamente o 'como' da alteridade: infinitamente outra?" Penso que o infinito é o domínio em que essas distinções desapareçam. Não se trata de uma resposta retórica. Penso que se o infinito fosse um infinito sob o qual houvesse substância, um Etwas überhaupt (o que justificaria o termo de substantivo), ele não seria absolutamente outro, seria um outro "mesmo". Não há nenhum ateísmo nessa modalidade de não tomar Deus por um termo. Penso que Deus não tem sentido fora da busca de Deus. Não se trata de uma questão de método nem de uma ideia romântica. O "In" do In-finito é ao mesmo tempo a negação e a afecção do Finito – o não e o em – o pensamento como busca de Deus – a ideia do Infinito em nós de Descartes.

Prof.-Dr. H. Van Luyk – Gostaria de chamar sua atenção sobre uma das questões escritas: "Por que a realidade de Deus só pode ser expressa em termos do passado, por que não nos termos do futuro e da esperança? Encontramos ambos os dois na Bíblia. Além do mais, o passado, na Bíblia, não tem um sentido escatológico?"

E. Lévinas – Resposta rápida: trata-se de pontos ainda não expostos nos meus escritos publicados até aqui. O porvir – o futuro – é um tema que nunca desenvolvi suficientemente, embora tenha evocado furtivamente o do messianismo na obra *Totalidade e infinito*. Entretanto, há neste livro um capítulo referente ao erotismo e ao filho, ao além do possível que é o porvir. Isto concerne ao porvir segundo a maneira que me é própria e que consiste em tratar do tempo a partir do Outro. E isso não é fidelidade a um trabalho de 1947, publicado sob o título *Le temps et l'autre*, mas é uma "fenomenologia" do tempo. Ele é segundo seu sentido (se é possível falar de sentido sem intencionalidade: sem visão nem visada) espera paciente de Deus, paciência do des-mesurado (um a-Deus, como me exprimo agora); mas espera sem esperado. Pois espera de quem não pode ser *termo* e que é *sempre* reenviado do Outro a outrem. É precisamente o *sempre* da duração: duração do tempo. O comprimento do tempo não é o comprimento de um rio que flui, onde o tempo é confundido com o que é temporal. Tempo como relação ou – no sentido etimológico do termo – como de-ferência ao "que" não pode ser re-presentado (e que, por esta razão, falando com propriedade, nem se pode dizer "que") – mas que na sua diferença *não* me pode ser in-diferente. Ou tempo como questão. Não in-diferença, uma modalidade de ser in-quietado pela diferença sem que cesse a diferença – passividade ou paciência sem assunção, pois de-ferência ao que supera minha capacidade – questão! Por aí, *infinitamente* mais que a re-presentação, a posse, o contato e a resposta – mais que toda esta positividade do *mundo*, da *identidade*, do ser, que ousa desqualificar o sujeito, a busca, a questão e a inquietude como se a questão e a busca fossem pensamentos insuficientes e "privações". Não sei se a esta altura se pode falar de esperança, a qual tem asas e não se assemelha à paciência em que se dissipa a intencionalidade, tão viva ainda na esperança, para virar em ética. Pouco publiquei sobre estes temas até aqui além do texto bem recente saído na revista *Nouveau Commerce* (n. 30-31), intitulado *"Dieu et la Philosophie"*, e peço desculpas por abordá-los sob diversos ângulos ao mesmo tempo, sem projeto delineado. O senhor tem razão, é claro. Não desenvolvi o tema do futuro tão largamente como o do *passado imemorial*. Talvez, por causa da consolação que se espera da filosofia do porvir. Pois as consolações são a vocação da religião. Quando introduzo a noção do profetismo, não me interesso por sua dimensão de oráculo. Ela me parece filosoficamente interessante enquanto significa a heteronomia – e o traumatismo – da inspiração pela qual defino o espírito contra todas as concepções imanentistas. O passado do qual jamais faço uso para remontar a um Deus criador, mas para remontar a um passado mais antigo que todo passado rememorável, e onde o tempo se deixa descrever na sua diacronia mais forte que a re-presentação contra toda memória e toda antecipação que sincronizam esta dia-cronia. Com efeito, é esta ilusão do presente por causa da memória que sempre me pareceu mais tenaz que uma ilusão devida à antecipação. A antecipação do porvir é muita curta; quase não há antecipação. O porvir é de um só golpe bloqueado e desconhecido e, consequentemente, em relação a ele o tempo é sempre diacronia. Para o passado, há todo um domínio que é representável – lá onde a memória não chega, chega a história ou a pré-história. Extrai-se tudo do passado. – Mas é na obrigação para com outrem, obrigação que nunca contraí – jamais assinei qualquer obrigação, jamais fiz qualquer contrato com outrem – que uma escritura foi passada. Algo como já concluído aparece na minha relação com outrem. É precisamente aí que me confronto com o imemorial, imemorial não representável. É aí que reina uma verdadeira diacronia, uma transcendência se passa; mas não uma transcendência que se torna imanente. Todas as transcendências tornam-se imanentes se é possível o salto sobre o abismo, inclusive o salto da representação. Foi assim que me pareceu extremamente interessante investigar por este caminho... "o que era antes do ser", um "antes" não sincronizável com o que vinha a seguir. Por isso, uso com frequência a expressão "um tempo antes do tempo". A noção de criação implica-o também. O que choca normalmente na noção de criação é o que aí se interpreta na linguagem da fabricação, na linguagem do presente. Mas na noção de um tempo antes do tempo algo toma sentido a partir da ética que não é simples repetição do presente, algo que não é re-presentável. Este é o motivo pelo qual o passado teve em meu trabalho, até o presente, esta função predominante.

Prof.-Dr. Van Luyk – Será verdade que não há nenhuma filosofia do porvir?

E. Lévinas – Não sei. E isto não prova nada contra o futuro. No que acabo de dizer, encontram-se, talvez, possibilidades de desenvolvimento sobre o porvir.

Prof.-Dr. Van Luyk – E Bloch?

E. Lévinas – Evidentemente, há uma esperança e, por consequência, uma *antecipação* utópica em Bloch. Mas Bloch procura um porvir apreensível. Sua esperança é imanente e a utopia provisória. Minha preocupação não é a de Bloch. Procuro pensar uma transcendência que não esteja na modalidade da imanência, que não caia na imanência: no menos procuro o mais que não pode ser abarcado.

Prof.-Dr. Van Luyk – Entretanto, se é possível tematizar a transcendência como um tempo antes do tempo, por que não seria possível tematizá-la como um tempo após o tempo?

E. Lévinas – Pensa o senhor que essas simetrias sejam obrigatórias? O tempo como paciência da espera do Infinito que vira em "substituição a outrem" é tematização? Aliás, o passado, "anterior ao tempo", "passado que nunca foi presente", é tematizado na fraternidade em que significa? A busca do Infinito como Desejo tem acesso a Deus, mas não o apreende, não o tematiza como um fim. A finalidade seria insuficiente para descrever a relação com o Infinito! O sentido não está necessariamente na visão nem mesmo na visada! O porvir para Bloch é a exclusão de toda transcendência. Sua não realidade da utopia é uma transcendência sem exterioridade! Mas pode-se falar de transcendência quando a relação com o utópico é ainda pensável como realização e apreensão? Seja como for, não posso menosprezar a grandeza deste "imanentismo com esperança", mas cujo advento é realização, apesar da igualdade morte = nada. Há em Bloch uma maneira de não desesperar da morte sem nada colocar acima do esse. Quando se encontra um bom livro sobre a morte – mesmo o belo livro de M. Jankelevitch – sabe-se, após algumas linhas, que não há nada a fazer: será mister morrer a morte. Também em Bloch não há nada a fazer: será preciso morrer. Mas há muito a fazer – é preciso fazer muito – para sacudir da morte a angústia – não por divertimento – a fim de nada mais deixar para a morte que uma casca vazia. Pois, num mundo inteiramente humanizado, nosso ser passa integralmente na nossa obra. A angústia da morte, para Bloch, nada mais seria que a melancolia de uma obra inacabada. É a tristeza de deixar um mundo que não conseguimos transformar. Não o sabemos, porque estamos precisamente num mundo ainda inacabado. Que, num dado momento, o eu humano, que pertence à esfera obscura que subsiste num mundo inacabado e teme a morte, sinta a realização do ser, isto é, que o eu seja inteiramente eu – e eis que o mundo é mais eu que eu-mesmo: tua res agitur. A morte levará o que não conta mais! O mundo é meu e o verdadeiro eu é aquele que neste "meu" do mundo tem sua ipseidade de eu. O delineamento formal assemelha-se muito ao modo pelo qual o pessoal se deduz, em Heidegger, da maneira in-contornável pela qual o ser tem de ser. Também em Bloch o fato de o mundo que nos é estranho tornar-se, segundo sua hipótese, mundo acabado pelo homem coincide com a consciência de "tua res agitur". Na intensidade deste tua surge o eu contra o qual a morte nada pode. A morte pode alguma coisa contra o ser empírico que eu era. Talvez isto não seja suficiente para o senhor. Em todo o caso, o que ele disse de surpreendente refere-se à possibilidade de pensar o eu a partir da Jemeinigkeit.

N.N. – O que o senhor pensa a respeito da terceira questão escrita? *"Mesmo que se concorde que Outrem não possa ser compreendido nas categorias do Mesmo, não é preciso admitir que esta compreensão, além de meio para reduzir o outro ao mesmo, poderia ser também a condição para fazer valer as qualidades próprias do outro? Dito de outra maneira: não se pode fazer justiça à alteridade do outro pelo não compreender? Ou, em outra formulação: a ética e a compreensão excluem-se?"*

E. Lévinas – Elas não estão no mesmo plano. Substituo a compreensão não por outras relações que seriam *incompreensões*, mas por aquilo mediante o qual a compreensão do outro começa a contar para um eu; não se trata do conhecimento do seu caráter, de sua posição social nem de suas necessidades, mas de sua nudidez de indigente, da indigência inscrita no seu rosto, do seu rosto como privação que *me intima* como responsável e pelo qual suas necessidades só podem contar para mim. Disse-lhes que este contar-para-mim não é um *vocativo* que é um *bom-dia recíproco* e me mantém no meu "para si". O vocativo não é suficiente! A ética é não somente quando não tematizo o outro, mas quando outrem me *obsedia* ou me põe em questão. Pôr em questão não é esperar que eu responda; não se trata de dar uma resposta, mas de perceber-se responsável. Não sou nem objeto de uma intencionalidade nem seu sujeito – pode-se apresentar assim a situação que descrevo, embora esta maneira de se exprimir seja muito aproximativa. Ela apaga toda a novidade do ser-em-questão em que a subjetividade não guarda nada de sua *identidade* de ser, de seu *para-si,* de sua sub-stân-cia, de sua *situação,* salvo a identidade nova daquele que ninguém pode substituir na sua responsabilidade e que, neste sentido, seria único. Esta condição ou in-condição não é, de forma alguma, teologia ou ontologia negativa. Ela se descreve e se diz; mas é preciso prestar atenção à expressão, des-dizer o que se diz e, especialmente, não supor que as formas lógicas das proposições se incrustem nas significações ex-postas. É preciso tomar precauções – e isto provavelmente é difícil. Mas não se deve calar. Não estamos diante de um mistério inefável. Não há pior água que água parada.

Prof.-Dr. H.J. Heering – *Hora est.* Com estas palavras, o maceiro interrompe o discurso daquele que defende sua tese de doutorado, para indicar que chegou o momento de dar um ponto final. Nós lhe somos muito reconheci-dos pela paciência que teve para este diálogo conosco. É deveras impressionante como em cada questão o senhor foi até o fundo e como chega a fazer justiça à intenção do outro que é diferente. Somos muito felizes pelo fato de nossa velha universidade outorgar-lhe um doutorado.

E. Lévinas – Muito obrigado. Tive a satisfação de defender minha tese.

7

Hermenêutica e além*

Que o pensamento que desperta a Deus julgue ir além do mundo ou escutar uma voz mais íntima que a intimidade, a hermenêutica que interpreta esta vida ou este psiquismo religioso não poderia assimilá-lo à experiência que este pensamento pensa precisamente ultrapassar. Este pensamento aspira a um além, a um mais profundo que si – a uma transcendência diferente do fora-de-si que a consciência intencional abre e perpassa. Que significa este ultrapassar? Que significa esta diferença? Sem tomar decisão alguma de caráter metafísico[1], querer-se-ia, aqui, somente perguntar em que, na sua estrutura noética, esta transcendência rompe com o fora-de-si da intencionalidade. Isto requer uma reflexão preliminar sobre a maneira própria da intencionalidade em sua referência ao mundo e ao ser.

1. Tomo, como ponto de partida, a fenomenologia husserliana da consciência. Seu princípio essencial – que, em larga escala, se pode considerar como a recíproca da fórmula "toda consciência é consciência de alguma coisa" – enuncia que o ser comanda suas maneiras de ser dado, que o ser ordena as formas do saber que o apreende, que uma neces-

---

* Publicado em *Herméneutique et philosophie de la religion*. Paris: Aubier, 1977 [Atas do Colóquio organizado pelo Centro Internacional de Estudos Humanistas e pelo Instituto de Estudos Filosóficos de Roma].

1. Ela, talvez, não tenha sentido algum na versão ontológica que se lhe atribui visto que se trataria de um *além do ser*.

sidade essencial liga o ser a suas maneiras de aparecer à consciência. Estas fórmulas poderiam certamente ser entendidas como afirmando a priori ou até empiricamente um certo estado de coisas, como uma verdade "eidética" entre as verdades "eidéticas", se elas não concernissem ao que, portando sobre a correlação ser-conhecimento, assegura a possibilidade de toda verdade, de toda empiria e de toda eidética; se não concernissem àquilo do qual depende o aparecer como exibição e a consciência como saber. A relação entre a consciência e a realidade do real não é mais pensada aqui como encontro do ser com a consciência que lhe seria radicalmente distinta, submissa a suas próprias necessidades, refletindo o ser encontrado – fiel ou infielmente – ao capricho de "leis psicológicas" quaisquer e ordenando imagens em sonho coerente numa alma cega. A possibilidade de tal psicologismo está doravante arruinada, mesmo que a diferença entre o ser e a subjetividade à qual o ser aparece teça em ipseidade o psiquismo que é consciência ou saber.

2. É preciso, por conseguinte, pensar as fórmulas husserlianas além de suas formulações. A consciência encontra-se promovida ao nível de "acontecimento" que, de alguma maneira, desenrola em aparecer (*apparoir*) – em manifestação – a energia ou a essância (*essance*)[2] do ser e que, neste sentido, se faz psiquismo. A essância do ser equivaleria a uma ex-posição. A essância do ser, entendida como ex-posição, remete, por um lado, à sua posição de ente, ao fortalecimento sobre o terreno inabalável que é a terra sob a abóboda do céu, isto é, à positividade do aqui e do agora, à positividade da presença: à positividade da presença, isto é, ao repouso do idêntico. É, aliás, por esta positividade – presença e identidade, presença ou identidade – que a tradição filosófica entende quase sempre a essância do ser. E é à essância do ser na sua identidade que a inteligibilidade ou a racionalidade do fundado e do idêntico reconduz. A exposição remete, por outro lado, o ser à exibição, ao aparecer, ao fenômeno. De

---

2. Escrevemos essância com *a* para exprimir o ato ou o acontecimento ou o processo do *esse*, o ato do verbo *ser*.

posição ou essância a fenômeno, não se descreve uma simples degradação, mas uma ênfase.

Fazendo-se re-presentação, a presença nesta representação se exalta, como se a essância, consolidação sobre um fundamento, fosse até à afirmação tética numa consciência, como se sua "energia" de posição suscitasse, fora de toda causalidade, a atividade da consciência, uma experiência procedendo do Eu, desenvolvendo como vida psíquica – exterior a esta energia – a própria energia que o ente despende para ser. Para retomar uma fórmula hegeliana (Lógica II, p. 2), o processo do conhecer não é aqui "o movimento do próprio ser"? Pela atividade sintética e englobante (embora marcando sua diferença pela sua ipseidade de Eu, "transcendente na imanência"), a apercepção transcendental confirma a presença: a presença retorna sobre si mesma na re-presentação e se plenifica ou, como dirá Husserl, se identifica. Esta vida da presença na re-presentação é, certamente, também minha vida, mas, nesta vida da consciência, a presença se faz acontecimento ou duração da presença. Duração de presença ou duração como presença: nela, toda perda de tempo, todo lapso se retém ou retorna em lembrança, se "reencontra" ou se "reconstrói", adere a um conjunto através da memória ou da historiografia. A consciência como reminiscência glorifica na representação o último vigor da presença. O tempo da consciência prestando-se à representação é a sincronia mais forte que a diacronia. Sincronização que é uma das funções da intencionalidade: a representação. Esta é a razão da persistência da célebre fórmula de Brentano, através de toda a fenomenologia de Husserl: o caráter fundamental da representação na intencionalidade. O psíquico é representação ou tem a representação por fundamento. Ele é, em todo caso, em todas as suas modalidades, transformável em tese dóxica. A consciência faz e refaz presença – ela é a vida da presença. Consciência que já se faz esquecer, em benefício dos entes presentes: ela mesma se retira do aparecer, para lhes dar lugar. A vida imediata, pré-reflexiva, não objetivada, vivi-

7 Hermenêutica e além

da e, de imediato, anônima ou "muda" da consciência é este deixar aparecer em nome de sua retirada, este desaparecer no deixar-aparecer. Consciência em que a intencionalidade identificadora está voltada teleologicamente para a "constituição" da essância na verdade, mas que comanda, segundo seus modos próprios – e verdadeiramente a priori – a energia ou a enteléquia da essância. A energia desdobra-se, assim, como virada na consciência operante que fixa o ser no seu tema e que, vivida, ela própria se esquece nesta fixação. A referência à consciência se apaga no seu efeito. "Precisamente porque se trata de uma referência universal e necessária ao sujeito, a qual pertence a todo objeto, à medida que, enquanto objeto, ele é acessível àqueles que fazem experiência, esta referência ao sujeito não pode entrar no teor próprio do objeto. A experiência objetiva é orientação da experiência para o objeto. De modo inevitável, o sujeito está aí, por assim dizer, a título anônimo... Toda experiência de objeto deixa o eu atrás, não o tem diante dela"[3]. Na consciência se "vive" e se identifica a solidez, a positividade, a presença – o ser – do ente primordialmente tematizado e é à guisa de consciência pré-reflexiva, anônima de imediato, que a consciência se dissimula e permanece, em todo caso, ausente da "esfera objetiva" que ela fixa.

O esforço permanente da Redução transcendental consegue conduzir à palavra a "consciência muda" e a não tomar o exercício da intencionalidade constituinte trazida à palavra por um ser posto na positividade do mundo. A vida da consciência se exclui dela, e precisamente enquanto excluída da positividade do mundo, "sujeito mudo", ela permite aos seres do mundo se afirmarem na sua presença e na sua identidade numérica.

Assim, no idealismo transcendental da fenomenologia husserliana, estamos além de toda doutrina em que a interpretação do ser, a partir da consciência, conservaria ainda um sentido restritivo qualquer do esse-percipi, e significaria que o ser não é senão uma modalidade da percepção, e onde a noção do em-si aspiraria a uma firmeza mais forte do que aquela que

---

3. HUSSERL. *Psychologie phénoménologique*, p. 384: sublinhado por nós.

142 De Deus que vem à ideia

jamais poderia proceder de um acordo entre pensamentos identificadores. Toda a obra husserliana consiste, ao contrário, em entender como abstração a noção do em-si separado do jogo intencional em que ela é vivida.

3. Mas a afinidade da presença e da representação é ainda mais estreita. A essência aparecendo à vida do eu que, ipseidade monádica, dela se distingue, à vida a essência se dá. A transcendência das coisas em relação à intimidade vivida do pensamento – em relação ao pensamento como Erlebnis, em relação ao vivido (que a ideia de uma consciência "ainda confusa" e não objetivante não esgota) – a transcendência do objeto, de uma conjuntura, bem como a idealidade de uma noção tematizada, se abre, mas é também atravessada pela intencionalidade. Ela significa tanto distância como acessibilidade; é uma maneira para o distante de se dar. E já a percepção apreende; o conceito – o Begriff – conserva esta significação de apreensão. Sejam quais forem os esforços que a apropriação e utilização das coisas e das noções exijam, sua transcendência promete posse e gozo que consagram a igualdade vivida do pensamento a seu objeto no pensamento, a identificação do Mesmo, a satisfação. A admiração – desproporção entre cogitatio e cogitatum – em que o saber se busca, fica amortecida no saber. Esta maneira, para o real, de se manter na transcendência intencional "à altura" do vivido e, para o pensamento, de pensar à sua medida e, assim, de gozar, significa imanência. A transcendência intencional delineia como um plano em que se produz a adequação da coisa ao intelecto. Este plano é o fenômeno do mundo.

A intencionalidade, identificação do idêntico enquanto estável, é visada que mira, direto como um raio, o ponto fixo do objetivo. Esta é uma espiritualidade acordada a termos, a entes, à sua posição em terreno firme; é uma espiritualidade acordada à firmeza fundadora da terra, ao fundamento como essência. "Na evidência... temos a experiência do ser e de sua maneira de ser"[4]. Posição e positividade que se confirmam na

---

4. HUSSERL. *Méditations cartésiennes*, p. 10.

tese dóxica da lógica. Presença do reencontrável que o dedo designa, que a mão apreende, "manutenção" ou presente em que o pensamento que pensa à sua medida alcança o que pensa. Pensamento e psiquismo da imanência e da satisfação.

4. O psiquismo exaure-se ao desdobrar a "energia" da essância, da posição dos entes?

Enunciar tal questão não significa esperar que o *em-si* dos entes tenha um sentido mais forte do que aquele que recolhe da consciência identificadora. Significa perguntar-se se o psiquismo não significa *outramente* que por essa "epopeia" da essância que nele se exalta e se *vive*; se a positividade do *ser*, da identidade, da presença – e, por conseguinte, se o saber – são o último *quefazer* da alma. Não que se possa esperar que a afetividade ou a vontade sejam mais significantes que o saber. A axiologia e a prática – ensina Husserl – repousam ainda sobre a re-presentação. Concernem, portanto, aos entes e ao ser dos entes e não comprometem, mas pressupõem a prioridade do saber. Perguntar se o psiquismo se limita à confirmação dos entes na sua posição é sugerir que a consciência, ao se reencontrar a *mesma*, ao se identificar até na exterioridade do seu objeto intencional, ao permanecer imanente até nas suas transcendências, rompe este equilíbrio de *alma igual* e de alma que pensa à sua medida, para entender mais que sua capacidade; é sugerir que seus desejos, suas questões e sua investigação, em vez de medir seus vazios e sua finitude, são formas do despertar para a Des-medida; é sugerir que na sua temporalidade que a dispersa em momentos sucessivos – os quais, no entanto, se sincronizam na retenção e protensão, na memória e antecipação e na narração histórica e previsão – uma alteridade pode desfazer esta simultaneidade e esta reunião do sucessivo em presença da re-presentação e que ela se encontra concernida pelo Imemorial. Nossa sabedoria move-nos a não levar a sério senão a transcendência da intencionalidade que, no entanto, se converte em imanência no mundo. O pensamento que desperta a Deus – ou eventualmente votado a Deus – se interpreta espontaneamente em termos – e segundo as articulações – do paralelismo noético-noemático da percepção da significação e de seu preenchimento. A ideia de Deus e até ao enigma do termo Deus – que se descobre vindo não se sabe donde nem como, e já circulando, e-norme, à guisa de substantivo, entre os termos de uma língua – insere-se, para a interpretação corrente, na ordem da intencionalidade. A de-ferência para com Deus que reivindicaria uma diferença diversa daquela que separa o tematizado ou o representado do vivido e que requereria uma intriga totalmente outra do psiquismo, se recupera na intencionalidade. Há o recurso à noção de uma religião horizontal, que permanece sobre a terra dos homens e que deveria se substituir à vertical que aponta para o Céu, para se referir ao mundo, porque é a partir do mundo que se continua a pensar os próprios homens. Substituição que pode parecer simples confusão: em nome de que direito, na verdade, o homem, percebido no meu lado, viria tomar o lugar do "objeto intencional" correspondente ao termo Deus que o nomeia ou chama? Mas esta confusão de termos, no seu arbitrário, traduz, talvez, a necessidade lógica de fixar o objeto da religião de acordo com a imanência do pensamento que visa ao mundo e que, na ordem dos pensamentos, seria o último e o insuperável. Postular um pensamento estruturado outramente lançaria um desafio à lógica e anunciaria um arbitrário do pensamento – ou da reflexão sobre este pensamento – mais intolerável que esta substituição de objetos. O ateísmo e também o teísmo filosóficos recusam-se a admitir até a originalidade do psiquismo que pretende um além do mundo, até a irredutibilidade do seu lineamento noético. Na proposição sobre o *além*, desconfia--se de uma metáfora enfática da distância intencional, mesmo que nesta desconfiança se corra o risco de ter esquecido que o "movimento" além é a metáfora e a ênfase, elas próprias, e que a metáfora é a linguagem; risco de ter esquecido que a expressão de um pensamento num discurso não equivale a um reflexo no meio indiferente de um espelho, nem a

7 Hermenêutica e além

qualquer peripécia desdenhosamente chamada verbal, e que o dizer pressupõe, no vivido da significância, outras relações que as da intencionalidade, as quais, precisamente, sobre um modo não recuperável, concernem à alteridade de outrem; risco de ter esquecido que a elevação do sentido pela metáfora no *dito* é devedora de sua altura à *transcendência* do *dizer* a outrem.

5. Por que existe dizer? Esta é a primeira fissura visível no psiquismo da satisfação. É possível, certamente, trazer a linguagem a uma teleologia do ser, fazendo apelo à necessidade de comunicar, para obter melhores resultados nos empreendimentos humanos. É possível interessar-se, consequentemente, pelo dito, por seus diversos gêneros e diversas estruturas, e explorar o nascimento do sentido comunicável nas palavras e os meios de comunicá-lo mais segura e eficazmente. Pode-se, assim, relacionar ainda a linguagem ao mundo e ao ser, aos quais os empreendimentos humanos se referem e, assim, relacionar a linguagem à intencionalidade. Nada se opõe a esta interpretação positivista. E a análise da linguagem a partir do dito é obra respeitável, considerável e difícil. Contudo, a própria relação do dizer é irredutível à intencionalidade, ou ela repousa, a rigor, sobre uma intencionalidade que malogra. A relação do dizer estabelece-se, de fato, com o outro homem cuja interioridade monádica escapa a meu olhar e domínio. Mas esta deficiência da re-presentação vira em relação de ordem superior; ou, mais exatamente, numa relação em que a significação própria do superior e de outra ordem somente desponta. A "apresentação" husserliana que não chega à satisfação, à plena efetuação intuitiva da re-presentação, inverte-se – experiência malograda – num além da experiência, numa transcendência, cuja rigorosa determinação se descreve pelas atitudes e exigências éticas, pela responsabilidade da qual a linguagem é uma das modalidades. A proximidade do próximo, em lugar de passar por uma limitação do Eu por outrem, ou por uma aspiração à unidade ainda a fazer, se faz desejo que se alimenta de suas fomes, ou, para usar uma palavra gasta, amor, mais precioso à alma que a plena posse de si por si.

Transfiguração incompreensível numa ordem em que toda significação que tem sentido (*sensé*) remonta à aparição do mundo, ou seja, à identificação do Mesmo, isto é, ao Ser ou racionalidade nova – a menos que ela seja a mais antiga, anterior àquela que coincide com a possibilidade do mundo – e que, por conseguinte, não se reporte à ontologia. Racionalidade diferente – ou mais profunda – e que não se deixa arrastar na aventura que correu, de Aristóteles a Heidegger, a teologia mantida pensamento da Identidade e do Ser, e que foi mortal ao Deus e ao homem da Bíblia ou a seus homônimos. Mortal ao Uno, a se acreditar em Nietzsche, mortal ao outro, segundo o anti-humanismo contemporâneo. Em todo caso, mortal aos homônimos. Todo pensamento que não levasse a instalar o idêntico – o ser – no repouso absoluto da terra sob a abóbada do céu seria subjetivo, infelicidade da consciência infeliz.

O não repouso, a inquietude em que a segurança do realizado e do fundado é posta em questão, devem sempre ser entendidos a partir da positividade da resposta, do achado, da satisfação? A questão será sempre, como na linguagem funcional (ou mesmo científica, cujas respostas se abrem em novas questões, mas questões que não visam senão a respostas), um saber em vias de se fazer, um pensamento ainda insuficiente do dado, o qual poderia satisfazê-lo ao se colocar à medida da espera? A questão é, desde já, a famosa questão alternando com a resposta, num diálogo que a alma manteria consigo mesma e onde Platão reconhece o pensamento, de imediato solitário e indo em direção à coincidência consigo mesmo, em direção à consciência de si? Não é mister, ao contrário, admitir que a súplica e a oração, que não se poderia dissimular na questão, atestam uma relação a outrem, relação que não se mantém na interioridade da alma solitária, relação que na questão se delineia? Relação que se delineia na questão como na sua modalidade, modalidade não qualquer mas originária. Relação ao Outro, o qual precisamente por sua diferença irredutível, se recusa ao saber tematizante e, assim, sempre assimilador. Relação que, dessa forma, não se faz correlação. Consequentemente,

7 Hermenêutica e além

relação que não poderia, a falar com propriedade, se dizer relação, uma vez que entre seus termos faltaria até a comunidade da sincronia que, como comunidade última, nenhuma relação poderia recusar a seus termos. E, no entanto, ao Outro – relação. Relação e não relação. A questão não significa isto? A relação ao absolutamente outro – ao não limitado pelo mesmo – ao Infinito – a transcendência não equivaleria a uma questão originária? Relação sem simultaneidade dos termos: a menos que o próprio tempo dure à guisa desta relação-não relação, desta questão. Tempo a ser tomado na sua dia-cronia e não como "forma pura da sensibilidade": a alma, na sua temporalidade dia-crônica, em que a retenção não anula o lapso nem a protensão – a novidade absoluta – a alma na síntese passiva do envelhecimento e do por-vir, na sua vida, seria a questão originária, o próprio a-Deus. Tempo como questão: relação des-equilibrada ao Infinito, ao que não se poderia compreender: nem se englobar nem se tocar, rompimento da correlação – rompimento sob a correlação e sob o paralelismo e o equilíbrio noético-noemático, sob o vazio e o preenchimento do signitivo – questão ou "insônia" originária, o próprio despertar ao psiquismo. Mas também a maneira pela qual o Inigualável concerne ao finito e que é, talvez, o que Descartes chamava Ideia do Infinito em nós. Proximidade e religião: toda a novidade que o amor comporta comparado à fome, o Desejo comparado à necessidade. Proximidade que me é melhor que toda interiorização e toda simbiose. Rompimento sob a retidão retilínea da visada intencional que a intenção supõe e da qual deriva na sua correspondência a seu objeto intencional, embora esta vigília originária, esta insônia do psiquismo se preste à medida que seus próprios derivados dela fazem e corra o risco de se dizer, assim, em termos de satisfação e de insatisfação. Ambiguidade ou enigma do espiritual.

A transcendência a Deus – nem linear como a visada intencional, nem teleológica para findar na pontualidade de um polo e, assim, fixar-se em entes e substantivos, nem mesmo, inicialmente, dialogal, nomeando um tu – já não terá chegado à luz pela transcendência ética, pelo fato de desejo e

148   De Deus que vem à ideia

amor se terem tornado mais perfeitos que a satisfação?[5] Seria oportuno, entretanto, perguntar aqui se se trata da transcendência a Deus ou da transcendência a partir da qual uma palavra como Deus revela seu sentido. Que esta transcendência se tenha produzido a partir da relação (horizontal?) com outrem não significa nem que o outro homem seja Deus nem que Deus seja um grande Outrem.

Desejo que se faz perfeição? O pensamento da satisfação julgou de outro modo a respeito disso. E trata-se, certamente, do próprio bom-senso. Diotima desqualificou o amor declarando-o semideus, sob o pretexto de que, como aspiração, não é nem realizado nem perfeito. Esse bom-senso, com certeza, é infalível na relação ao mundo e às coisas do mundo, para o comer e beber. Contestá-lo na ordem do mundo é sinal de insensatez; e isto de Platão a Hegel que falou, com ironia, da bela alma! Mas quando Kierkegaard reconhece, na insatisfação, um acesso ao supremo, não recai, apesar das advertências de Hegel, no romantismo. Ele não parte mais da experiência, mas da transcendência. É o primeiro filósofo que pensa Deus sem pensá-lo a partir do mundo. A proximidade de outrem não é qualquer "descolamento do ser em relação a si" nem "degradação da coincidência", segundo as fórmulas sartreanas. O desejo, aqui, não é pura privação; a relação social é melhor que o gozo de si. E a proximidade de Deus, devolvida ao homem, é, talvez, um destino mais divino que o de um Deus gozando de sua divindade. Kierkegaard escreve: "No caso dos bens terrestres, à medida que o homem sente menos necessidade deles, torna-se mais perfeito. Um pagão,

---

5. Não vou reproduzir, uma vez mais, minha análise da relação ética, em que nasce a linguagem. Descrevi a *fissão* do Eu diante de outrem, pelo qual responde para além de todo engajamento, infinitamente, como refém, dando, por esta responsabilidade, testemunho do Imemorial, aquém do tempo; dando testemunho do Infinito, o qual, testemunhado, não surge como objetividade. Testemunho a partir da relação ética que, única no seu gênero, não se refere a uma experiência prévia, isto é, à intencionalidade. Cf. meu livro *Autrement qu'être ou au-delà de l'essence* (p.179ss.); meu artigo "Dieu et la philosophie", na revista *Le Nouveau Commerce*, n. 30-31 (cf. acima, p. 85-114); minha conferência no Colóquio Castelli, 1972, sob o título "Vérité du dévoilement et vérité du témoignage" (Actes du Colloque sur *Le Témoignage*. Paris: Aubier, 1972, p. 101-110).

que sabia falar dos bens terrestres, dizia que Deus era feliz porque não tinha necessidade de nada e que, depois dele, vinha o sábio, porque tinha necessidade de pouco. Mas, na relação entre o homem e Deus, o princípio é invertido: quanto mais o homem sente necessidade de Deus, tanto mais ele é perfeito". Ou: "Deve-se amar a Deus não por ser ele mais perfeito, mas por se ter necessidade dele"; ou: "Necessidade de amar – supremo Bem e felicidade suprema".

A mesma inversão da ausência em suprema presença, mas na ordem do saber: "Se tenho fé, escreve Kierkegaard, não posso chegar a ter certeza imediata dela – pois crer é, precisamente, este movimento dialético que, embora em temor e tremor incessantes, jamais no entanto desespera. A fé é, precisamente, esta preocupação infinita de si que vos mantém desperto e pronto para tudo arriscar, esta preocupação interior de saber se se tem, verdadeiramente, a fé". Transcendência que não é possível senão pela não certeza! No mesmo espírito, ruptura com o "triunfalismo" do sentido comum: naquilo que, em relação ao mundo, é fracasso, jubila um triunfo. "Não diremos que o homem de bem triunfará um dia em outro mundo ou que sua causa será um dia vitoriosa sobre a terra; não, ele triunfa em plena vida, triunfa ao sofrer de sua vida viva, triunfa no dia de sua aflição".

Segundo os modelos da satisfação, a posse comanda a procura, o gozo é melhor que a necessidade, o triunfo é mais verdadeiro que o fracasso, a certeza mais perfeita que a dúvida, a resposta vai mais longe que a questão. Procura, sofrimento, questão seriam simples diminuição do achado, do gozo, da felicidade e da resposta: seriam pensamentos insuficientes do idêntico e do presente, seriam conhecimentos indigentes ou o conhecimento em estado de indigência. Ainda uma vez, é o próprio bom-senso. É também o senso comum.

Mas a hermenêutica do religioso pode dispensar pensamentos des-equilibrados? E a própria filosofia não consiste em tratar com sabedoria ideias "loucas" ou em trazer a sabedoria ao amor? O conhecimento, a resposta, o resultado seriam de um psiquismo ainda incapaz de pensamentos em que a palavra Deus toma significação.

8
O pensamento do ser e a questão do outro*

1. Que significa a inteligibilidade do inteligível, a significação do sentido, que significa a razão? É ali que está, sem dúvida, a questão prévia do humano inebriado de sentido, a questão prévia da filosofia. Ou a própria questão da filosofia que é provavelmente o em si prévio.

Que o sentido tenha seu "lugar" no aparecer, na verdade e, a partir daí, no conhecimento ou entendimento do ser, já é uma resposta à questão sobre o sentido do sentido, já é uma certa filosofia. Mas é a única a ter sentido? O proceder finalmente teórico do discurso filosófico confirmaria *post factum* este parentesco do sentido e do saber; e a questão prévia sobre o sentido do sentido, tomada enquanto questão por uma articulação do pensamento teórico, justificaria esta prioridade ou este privilégio do teorético que surge como que inclinado sobre seu próprio berço.

E, com certeza, o teorético não é racional por azar. Se ele é uma peripécia do inteligível, tal peripécia seria incontornável[1]. Mas, o fato de o discurso filosófico se mostrar finalmente teorético não implica sua independência em relação a um

---

* As ideias expostas neste texto foram apresentadas, em forma parcialmente diferente, no Colóquio do Instituto Internacional de Filosofia, em 1975, realizado em Meched, no Irã. Publicado na revista *Critique*. Paris, Minuit, fevereiro de 1978.

1. O fato de toda filosofia ser teórica – inclusive estas reflexões – significa que as formas impostas pelas proposições fiéis às regras gramaticais e lógicas se incrustam no sentido que estas proposições expõem? O sentido não permanece livre nesta linguagem, disposto a se desdizer e a se querer dito de outra forma?

8 O pensamento do ser e a questão do outro

outro regime de significações e não apaga sua submissão a este regime. Da mesma forma, também a interpretação da questão como modalidade do teorético se deixa questionar, mesmo que a teoria não possa não fazer sua aparição na questão e não tomar conhecimento da própria questão que a chama[2].

O fato é que a filosofia que nos é transmitida – e que, apesar de sua origem na Grécia, é a "sabedoria das nações", pois há uma conveniência entre a inteligibilidade do cosmo onde pousam seres sólidos e manipuláveis e o bom-senso prático dos homens que têm necessidades a serem satisfeitas – faz remontar toda significância – toda racionalidade – ao ser, à "gesta" de ser conduzida pelos seres enquanto se afirmam seres, ao ser enquanto se afirma ser, ao ser enquanto ser, à essância do ser. Escrevemos essância com "a" (*essance*) como insistance para nomear o aspecto verbal da palavra ser. Esta "gesta" equivale à afirmação que, à guisa de linguagem, repercute como pro-posição e aí se confirma a ponto de aparecer e de se fazer presença numa consciência. O aparecer-a-uma-consciência como ênfase da afirmação do ser: este foi, com certeza, um aspecto da filosofia idealista que não procurava pôr em questão e em causa a atualidade do ser; atualidade esta que, antes de se afirmar e de se confirmar no julgamento e na "tese dóxica", significa posição sobre um terreno firme, o mais firme dos terrenos, a terra. A afirmação da essância supõe este repouso, supõe esta substância sob todo movimento e toda parada de movimento. Reino de

---

2. Notemos que o *teorético* aqui evocado não se opõe ao *prático*, mas a ele já se refere. A ação é precisamente o domínio sobre o visível, onde, *concretamente*, a adequação do aparecer ao ser recebe somente sua significação. A conexão entre o *ver* e o *apreender* e onde a significação do apreender não se aloja somente na pele que toca – a não ser que o tocar como tal seja *mais* que uma "experiência sensorial" análoga àquela de todos os outros sentidos – esta conexão é possibilitada pelo repouso soberano do mundo, do *esse* como repouso. O sucesso original do domínio, este sucesso do apreender e, consequentemente, este primeiro *sucesso técnico,* não é uma corrupção do saber nem uma tese suspeita de epistemologia pragmatista, mas é o acontecimento primeiro da identificação, a adequação do saber ao ser, o surgimento do ser e do saber na sua correlação.

um repouso fundamental no verbo ser que os gramáticos, levianamente, nomeiam auxiliar. Ele enuncia uma atividade que não opera nenhuma mudança, nem de qualidade nem de lugar, mas onde se realiza precisamente a própria identificação da identidade, a não inquietude da identidade, como o ato de seu repouso. Aparente contradição nos termos que os Gregos não hesitaram pensar como ato puro! Sob a agitação da caça aos seres e às coisas, reina um repouso tão imperturbável quanto a própria identidade do idêntico. Que sob o céu de estrelas fixas, sobre a terra firme, este repouso reine precisamente, que algo como a soberania sem violência – mas isto já é a necessidade racional! – desponte na deferência às estrelas – eis o que é infinitamente surpreendente. Surpreendente e familiar, pois é a "mundanidade" do mundo. Por este repouso, em que tudo tem um lugar e se identifica, tudo acontece. A experiência dos seres nomeáveis e do próprio esse deriva desta experiência profunda e fundamental que é também uma experiência do fundamental, da fundação e do profundo, que é experiência da essância, experiência ontológica da firmeza da terra sob o céu visível, mas intangível, do céu estrelado; experiência do fundamental afirmando-se enfaticamente precisamente enquanto experiência. De sorte que expressões como experiência da identidade ou experiência do ser enquanto ser são pleonasmos.

A identidade é, pois, critério do sentido. Na nossa tradição intelectual, ser e conhecimento do ser na sua identidade são o próprio teatro do Espírito. Segundo o Timeu, o círculo do Mesmo engloba ou compreende o círculo do Outro. A eternidade da alma do mundo à qual se assemelha a alma humana aparece aí como o retorno cíclico do Mesmo quando os dois círculos restituem sua posição inicial ao termo do grande ano. Mas a geometria do universo copernicano – até as grandes viagens intersiderais de hoje – conservará a identidade do cosmo do Timeu, embora suprimindo a transcendência da altura.

O idealismo do pensamento moderno que, contra o repouso do ser, parece privilegiar a atividade de um pensamento sintetizante, não dispensa essa estabilidade, isto é, a prioridade do mundo, a referência à astronomia. Acabamos

8 O pensamento do ser e a questão do outro

de fazer alusão a isso, reconhecendo no aparecer – e, consequentemente, na consciência – a ênfase do ser: a racionalidade da essância refere-se à hipérbole da positividade virando em "presença a...", da positividade que vira representação. A firmeza do repouso afirma-se a ponto de se expor e aparecer. O esse do ser, ele próprio, é ontologia: compreensão do esse. O psíquico, o pneumático da representação – mesmo que ateste sua distinção em relação ao ser por sua cristalização em ipseidade, sempre "minha", por sua pertença ao que Gabriel Marcel chama "órbita existencial do ser", hipérbole da essância que entra na função de uma subjetividade – desenvolve, à guisa de atividade sintética da apercepção transcendental, a energia da presença que a suscita. A essância do repouso do ser repete-se na positividade – ou no tético – da tematização e da síntese.

A positividade – repousar sobre um fundamento inabalável, dominá-lo, firmemente contido e apreensível na mundanidade do mundo – conserva um valor de virtude numa filosofia que, no entanto, desconfia do positivismo. Ideias e sinais só contam por seus conteúdos: só contam como pensamentos e linguagens positivos. A negação que pretende recusar o ser é, ainda, na sua oposição, posição sobre um terreno no qual se apoia. Ela carrega consigo a poeira do ser que quer repelir. Esta referência da negação ao positivo na contradição é a grande descoberta de Hegel: a filosofia da positividade seria mais forte que a negatividade. O privilégio racional da identidade, do repouso do ser, mostra-se como autofundação da consciência de si: o imediato de uma singularização sem nome, que não se designa senão pelo dedo, retorna ao repouso absoluto da identidade mediante as diversas figuras da mediação. A lógica hegeliana afirmará a identidade do idêntico e do não idêntico. Tudo o que ultrapassa o Mesmo vindo do Outro vai passar, de ora em diante, por pensamento inacabado ou romântico. Os dois atributos terão a mesma significação pejorativa: pensamentos sem fundamento que não atingem a essância do ser. Não é metaforicamente que a justificação de toda significação será nomeada fundamento, que os sistemas comportarão estruturas e visão arquitetônica, que os objetos serão compreendidos na sua constituição transcendental. Pode-se legitimamente perguntar – e este é um dos problemas centrais da *Lógica formal e lógica transcendental de Husserl* – se a lógica formal, na sua pretensão à pureza do vazio, é possível, se toda ontologia formal já não delineia os contornos de uma ontologia material e, consequentemente, como nós o diríamos, se a própria ideia de forma não exige a estabilidade do ser e do Mesmo, a ordem "astronômica" e, finalmente, o mundo que a garante.

Na atividade englobante e sintética da consciência transcendental, em Husserl, a racionalidade equivale à confirmação da intencionalidade mediante o dado; a obra intencional é identificação. Um sol meridiano vara todos os horizontes onde se esconderia o outro. Aquilo que, irreversivelmente, se esvai e passa – imediatamente é retido, se re-corda na memória, ou retorna, reconstruído pela história. A reminiscência – de Platão a Husserl – é o último vigor da identidade do ser e, pelo menos, o programa normativo da ontologia. Até mesmo no aparecer imediatamente situado, imediatamente aqui, habitação de um lugar – como a fenomenologia e as etimologias de Heidegger e de seus discípulos o sugerem – o homem no mundo é ontologia. Seu no mundo – até na morte que mede sua finitude – é compreensão do ser. A racionalidade permanece reunião. Num de seus últimos textos, *O fim da filosofia e a tarefa do pensamento* (p. 196), Heidegger remonta aquém da presença, mas encontra na "clareira" a "reconciliação", o "coração em paz" e o "Mesmo".

2. A crise da filosofia que nos é transmitida não pode ser dita senão na sua incapacidade de responder a seus próprios critérios do sentido. Derivaria da impossibilidade em que esta filosofia se encontra de manter o acordo do conhecimento consigo mesmo. A crise seria um esfacelamento interior do *sentido* situado no conhecimento e exprimindo a identidade ou o repouso do ser. A filosofia choca-se com o não sentido do sentido se a razão significa presença do ser ou representação: manifestação dos seres a um conhecimento verdadeiro em que eles se afirmam "em original", ou se afirma sua identidade de seres ou sua presença enquanto seres. A filosofia

8 O pensamento do ser e a questão do outro   155

choca-se, em primeiro lugar, com o fato de que a relação ao ser que ela procura manter duplica o que se estabelece nas ciências por ela engendradas. À sua linguagem que se estrutura em proposições como se ela exprimisse alguma sublime percepção ou como se nomeasse substantivos, e que se perde em discursos inumeráveis e contraditórios, as ciências, na sua comunicabilidade universal, tiraram todo crédito. O dobre de morte da filosofia do ser ressoa no *Te Deum*, na sua modalidade triunfal, das ciências irresistíveis.

Mas a filosofia chocou-se com o seu não sentido nas suas ambições e seus caminhos próprios. Ora, acontece que, para além de sua presença imediata, os seres podem aparecer de alguma forma sem permanecer no seu ser. Mediante os sinais e as palavras que os fixam, reúnem ou chamam, seres aparecem tendo do ser nada mais do que a semelhança e a pura parecença, a aparência sendo o reverso sempre possível de seu ser evidente. A razão do saber deveria desconfiar de certos jogos que enfeitiçam o exercício espontâneo do conhecimento – que o enfeitiçam sem se dar conta disso – sem deter e nem sequer estorvar seu processo racional. Insegurança do racional que, consequentemente, frustra uma inteligibilidade em que a segurança, a seguridade do fundamento é a razão mesma. Que possa haver em filosofia necessidade de vigilância, distinta do bom-senso e da evidência da pesquisa científica, preocupada com presença, com ser e satisfação, foi a novidade do criticismo. Houve ali apelo para uma racionalidade nova. Será que esta racionalidade nova ou crítica nada mais é que uma modalidade ou espécie daquela que era comum à filosofia e à ciência, engendrada pela filosofia, sua hipérbole, uma lucidez sob uma luz mais forte? Foi assim que o pós-criticismo a interpretou. Mas, se pode também perguntar se um modo *novo* de significância não é necessário à própria lucidez crítica, a qual, para pensar de acordo com sua medida no conhecer, deve, além disso, *despertar-se* incessantemente: vigilância que, antes de servir ao conhecer, é ruptura de limites e implosão da finitude.

Seja como for, sob o fim criticista da metafísica anuncia-se, ao mesmo tempo, uma filosofia distinta da ciência e o fim de certa racionalidade da filosofia que não pensa além de suas conveniências. Momento caracterizado pela denúncia da ilusão transcendental e de certa malícia radical na boa-fé do conhecimento, malícia numa razão porquanto inocente de todo sofisma e que Husserl chamava ingenuidade. Na sua fenomenologia à qual o pensamento crítico conduz, isso equivale a denunciar o olhar dirigido sobre o ser, no seu próprio aparecer, como uma maneira para o objeto, na qual se absorve de boa-fé o olhar inocente, de tapar este olhar, como se as formas plásticas do objeto que se delineia à sua vista se abaixassem sobre os olhos à guisa de pálpebras: os olhos perderiam o mundo ao olhar sobre as coisas. Estranho desmentido infligido à visão pelo seu objeto e que já Platão denunciava no mito de *Górgias* (523 c-d), ao falar dos homens que colocaram "ante a alma que é a sua uma tela que é feita de olhos, de orelhas e do corpo no seu conjunto". As faculdades de intuição nas quais participa todo o corpo, os órgãos da vida em relação com o exterior seriam precisamente o que obstrui a vista. Cegamente, é contra isto que se invoca hoje uma racionalidade fenomenológica: racionalidade nova da consciência reduzida e constituinte em que o aparecer e o ser coincidem. De ora em diante, todo ser deve ser compreendido na sua gênese a partir deste aparecer privilegiado na "consciência transcendental", a partir deste fenômeno-ser, desta presença ou deste presente-vivo dado à intuição em que todo transbordamento da presença real – toda irrealidade ou idealidade – fica assinalado, medido e descrito.

Privilégio da presença que Derrida põe precisamente em questão no livro *A voz e o fenômeno*. A própria possibilidade da plenitude de presença é contestada. Esta seria sempre adiada, sempre "simplesmente indicada" no "querer dizer" (no *meinen*) que, para Husserl, se referia inteiramente à plenitude intuitiva. É a crítica mais radical da filosofia do ser para a qual a ilusão transcendental começa no nível do imediato. Pode-se perguntar, diante da importância e do rigor intelectual do livro acima citado, se o texto não divide com uma linha de demarcação, semelhante ao kantismo, a filosofia tradicional; se não, estamos de novo no fim de uma

8 O pensamento do ser e a questão do outro

ingenuidade, acordando de um dogmatismo que sopitava no fundo do que tomávamos por espírito crítico. Fim, pensado até o extremo, da metafísica: não são apenas os trás-mundos que não têm sentido; é também o mundo exposto diante de nós que se esquiva incessantemente, é o vivido que se adia no vivido. O *imediato* não é somente apelo à mediação, mas é ilusão transcendental. O significado sempre a vir no significante não chega a tomar corpo, a mediação dos sinais nunca é curto-circuitada. Visão que se conjuga, talvez, com a descoberta mais profunda da psicanálise: a essência dissimuladora do símbolo. O vivido recalcar-se-ia mediante os sinais linguísticos que tecem a textura de sua aparente presença: jogo interminável de significantes que adiam para sempre – recalcando – o significado.

Crítica esta que, contudo, permanece de certo modo fiel à significação gnoseológica do sentido, precisamente na medida em que a desconstrução da intuição e o perpétuo adiamento da presença, que ela mostra, são pensados exclusivamente a partir da presença tratada como norma, e na medida em que a indicação husserliana – a *Anzeige* – que não comporta nenhum significar intrínseco, mas liga dois termos sem nenhuma prefiguração, mesmo que o faça no "vazio" do indicado no indicante, não se deixa expulsar de nenhuma significação e aí faz escândalo (mesmo que este escândalo não chegue a dar medo).

3. Essa indicação reduzida a uma relação – rigorosamente extrínseca – de um remetendo a outro, remeter puramente formal – que, assim, do ponto de vista do conhecimento do ser, do ponto de vista ontológico seria a significância mais pobre, a de um sinal convencional, uma inteligibilidade inferior em relação à visão e até em relação à visada (*meinen* = querer dizer) que entende seu correlato da maneira que Husserl chama "signitiva" – não tem outra fonte a não ser aquela de uma associação formal? Não anuncia ela uma origem menos empírica, o esquema do conhecimento: satisfação do pensamento pelo ser, mesmo que seja abandonado? A extrinsecidade dos termos – a exterioridade radical que se mostra

na pura indicação – a diferença – não remonta a um regime de sentido, a uma inteligibilidade que não se reduz à manifestação de um "conteúdo em ser", a um pensamento? Não se está na origem da exterioridade quando se a registra como fato transcendental (forma da sensibilidade) ou antropológico ou como dado ontológico. Haveria exterioridade, relação na exclusão de toda relação, lá onde um termo é afetado por aquilo que não se presta ao *avatar* de um conteúdo, por aquilo que não se presta a alguma queda "entre limites" para esposar-lhe, qual "objeto intencional", as medidas, e, para falar com rigor, por aquilo que não deveria ser dito "aquilo": haveria exterioridade lá onde um termo é afetado pelo inassumível, pelo Infinito. Afecção por aquilo que não se compõe em estrutura, que não faz *conjunto* à guisa do "objeto intencional" que se reúne em copresença com a intenção na qual é visto ou visado[3] – afecção pelo absolutamente outro. A indicação, relação de pura extrinsecidade de um a outro, sem que nada haja de comum nem alguma "correspondência" entre eles, relação da diferença absoluta, não é o decréscimo de uma intuição qualquer, mas recebe sua inteligibilidade da própria transcendência que, desta forma, é irredutível à intencionalidade e a suas estruturas da necessidade a ser satisfeita. A diferença absoluta da transcendência não se anuncia, assim, como não in-diferença, afecção – e afectividade – radicalmente distintas da apresentação do ser à consciência de...? Afecção pelo invisível – invisível a ponto de não se deixar representar, nem tematizar, nem nomear, nem mostrar pelo dedo como um "algo" em geral, como um isto ou aquilo e, consequentemente, "o absolutamente não encarnável", que não chega a "tomar corpo", inapto à hipóstase, afecção além do ser e do ente e de sua distinção ou anfibologia, o infinito eclipsando a essência. Afecção ou passividade: consciência que não seria consciência de..., mas psiquismo a reter sua intencionalidade como se retém a respiração e, assim,

---

3. O que torna possível a concepção de uma consciência que faz parte do mundo que lhe é dado, a famosa consciência *psicológica* que Husserl opõe à consciência *reduzida*.

pura paciência; espera sem nenhum esperado, ou esperança em que nada de esperado vem encarnar o Infinito, em que nenhuma pro-tensão vem frustrar a paciência; passividade mais passiva que toda passividade do sofrer – este ainda seria acolhimento – paciência e duração do tempo; paciência ou duração do tempo. No adiamento ou na diferença *(defférance)* incessante desta pura indicação, nós entrevemos o próprio tempo, mas como incessante dia-cronia: proximidade do Infinito, o *sempre* e o *jamais* de um des-inter-essamento e do a-Deus. Afecção, mas sem tangência: afectividade. Proximidade no temor da aproximação, traumatismo do despertar. A dia-cronia do tempo como temor de Deus[4].

Proximidade de Deus em que se delineia, na sua irredutibilidade ao saber, a socialidade *melhor que* a fusão e a culminância do ser na consciência de si, proximidade em que, neste "melhor que", o *bem* começa a significar. Proximidade que confere um sentido à pura duração, à paciência de viver, sentido da vida puramente vivida sem razão de ser, racionalidade mais antiga que a revelação do ser.

4. A filosofia que nos é transmitida não pôde não nomear o paradoxo dessa significância não ontológica, embora logo retornasse ao ser como último fundamento da razão que ela nomeava. A colocação da Ideia do Infinito no finito, ultrapassando sua capacidade, ensinada por Descartes, é uma das mais notáveis expressões da transcendência. Claro, para Descartes, ela é a premissa da prova da existência de Deus. E, por esse caminho, para a transcendência do desmesuramento afectando de certo modo o finito é procurada a positividade do ser tematizado e idêntico. Sob termos diferentes, esta relação de transcendência se mostra – mesmo que por um instante na sua pureza – nas filosofias do saber: é o além do ser em Platão; é a entrada "pela porta" do intelecto agente em Aristóteles; é a exaltação da razão teórica em razão prática

---

4. É mister questionar a fenomenologia heideggeriana da afectividade ancorada na angústia e em que o temor de Deus dever-se-ia reduzir ao temor da sanção.

em Kant; é a busca do reconhecimento pelo *outro homem* no próprio Hegel; é a renovação da duração em Bergson que, talvez, percebeu aí mais que na sua concepção da conservação integral do passado a própria diacronia do tempo; é o desembriagamento da razão em Heidegger.

Essa modalidade do pensar de pensar além do correlativo que se tematiza, essa maneira de pensar o Infinito sem o igualar e, consequentemente, sem retornar a si, é pôr em questão o pensar mediante o Outro. O questionamento não significa que, de alguma maneira, o pensamento deveria interrogar-se sobre sua natureza e sua quididade, mas significa que, a propósito da positividade em que se mantém no mundo, ele se inquieta ou desperta.

Na filosofia que nos é transmitida, o sentido que não se refere àquilo que se instala na positividade da terra firme sob a abóbada do céu passa por puramente subjetivo, por sonho de uma consciência infeliz. A Questão, a Busca e o Desejo são privações da resposta, da posse, do gozo. Não se pergunta se a questão paradoxalmente desigual a si mesma não pensa além, se a questão, em lugar de nela carregar apenas o vazio da necessidade, não é a própria modalidade da relação com o outro, com aquele que não pode ser abarcado, com o Infinito. Com Deus. A questão, antes de se pôr no mundo e de se satisfazer com respostas, seria, pelo pedido ou pela oração que exprime – pela admiração em que ela se abre – relação-a--Deus, a insônia originária do pensar. A questão não seria uma modificação, nem uma modalidade, nem uma modalização da apophansis, como a dúvida ou a consciência do provável ou do possível. Ela é original. Ela é exatamente a figura que toma – ou o nó em que se tece – a desproporção da relação – sem esta figura impossível – do finito ao Infinito, o "no" do "infinito no finito" que é também o fora mais exterior que toda exterioridade ou a transcendência ou a duração infinita que não chega nem vai a termo[5]. Não é a este pensamen-

---

5. Não se poderia falar da significação da *questão* para a estrutura mesma do espiritual e do pensar, sem recordar a tese de J. Delhomme sobre a *Pensée interrogative* (1954) e sem remeter a este livro essencial.

8 O pensamento do ser e a questão do outro

to – diferente daquele que, consciência intencional, quer à sua medida o correlato, o repouso e a identidade do positivo astronômico – que se refere Blanchot quando diz, paradoxalmente: "Nós pressentimos que o des-astre é o pensamento"?[6] Inteligibilidade cujo insólito não se reduz a uma teologia negativa. A transcendência do Infinito não é recuperada nas proposições, sejam elas negativas.

Procuramos mostrar alhures[7] como a transcendência do Infinito se converte em relação com outrem, meu próximo; como a proximidade significa, a partir do rosto do outro homem, a responsabilidade já assumida para com ele; como por esta responsabilidade incessível e sem escapatória – que vai até a substituição ao outro homem, potencialmente até a in-condição de refém – a subjetividade que diz eu toma sentido nesta responsabilidade de primeiro vindo, de primeira pessoa arrancada do lugar confortável que ocupava como indivíduo protegido no conceito do Eu em geral das filosofias da consciência de si. A questão do Outro converte-se em responsabilidade para com outrem, e o temor de Deus – estranho tanto ao pavor ante o sagrado quanto à angústia diante da morte – em temor para com o próximo e sua morte.

A "pura indicação" das análises husserlianas – um evocando outro sem nenhuma "fome" do outro – que no elemento do conhecimento do ser (o da identificação do idêntico e do mundo) é uma deficiência sem mais, pertence a um elemento totalmente diverso que a ontologia, e significa mediante outro sentido que, na ética, terá sua hipotipose. Ética que não se entende como o corolário de uma visão do mundo, como fundada sobre o ser, sobre o conhecimento, sobre categorias ou existenciários.

No humano desponta uma inteligibilidade mais antiga do que aquela que se manifesta como compreensão do ser abar-

---

6. "Discours sur la patience". *In: Le Nouveau Commerce*, 31/11, p. 21; retomado no livro recente: *L'Écriture du désastre*. Paris: Gallimard.

7. Cf., supra, o cap. "Deus e a Filosofia", p. 85ss. Ver também nosso livro *Autrement qu'être ou au-delà de l'essence*. Nijhoff: Haia, 1974.

cável e assim constituível pela consciência e que reina como mundo. Significação pela transcendência, mais antiga do que aquela que rege o esse, mesmo que, por sua vez, se deixe mostrar na linguagem que ela invoca ou suscita para entrar nas proposições de contorno ontológico e ôntico[8]. Sentido que seria paradoxal em comparação com aquele que convém à tese dóxica das proposições. Em termos de conhecimento, ele significaria o infinito no finito. Mas é a significação deste no que nossas análises procuraram clarear.

Confrontamos, por um lado, a evidência do saber que é uma modalidade do repouso do ser em que, na igualdade do aparecer e do ser, sua identidade de ser se identifica e se confirma; e, por outro, a paciência do infinito em que a razão é um desconcerto incessante do Mesmo pelo Outro ou a diacronia do Tempo, o que, concretamente, se produz na minha responsabilidade para com outrem ou na ética. Perguntamos se o Outro que se recusa à identificação – ou seja, à tematização e à hipóstase – mas que a filosofia da tradição tentava recuperar na paciência do conceito mediante a metodologia da história como consciência de si, se o Outro não deve ser entendido de modo totalmente diferente num questionamento do pensamento pelo Infinito que ele não poderia abarcar, e no despertar; questionamento e despertar que se invertem em ética da responsabilidade para com outrem; questionamento incessante da quietude ou da identidade do Mesmo. Suscepção mais passiva que toda passividade, mas despertar incessante, redespertar no seio do despertar que, sem isto, se tornaria "estado de alma", estado de vigília, vigília como estado[9]. Pensamento mais pensante que o pensamento do ser, desembriagamento que a filosofia tenta dizer, isto é, comunicar, mesmo que seja numa linguagem que insinua e que se desdiz sem cessar.

---

8. Cf., em nosso livro *Autrement qu'être ou au-delà de l'essence*, cap. 5, um ensaio que mostra o nascimento da tematização, do discurso e da teoria na significação ética.

9. Cf., sobre este tema, nosso estudo supra, "Da consciência ao despertar", p. 33s., e, em *Études philosophiques*, número de outono, 1977, nosso estudo "Philosophie et éveil".

9
Transcendência e mal*

> *Eu asseguro a paz e sou o autor do Mal:*
> *eu, o Eterno, faço tudo isto.*
> Isaías 45,7

1. O pensamento e a transcendência

A tentativa de colocar em dúvida a significação mesma de palavras como *transcendência* e *além* atesta sua consistência semântica, pois que, ao menos no discurso crítico referente a elas, aquilo que é contestado é reconhecido. A redução do sentido absoluto desses termos a uma *transcendência* e a um *além* relativos, levados, pela força de não sei qual pulsão, ao mais longínquo e ao mais alto grau, já implica fazer intervir *transcendência* e *além* neste superlativo ou conferir a certas forças psicológicas nossas uma potência transcendente. Não falta, no entanto, à inteligibilidade dessas noções, alguma coisa para que elas se tornem verdadeiramente pensadas? Isso, porque, na nossa tradição filosófica, o autêntico pensamento é um pensamento verdadeiro, um conhecer, um pensamento referente ao ser – ao ser que designa um ente, mas também ao ser entendido como verbo, exprimindo o cumprimento da tarefa ou o destino de ser pelos entes, sem o que não poderíamos reconhecer o ente como ente.

Kant foi o primeiro a separar o pensamento do conhecer, ao distinguir ideia e conceito, razão e entendimento, e a

---

* Publicado, pela primeira vez, em *Nouveau Commerce*, n. 11. – O presente texto foi objeto de uma comunicação feita a 10 de julho de 1978, no VII Congresso Internacional de Fenomenologia, ocorrido em Paris e organizado pelo The World Institute for advanced Phenomenological Research and Learning.

descobrir, assim, significações que não se unem ao ser ou, mais exatamente, significações não subordinadas às categorias do entendimento, não subordinadas à realidade que, de fato, é correlativa a essas categorias. Mas em Kant este pensamento distante do ser, embora não se reduza a um absurdo (*insensé*), é ainda entendido como vazio das coisas em si que ele visa. Ele ainda se compara ao ser que lhe falta. Assim, as ideias possuem um estatuto dialético no sentido pejorativo que Kant confere a este adjetivo; a ilusão transcendental que nele intervém é o drama de uma aspiração ao ser. Tudo se passa sempre como se o aparecer e o conhecimento do ser fossem equivalentes à racionalidade e ao "espírito"; como se a significação do sentido – a inteligibilidade – dependesse da manifestação do ser, fosse ontologia, mesmo que isto se desse sob a forma de intencionalidade: uma vontade ou uma nostalgia do ser. É verdade que, por estes ressaltos da ontologia, Kant tem a audácia de uma distinção mais radical entre pensamento e saber. Ele descobre no uso prático da razão pura uma intriga irredutível a uma referência ao ser. Uma boa vontade, por assim dizer utópica, surda às informações, indiferente às confirmações que lhe poderiam vir do ser (as quais importam à técnica e ao imperativo hipotético, mas não dizem respeito à prática nem ao imperativo categórico), procede de uma liberdade situada acima do ser e aquém do saber e da ignorância. E, no entanto, depois de um instante de separação, a relação com a ontologia se restabelece nos "postulados da razão pura", como se ela fosse esperada em meio a todas essas audácias: as ideias alcançam, à sua maneira, o ser na existência de Deus e garantem, segundo a letra do criticismo, o acordo entre a virtude e a felicidade ou, segundo a leitura de Hermann Cohen, o acordo da liberdade com a natureza e a eficácia de uma prática decidida sem conhecimento. A existência absoluta do Ideal da razão pura, a existência do Ser Supremo, importam finalmente numa arquitetura da qual somente o conceito de liberdade devia ser a pedra de toque.

Esta capacidade que a ideia possui de igualar o dado ou a obrigação em que se encontra de justificar o seu vazio, esta suscetibilidade de referir-se ao ser – mesmo que nesta referência ao ser fizesse apelo a um modo diferente do intuitivo – esta necessidade que o pensamento possui de pertencer ao conhecimento, permanece a medida de toda inteligibilidade? O pensamento que se dirige para Deus está forçado a esta medida sob pena de ser tomado por um pensamento diminuído, por uma privação do saber? Não é possível mostrar que, longe de se limitar à pura recusa das normas do saber, o pensamento que se dirige para Deus – e que a ele vai de um modo diferente daquele que se dirige a um tematizado – comporta modalidades psíquicas e originárias – bem além daquelas que um mundo de leis sem jogo reclama, com suas relações de reciprocidade e de compensação, com suas identificações das diferenças – modalidades do desconcerto do Mesmo pelo Outro, modalidades próprias e originárias do a-Deus, em que a aventura ontológica da alma se interrompe, em que, diante da Glória, a ideia do ser se *eclipsa* (talvez rebaixada, precisamente em Deus, à condição de um simples atributo) e em que, no des-inter-*essa-mento*, se apaga a alternativa entre o real e o ilusório?

2. Transcendência e fenomenologia

Como e onde se produz no psiquismo da experiência a ruptura maior, capaz de dar crédito a um *outro* como irredutivelmente *outro* e, neste sentido, como *além*, quando, na teia do pensável tematizado, todo dilaceramento conserva ou retoma a trama do Mesmo? Como pode um pensamento ir *além* do mundo que é, precisamente, a maneira pela qual o ser que ele pensa se compõe – seja qual for a heterogeneidade de seus elementos e a variedade de seus modos de ser? Como pode o transcendente significar "o totalmente outro", com certeza fácil de dizer, mas que o fundo comum do pensável e do discurso restitui ao mundo e como mundo? Não basta que no pensável se acuse uma diferença ou se abra uma contradição, para que se abra um intervalo à medida da transcendência ou mesmo um nada, diante dos quais os recursos dialéticos e lógicos do pensamento esgotar-se-iam impotentes. Como toma sentido um *nada* que não seja unicamente a negação da negação, a qual "conserva" (*aufhebt*) o ser que ela renega? Como toma sentido a diferença de uma alteridade que não repousa sobre algum fundo comum?

Sobre esses dois pontos, penso que a fenomenologia husserliana abriu novas possibilidades. Ela afirma a solidariedade rigorosa entre todo inteligível e as modalidades psíquicas *pelas* quais e *nas* quais ele é pensado: não importa qual sentido deixa de ser acessível a não importa qual pensamento. Certamente, essas modalidades psíquicas comportam implicações intencionais – intenções reprimidas ou esquecidas –, mas são essências irredutíveis, *origens* (sejam quais forem as ambições redutoras da fenomenologia denominada "genética"). A fenomenologia husserliana é, ao final das contas, uma *eidética da consciência pura*. De outra parte, ela é a confiança na ideia da estrutura irredutível do psiquismo, irredutível a uma ordem matemática ou lógica qualquer, de uma irredutibilidade mais originária que toda matemática e toda lógica, oferecendo-se apenas à descrição; a fenomenologia é a ideia das essências do psiquismo não constituindo uma "multiplicidade definida" (*definite Mannigfaltigkeit).* O que anima esses pensamentos irredutíveis é, de outro lado, a referência à doação de sentido – à *Sinngebung.* A fenomenologia nos ensinou, assim, a não explicitar um sentido pensado unicamente, ou principalmente, a partir de suas relações com outros sentidos objetivos, sob pena de relativizar todo sentido e de encerrar toda significação no *sistema* sem saída. A fenomenologia nos educou a explicitar ou a elucidar um sentido a partir do *psiquismo irredutível* no qual ele é dado, a buscar, assim, o sentido na sua origem, a buscar o sentido originário. Este método, vindo de uma filosofia da aritmética e das investigações lógicas, afirma a primazia – o principado – do não formal!

Nessa perspectiva, compreende-se a novidade da *démarche* heideggeriana que, por exemplo, vai ao nada a partir da angústia vivida, modalidade do psiquismo que leva mais

9 Transcendência e mal

longe que a negação. Mas, no que concerne às noções do *outro* e da diferença-sem-fundo-comum, o pensamento contemporâneo parece igualmente ser devedor de um conceito heideggeriano desenvolvido a partir da angústia, aquele da *diferença ontológica*: com efeito, a diferença entre ser e ente só pressupõe como comum o papel sobre o qual as palavras que os designam se inscrevem, ou o ar onde vibram os sons que servem para pronunciá-las. A diferença entre ser e ente é *a* diferença. Por conseguinte, não é mais surpreendente que ela exerça uma fascinação sobre os filósofos que, depois da palavra nietzschiana sobre a morte de Deus – e exteriormente a toda ontoteologia – ousam interessar-se pelo sentido da transcendência, guiados, sem dúvida, pela convicção de que o domínio do significativo (*sensé*) não se encontra limitado pelo *sério* das ciências e pelos trabalhos que se ligam ao ser tematizado, nem ao *jogo* dos prazeres e das artes que se evade do ser, mas conserva a sua lembrança, compraz-se nas suas imagens e comporta desafios.

Certo, pode-se perguntar se o ser no sentido verbal de Heidegger, que transcende o ente, mas que se dá a todos os entes, permanece além do mundo que ele torna possível e se ele permite pensar um Deus transcendente a partir do além do ser; pode-se perguntar se a neutralidade que se oferece ao pensamento do ser transcendendo o ente pode convir e bastar à transcendência divina. No entanto, a diferença ontológica serve de modelo de transcendência aos filósofos e, mesmo repudiada em pesquisas que se ligam ao pensamento religioso, ela é frequentemente invocada. Basta-nos lembrar o profundo e sutil ensaio de Jean-Luc Marion[1] sobre a divindade de Deus. Tentativa corajosa de abertura; tentativa, ainda isolada entre os filósofos, de não mais entender Deus, primordialmente, a partir do ser. Mesmo reconhecendo sua dívida para com Heidegger e mesmo fixando seu próprio itinerário buscando as vias heideggerianas, o autor se coloca, finalmente (p. 214), "à distância da diferença ontológica".

---

1. *L'idole et la distance*. Paris: Grasset, 1977.

É com a mesma atenção dirigida à transcendência, e a partir de uma certa modalidade do psiquismo – de um certo vivido digno de nota – que interrompe o mundo (mesmo que a psicologia, como ciência, vale dizer, como tematização, se recupere desta interrupção, tenha sempre seu tempo de recuperação e tome este fenômeno de interrupção por um estado psicológico[2] entre outros, acessível à teoria e ao tratamento) que um outro jovem pensador, Philippe Nemo, acaba de escrever um livro sobre o mal de Jó. Exegese de um texto bíblico[3]. Ainda aqui, a diferença ontológica parece ter sido o encorajamento maior. Mas é uma descrição do vivido justificando-se pelo fenômeno, muito embora ela seja sugerida pelos versículos do livro comentado. A ruptura do mesmo é abordada a partir de um conteúdo psíquico dotado de uma significação excepcional; o que ele comporta de extremo não é buscado num superlativo qualquer, mas no dado simples de uma experiência. Gostaríamos muito de fazer valer esta fenomenologia e julgá-la por ela mesma, esquecendo as intenções exegéticas das quais ela procede, e isto apesar da grande fineza e do grande escrúpulo desta hermenêutica. Mas nós não intencionamos, aqui, tomar posição sobre a verdade do sentido último atribuído por ela ao livro de Jó. A linguagem filosófica utilizada pelo autor ao qual respondemos parece perfeitamente justificada pela perspectiva filosófica que este trabalho inaugura, trabalho este que não é um exercício de piedade.

3. O excesso do mal

A fim de descrever o mal tal qual ele seria vivido no sofrimento de Jó, Philippe Nemo insiste a princípio sobre a angús-

---

2. Interpretação que não se pode jamais descartar; através dela, a tematização e o discurso da ciência superpõem-se a toda ruptura e colocam a transcendência em questão. Sem impedir o retorno do vivido e do sentido interruptor. Pode a transcendência possuir, para um moderno, outro sentido que não a ambiguidade? Mas isso vale também para o mundo. Cf. as linhas que finalizam o presente ensaio.

3. *Job et l'excès du mal*. Paris: Grasset, 1978.

tia que seria o acontecimento subjacente a este sofrimento. Do mesmo modo que, em Heidegger, a angústia se interpreta como desvelamento do nada, como ser-para-a-morte, como o fato de um mundo que se vela isolando o homem, e do homem que se fecha às palavras de consolo, as quais ainda pertencem aos recursos do mundo que se desfaz.

Assim compreendida, a angústia não poderia ser tomada por um simples "estado d'alma", "por uma forma de afetividade moral", por uma simples consciência da finitude ou por um sintoma moral precedendo, acompanhando ou seguindo uma dor que, sem dúvida irrefletidamente, denominar-se-ia física.

A angústia é a ponta aguda no coração do mal. As modalidades da própria angústia estariam na doença, no mal da carne viva, em estado de envelhecimento e de corrupção, no definhamento e no apodrecimento; a angústia seria por elas e nelas; ela estaria, por assim dizer, no morrer vivido e na verdade desta morte inesquecível, irrecusável, irremissível; na impossibilidade de dissimular-se – na própria não dissimulação e, talvez, no desvelamento e na verdade por excelência, no aberto por natureza, na insônia original do ser; na corrosão da identidade humana, que não é um inviolável espírito abatido de um corpo perecível, mas a *incarnação*, em toda gravidade de uma identidade que se altera em si mesma. Eis-nos aquém ou já além do dualismo cartesiano do pensamento e da extensão no homem. O gosto e o odor de podridão não se acrescentam aqui à espiritualidade de um saber trágico, a um pressentimento ou a uma previsão qualquer, mesmo desesperados, da morte. O desespero desespera como mal da carne. O mal físico é a profundidade mesma da angústia e, por conseguinte – Philippe Nemo mostra-o através dos versículos de Jó – a angústia, na sua intensidade carnal, é a raiz de todas as misérias sociais, de toda derelicção humana: da humilhação, da solidão, da perseguição.

Mas, na análise que a nós se oferece, essa conjunção do mal e da angústia não recebe o sentido ao qual os filósofos da existência nos habituaram e do qual Heidegger – ao menos aquele de *Sein und Zeit* – traçou o modelo do modo mais claro possível. O essencial da angústia consistia então em abrir o horizonte do nada, mais radicalmente negativo que aquele da negação, incapaz de fazer esquecer o ser que ela renega. A morte que a angústia compreendia anunciava-se como puro nada. O que nos parece mais forte e mais novo no livro de Nemo é a descoberta, na conjunção da angústia e do mal, de uma outra dimensão de sentido. Certo, o mal significará um "fim" do mundo, mas um fim que, de um modo muito significativo, conduz para além; para fora do ser, de fato, mas para fora do nada, para um *além* que nem a negação, nem a angústia dos filósofos da existência concebem; o mal não é um modo, nem uma espécie, nem um acabamento qualquer da negação. Por que, então, esta insistência sobre a angústia no fundo do mal? Voltaremos a esta questão.

Na sua malignidade de mal, o mal é excesso. Enquanto a noção de excesso evoca, de saída, a ideia quantitativa de intensidade, de seu grau ultrapassando a medida, o mal é excesso em sua própria quididade. Nota muito importante: o mal não é excesso porque o sofrimento pode ser forte e, assim, ir além do suportável. A ruptura com o normal e o normativo, com a ordem, com a síntese, com o mundo já constitui sua essência qualitativa. O sofrimento enquanto sofrimento não é senão uma manifestação concreta e quase sensível do não integrável, do não justificável. A "qualidade" do mal é esta *não integrabilidade* mesma, se é que este termo pode ser utilizado; esta qualidade concreta se define por esta noção abstrata. O mal não é somente o não integrável; ele é também a não integrabilidade do não integrável. Tudo se passa como se à síntese – seja ela puramente formal do "eu penso" kantiano e capaz de reunir os *dados*, por mais heterogêneos que eles sejam – se opusesse, sob as espécies do mal, o não sintetizável, mais heterogêneo ainda que toda heterogeneidade submetida ao enlaçamento do formal expondo a heterogeneidade em sua própria malignidade. Tudo se passa também como se o ensinamento bergsoniano oferecido em *Evolution créatrice* sobre a desordem como uma ordem outra fosse contradito pelo mal, desconcerto irredutível. De modo notável, aquilo que há de puramente quantitativo na

9 Transcendência e mal

noção de excesso mostra-se sob a forma de conteúdo qualitativo característico da malignidade do mal, como quididade de fenômeno. No aparecer do mal, na sua fenomenalidade originária, na sua *qualidade* anuncia-se uma *modalidade*, uma maneira: o não encontrar-lugar, a recusa de todo acordo com..., uma contra-natureza, uma monstruosidade, o naturalmente desconcertante e estranho. *É a transcendência que se anuncia nesse sentido!* A intuição que consiste em aperceber, na pura qualidade do fenômeno como o mal, o *como* da ruptura da imanência, é uma visão que nos parece intelectualmente tão rica quanto pareceram a redescoberta da intencionalidade nos inícios da fenomenologia, ou as páginas fascinantes sobre a *Zuhandenheit* e a *Stimmung*, em *Sein und Zeit*. Mas estas são, talvez, impressões particulares e que só pertencem à pequena e anedótica história da fenomenologia!

A exterioridade ou a transcendência no mal não toma seu sentido pela oposição à "interioridade" psíquica, não a toma de uma correlação preliminar qualquer entre a exterioridade e a interioridade, que tornaria possível a ilusão de trás-mundos múltiplos, acumulando-se, todavia, no mesmo espaço. É no *excesso* do *mal* que a preposição *ex* significa, em seu sentido originário, a própria exceção, o *ex* de toda exterioridade. Nenhuma *forma* categorial poderia cercá-la, retê-la em seu enquadramento. O "totalmente outro", para além da comunidade do comum, não é mais uma simples palavra! É o *outro*, "outra cena", como a chama Philippe Nemo, pois ela é mais estranha à consciência do ser-no-mundo que a cena do inconsciente – simplesmente outro – dobra provisória da alteridade, que a psicanálise sabe desdobrar no mundo.

Todo o sentido da derrisória teodiceia dos amigos de Jó está talvez no fato de que a transcendência seja o injustificável do qual o acontecimento concreto seria a malignidade do mal. A ideia de justiça desta teodiceia viria de uma moral da recompensa e do castigo, de uma certa ordem já tecnológica do mundo. Aliás, toda tentativa de teodiceia não é uma maneira de pensar Deus como a realidade do mundo?

O mal em que Philippe Nemo distingue a angústia não tem sua significação de excesso e de transcendência independentemente dela? Ele não obtém esta significação pelo injustificável, que é a malignidade do mal, pela resistência que ele opõe à teodiceia antes que por seu ser-para-a-morte antecipado pela angústia? Nós já o perguntamos. Mas é certo, depois de tudo, que a essência da morte que se realiza na angústia deve ser pensada, segundo a descrição de *Sein und Zeit*, como nada? O segredo da morte não é fenomenologicamente inerente à morte, e a angústia do morrer não é uma modalidade, o ápice antecipado – do sofrer e não a solução do dilema: *to be or not to be*?[4]

4. O tu

O conteúdo do mal não seria esgotado pela noção de excesso. Guiados pela exegese – mas aspirando a uma significação intrínseca – a análise, num segundo momento, descobre nele uma "intenção": o mal me atinge como se ele me procurasse, o mal me agride como se houvesse uma visada por trás da má sorte que me persegue, "como se alguém se assanhasse contra mim", como se houvesse malícia, como se houvesse alguém. Naturalmente, o mal seria um "visar a mim". Ele atingir-me-ia com um ferimento em que desponta um sentido e se articula um *dizer* reconhecendo este alguém que assim se revela. "Por que tu, ao invés de me fazeres sofrer, não me reservas uma beatitude eterna?" Dizer primeiro, questão primeira ou lamentação primeira ou prece primeira. Em todo caso, interpelação de um Tu e entrevisão do Bem por trás do Mal. Primeira "intencionalidade" da transcendência: alguém me procura. Um Deus que faz mal, mas Deus como um Tu. E, pelo mal em mim, meu despertar a mim mesmo. "Despertar da alma no excesso do mal", diz Nemo. De seu estado de subjetividade no mundo – de seu ser-no-mundo – o eu é despertado para a condição da alma que interpela Deus.

---

4. Cf. nossa tentativa de fenomenologia neste sentido em "Le temps et l'autre", publicado na coletânea *Le Choix, le monde, l'existence*, em 1948, pela Arthaud, e reimpresso sob a forma de livro, edição Fata Morgana, em Montpellier.

9 Transcendência e mal

Esta ideia do sofrimento como perseguição e da eleição na perseguição, e do isolamento e da distinção na dor, não é certamente de uma fenomenologia tão comunicável nem tão universal como aquela do excesso no mal; temos razões para pensar que ela não é inspirada unicamente pelas particularidades do livro de Jó.

Que a "intencionalidade" original da relação entre seres seja uma relação com Deus, que ela venha de Deus, que esta relação não se descreva de uma maneira neutra e formal, que ela seja primeiramente qualificada como um "fazer-me mal", como uma malícia no sombrio paradoxo da maldade de Deus, que o originário – que o princípio – não seja nem o geral, nem o formal, mas o *concreto* e o *determinado* (tomados não em sentido empírico), é bastante impressionante aqui e permanece conforme ao espírito da análise que soube descobrir a transcendência e o excesso na concretude do mal. Mas, ao mesmo tempo, o "elemento" em que se move a "filosofia primeira" não é mais o impessoal, o anônimo, o indiferente, o neutro desenrolar do ser abordado, até a humanidade que ele engloba, como mundo das coisas e das leis ou como mundo das pedras, mundo suportando toda intervenção e como suscetível de *satis*-fazer todo desejo pela intervenção da técnica. Esta não supõe senão a legalidade das coisas, sua igualdade a nossos desejos, e a astúcia do pensamento. A primeira questão metafísica não é mais a questão de Leibniz: "Por que existe algo e não o nada?", mas: "Por que existe o mal e não antes o bem?" (p. 155). É a des-neutralização do ser ou o além do ser. A diferença ontológica é precedida pela diferença entre o bem e o mal. *A diferença é esta última*, é ela a origem do significativo (*sensé*): "Possui sentido aquilo que diz respeito à alternativa entre o bem e o mal extremo para a espera de uma alma" (p. 212). O sentido começa pois na relação da alma a Deus e a partir de seu despertar pelo mal. Deus me faz mal para arrancar-me do mundo enquanto único e ex-cepcional: enquanto uma alma. O sentido implica esta relação transcendente, "a alteridade da outra cena", que não é mais um sentido negativo. "O sentido da alteridade da outra cena", escreve Nemo (p. 212), "é o bem e o mal enquanto excedem o mundo e o orientam. A 'diferença' que existe entre uma cena e a outra é a diferença entre o bem e o mal. Toda outra 'diferença' é interior ao mundo".

Prioridade do ético em relação ao ontológico, diríamos nós, se bem que Philippe Nemo não deva apreciar esta fórmula para qualificar sua via. Com efeito, apesar de uma noção de diferença que não é ontológica, a descoberta do Tu interpelado no mal interpreta-se pela recorrência ao ser: "Deus que aparece no Tu tem por ser o ser um Tu". O Tu em Deus não é um "outramente que ser", mas um "ser outramente". A reflexão sobre o Tu não se arrisca até a pensar nele um além do ser. Ele se subordina à ontologia, recuando diante da suprema infidelidade à filosofia que nos é transmitida, pela qual o ente e o ser do ente são as últimas fontes do significativo (*sensé*). Manter-se em relação com o Tu que em Deus *eclipsa* o ser seria pejorativamente interpretado como um modo de se comprazer na ilusão. Não se ousará pensar[5] que o psiquismo humano na sua relação a Deus se aventura até as significações do além do ser e do nada, além da realidade e da ilusão, até o des-inter-*essamento*[6].

5. A teofania

O mal como excesso, o mal como intenção – há um terceiro momento nesta fenomenologia: o mal como ódio do mal.

---

5. Esta "audácia" está também ausente em Buber, para quem a descoberta da relação Eu-Tu logo aparece como um novo modo de ser – o Tu de Deus é apenas um modo de ser mais intenso, a divindade de Deus perde-se, assim, no seu modo de existência, e isto seria o sentido final de sua epifania como acontece com um mundo desvelado.

6. Nemo não apreciaria a fórmula: "a ética precede a ontologia" ainda por uma outra razão. Ele identifica – como quase toda literatura filosófica atual – a ética com a Lei (que é a consequência dela), enquanto que o mal que nos desperta ao Tu de Deus seria precisamente contestação da Lei e do espírito técnico que, para Nemo, está ligado a ela: a moral da Lei não seria para ele senão uma técnica para conseguir recompensas e evitar os castigos. Pensamos que, primordialmente, ética significa obrigação para com Outrem, que ela nos conduz à Lei e ao serviço gratuito, e que este não é um princípio da técnica.

9 Transcendência e mal

Última virada da análise: o mal me aflige em meu horror do mal e, assim, revela – ou já é – minha associação com o Bem. O excesso do mal, pelo qual ele excede ao mundo, é também nossa impossibilidade de aceitá-lo. A experiência do mal seria, portanto, também nossa espera do bem – o amor de Deus.

Essa virada do mal e do horror do mal como espera do Bem, de Deus e de uma beatitude à medida ou à desmedida do excesso do mal, exposta nas últimas páginas deste livro tão belo e tão sugestivo, coloca muitas questões. Este horror do mal no qual, paradoxalmente, ele se dá é o Bem? Aqui, não pode ser questão de uma passagem do Mal ao Bem sob a forma de atração dos contrários. Isto seria uma teodiceia a mais. Não consiste a abordagem filosófica de toda esta exegese bíblica na possibilidade de ir, por assim dizer, além do apelo recíproco dos termos que se negam, além da dialética? Para sermos precisos, o mal não é uma espécie qualquer da negação. Ele significa o ex-cesso recusando toda síntese no qual a toda-alteridade de Deus virá mostrar-se. O alerta nietzschiano contra o espírito de ressentimento está também presente em Nemo. Ao final de sua hermenêutica, ele não desejaria um bem que significasse apenas um resgate do mal ou uma vingança, o que aliás também seria o mesmo que um retorno do espírito técnico no sofrimento do mal. Eis por que, na descrição da espera do Bem, existe a formulação, muito profunda a nosso juízo, de um pensamento que pensaria mais do que aquilo que ele pensa: "a alma", escreve Nemo (p. 231), "sabe de ora em diante que o fim que ela visa, o encontro beatífico com Deus, ultrapassa infinitamente o que ela visa". A alma que, desperta pelo mal, se encontra em relação com o além do mundo não retorna à moldagem de um ser-no-mundo, de uma consciência empírica ou transcendental *igualando* os objetos, *adequada* ao ser, igualando-se ao mundo nos seus desejos destinados à *satis*-fação. A alma, além da satisfação e da recompensa, aguarda um esperado que ultrapassa infinitamente a espera. É, sem dúvida, ali que se encontram a "modalidade psíquica" da transcendência e a definição mesma da alma religiosa, sem que isto signifique uma simples especificação da consciência. A noção de "jogo" que, por oposição à técnica, designa para nosso autor a relação da alma com Deus, não se deduz, no entanto, desta desproporção entre a espera e o esperado. "Somente o excesso de beatitude", escreve ele, "responderá ao excesso do mal". Ora, não é certo que o excesso se diga, no mesmo sentido, nos dois termos da proposição. O excesso do mal não significa um mal excessivo, ao passo que o excesso de beatitude permanece uma noção superlativa. Com efeito, se fosse necessário ver já na beatitude, como tal, um excesso, o mal não teria podido alcançar a significação privilegiada em torno da qual todo o livro de Nemo é construído. A transcendência poderia seguir vias menos tortuosas.

O movimento que conduz do "horror do mal" à descoberta do Bem e que, deste modo, culmina como teofania a transcendência aberta na totalidade do mundo pelo "conteúdo" concreto do mal, conduzirá apenas ao oposto do mal e a uma bondade de simples agrado, por maior que ela seja? O Bem que é esperado nesta "espera que visa infinitamente mais que este esperado", não mantém uma relação menos distante com o mal que o sugere, diferindo inteiramente dele por uma diferença mais diferente que a oposição? Somos tomados de admiração, ao ler este comentário do livro de Jó, tão cauteloso em relação aos textos e a seus subentendidos, ao dito e ao não dito, com ouvidos e inteligência tão sensíveis, pelo fato de o problema da relação entre o sofrimento do eu e o sofrimento que um eu pode experimentar com o sofrimento do outro homem jamais aparecer *em primeiro plano*. Mesmo supondo que isso não seja visível no próprio texto bíblico, não haveria nele, neste silêncio mesmo, uma secreta indicação desta relação? Podemos nos assegurar de que isto não esteja mesmo em questão? O "onde estavas quando eu criava a terra?" do capítulo 38, versículo 4, no começo do discurso atribuído a Deus e que relembra a Jó sua ausência na hora da Criação, interpela unicamente a insolência de uma criatura que se permite julgar o Criador? Expõe ele apenas uma teodiceia em que a economia de um todo harmonioso e sabiamente distribuído só encerra o mal para um olhar limitado e parcial? Não se pode perceber neste "onde estavas?"

9 Transcendência e mal

uma constatação de carência que só pode ter sentido se a humanidade do homem for fraternalmente solidária da criação, quer dizer, se ela for responsável por aquilo que não foi nem o seu eu, nem sua obra, e se esta solidariedade e esta responsabilidade por tudo e por todos – que não podem existir sem dor – for o próprio espírito?

Não iremos propor "melhorias" a Philippe Nemo, cujo pensamento é tão pessoal, tão novo e tão maduro. É antes no contexto de seu pensamento que se elucida singularmente uma ideia que nos é familiar, cara e frequentemente reafirmada, à qual associamos de bom grado aquilo que seu livro traz de luz sobre as vias da transcendência e a maneira pela qual esta luz é trazida. Ela é trazida com recurso a um "dado material" da consciência, a um "conteúdo concreto", muito mais do que pela reflexão sobre alguma "estrutura formal". Significa-se, deste modo, um "além" das dimensões fechadas que as operações judicativas do intelecto delineiam e que as formas da lógica refletem[7]. Com efeito, é do mesmo modo que a transcendência pareceu-nos luzir no rosto do outro homem: alteridade do não integrável, daquilo que não se deixa reunir em totalidade ou daquilo que, na reunião – a menos que haja submissão a violência e poderes – permanece em sociedade e nela entra como rosto. Transcendência que não é mais absorvida pelo meu saber. O rosto coloca em questão a suficiência de minha identidade de eu, ele obriga a uma infinita responsabilidade para com outrem. Transcendência originária significando no *concreto, imediatamente ético*, do rosto. Que no mal que me persegue me atinja o mal sofrido pelo outro homem, que ele me toque, como se o outro homem a ele me convocasse de imediato, questionando meu

---

7. Essas dimensões, segundo os ensinamentos husserlianos expressos em *Erfahrung und Urteil*, partem da *posição* de um substrato individual arrancado da base do mundo, de um substrato exposto às "sínteses passivas" da explicação e à "modalização" da crença em que esta posição se faz. Essas sínteses são retomadas então na *atividade categ*orial do juízo propriamente dito. São dimensões da afirmação de um impulso em seu *ser* e nas suas propriedades, reunidas em síntese e em sistema: universo coerente sem trás-mundos, reino do Mesmo sem nenhuma "outra cena".

repousar sobre mim mesmo e meu *conatus essendi*, como se, antes de me lamentar de meu mal neste mundo, eu tivesse que responder por outrem – *não se encontra aí, no mal, na "intenção" da qual tão exclusivamente no meu mal sou o destinatário, uma abertura do Bem?* A teofania. A Revelação. O horror do mal que me visa, fazendo-se horror do mal no outro homem. Abertura do Bem que não é uma simples inversão do Mal, mas uma elevação. Bem que não é prazeroso, que ordena e prescreve. A obediência à prescrição – e já aquela da escuta e do acordo que são as obediências primeiras – não implica outra recompensa senão esta elevação mesma da dignidade da alma; e a desobediência, nenhum castigo senão aquele da própria ruptura com o Bem. Serviço indiferente à remuneração! Desta responsabilidade pelo mal do outro homem, nenhum malogro poderia desobrigar. Ela permanece significativa (*sensé*) apesar do insucesso. Ela é exatamente o contrário de pensamentos técnicos fora dos quais, de acordo com Nemo, o mal nos chama de volta à nossa vida de alma humana.

6. A ambiguidade

O conhecimento do mundo – a tematização – não se dá certamente por vencido. Ele tenta e consegue reduzir o desconcerto do Mesmo pelo Outro. Ele restabelece a ordem abalada pelo Mal e por Outrem através da história na qual ele aceita entrar. Mas as fissuras reaparecem na ordem estabelecida. Nossa modernidade não se ateria unicamente às certezas da História e da Natureza, mas a uma alternância: Recuperação e Ruptura, Saber e Socialidade. Alternância em que o momento da recuperação não é mais verdadeiro que aquele da ruptura, em que as leis não possuem mais sentido que o face a face com o próximo. Isto não atesta um simples defeito de síntese, mas definiria o próprio tempo, o tempo na sua diacronia enigmática: tendência sem resultado final, visada sem coincidência; ele significaria a ambiguidade de um adiamento incessante ou a progressão da apreensão e da posse; mas também a aproximação de um Deus infinito, aproximação que é sua proximidade.

PARTE III

O SENTIDO DO SER

10
O diálogo – consciência de si e proximidade do próximo*

O valor que todo um grupo de filósofos, de teólogos e de moralistas, de políticos e mesmo a opinião pública conferem à noção e à prática – e, em todo caso, à palavra diálogo – ao discurso mantido face a face entre os homens, interpelando-se e intercambiando enunciados e objeções, questões e respostas, atesta uma orientação nova da ideia que, talvez, na esteira das provações do século XX após a Primeira Guerra Mundial, a sociedade ocidental se faz da essência do significativo (*sensé*) e do espiritual. Igualmente, não é proibido falar em nossos dias de uma filosofia do diálogo e opô-la à tradição filosófica da unidade do Eu ou do sistema e da suficiência a si, da imanência. A obra de Martin Buber e de Franz Rosenzweig na Alemanha, de Gabriel Marcel na França, sua influência pelo mundo – mas também muitos trabalhos notáveis assinados por nomes menos ilustres – justificam este modo de falar.

1. O Espírito como saber e a imanência

É no psiquismo concebido como saber – que vai até a consciência de si – que a filosofia transmitida situa a origem ou o lugar natural do significativo (*sensé*) e reconhece o espírito. Tudo o que sobrevém ao psiquismo humano, tudo o

---

* Versão francesa de um estudo, intitulado "O diálogo", escrito para a enciclopédia *Christlicher Glaube in moderner Gesellschaft*, publicado pela Herder em Freiburg-im-Breisgau; publicado em francês pelo Istituto di Studi Filosofici, em Roma, 1980.

que nele se passa, não termina por se saber? O segredo e o inconsciente, recalcados ou alterados, são ainda medidos ou curados pela consciência que eles perderam ou que os perdeu. Todo o vivido se diz, legitimamente, *experiência*. Ele se converte em "lições recebidas" que convergem em unidade do saber, sejam quais forem suas dimensões e modalidades: contemplação, vontade, afetividade; ou sensibilidade e entendimento; ou percepção externa, consciência de si e reflexão sobre si; ou tematização objetivante e familiaridade daquilo que não se pro-põe; ou qualidades primárias, secundárias, sensações cinestésicas ou cenestésicas. As relações com o próximo, o grupo social e Deus seriam ainda *experiências* coletivas e religiosas. Mesmo reduzido à indeterminação do *viver* e à formalidade do puro *existir*, do puro ser, o psiquismo *vive* isto ou aquilo, *é* isto ou aquilo, sobre o modo do *ver*, do provar, como se *viver* e *ser* fossem verbos transitivos, e *isto* e *aquilo* fossem complementos de objetos. É, sem dúvida, este saber implícito que justifica o largo emprego que, nas *Méditations,* Descartes faz do termo *cogito*. E este verbo, na primeira pessoa, expressa bem a unidade do Eu em que todo saber se basta.

Como saber, o pensamento refere-se ao pensável, ao pensável chamado ser. Referindo-se ao ser, ele está fora dele mesmo, mas permanece maravilhosamente nele mesmo ou a ele retorna. A exterioridade ou a alteridade do si é retomada na imanência. Aquilo que o pensamento conhece ou o que em sua "experiência" ele apreende é, ao mesmo tempo, o *outro* e o *próprio* do pensamento. Não se apreende senão aquilo que já se sabe e que se insere na interioridade do pensamento, à guisa de lembrança evocável, re-presentável. Reminiscências e imaginações asseguram como que a sincronia e a unidade daquilo que, na experiência submetida ao tempo, se perde ou está apenas por vir.

Enquanto apreender, o pensamento comporta uma apreensão, uma tomada do que é apreendido e uma posse. O "captar" do apreender não é puramente metafórico. Desde antes do interessamento técnico, ele já é esboço de uma práti-

10 O diálogo – consciência de si e proximidade do próximo 183

ca encarnada, já é "manuseio". A presença se faz com a mão (*main-tenant*). A mais abstrata lição pode passar-se de toda influência manual das coisas do "mundo da vida", do famoso Lebenswelt? O ser que aparece ao eu do conhecimento não somente o instrui, mas, ipso facto, se dá a ele. Já a percepção capta; e o Begriff conserva esta significação de influência. O "dar-se" – sejam quais forem os esforços que a distância "da taça aos lábios" exige – está ao nível do pensamento pensante, promete-lhe, pela mediação de sua "transcendência", posse, gozo, satisfação. Como se o pensamento pensasse à sua medida pelo fato de poder – pensamento encarnado – alcançar o que ele pensa. Pensamento e psiquismo da imanência: da suficiência a si. É isto precisamente o fenômeno do mundo: o fato de que um acordo é assegurado no captar entre o pensável e o pensante, o fato de que seu aparecer é também dar-se, de que seu conhecimento é satisfação, como se ele viesse satisfazer uma necessidade. Talvez seja isso que Husserl exprime ao afirmar uma correlação – que é a correlação – entre o pensamento e o mundo. Husserl descreve o saber teorético nas suas formas mais acabadas – o saber objetivante e tematizante – como satisfazendo a medida da visada, a intencionalidade vazia repletando-se.

A obra hegeliana, para a qual confluem todas as correntes do espírito ocidental e na qual se manifestam todos os seus níveis, é ao mesmo tempo filosofia do saber absoluto e do homem satisfeito. O psiquismo do saber teorético constitui um pensamento que pensa à sua medida e, na sua adequação ao pensável, se iguala a si mesmo, será consciência de si. É o Mesmo que se reencontra no Outro.

A atividade do pensamento consegue justificar toda alteridade e é nisto, no fim das contas, que reside sua própria racionalidade. A síntese e a sinopse conceituais são mais fortes que a dispersão e a incompatibilidade do que se dá como outro, como antes e como depois. Elas remetem à unidade do sujeito e da apercepção transcendental do eu penso. Hegel escreve (*Wissenschaft der Logik II*, Lasson 221): "É às perspectivas mais profundas e mais vastas da Crítica da razão pura que pertence aquela que consiste em reconhecer a unidade que constitui a essência do conceito como unidade originariamente sintética da apercepção, como unidade do eu penso ou da consciência de si". A unidade do eu penso é a forma última do espírito como saber, mesmo que ele tenha de confundir-se com o ser que conhece e identificar-se com o sistema do conhecimento.

A unidade do eu penso é a forma última do espírito como saber. E a esta unidade do eu penso são reconduzidas todas as coisas constituindo um sistema. O sistema do inteligível é, no fim das contas, consciência de si.

2. O diálogo da imanência

O *eu penso* no qual se constitui o ser-em-ato pode ser interpretado como coincidindo com o que ele constitui: a plena consciência de si do *eu penso* seria o próprio *sistema* do saber em sua unidade de inteligível. O pensamento pensante que tende a esta ordem da razão será dito, consequentemente, apesar do labor de sua pesquisa e o gênio de sua invenção, como um desvio que o sistema do ser toma para colocar-se em ordem, desvio que seus termos e suas estruturas seguem para se sistemarem. Tal é o *espírito* não apenas segundo Hegel, para quem o processo do conhecer é "o próprio movimento do ser" (*Lógica* II, Lasson 2), nem somente conforme o objetivismo estruturalista de nossos dias. Na fenomenologia husserliana – apesar da espontaneidade criadora conferida ao Ego transcendental – os modos do conhecimento são comandados – teleologia da consciência – essencialmente pelo ser ao qual o conhecimento acede. O espírito é a ordem das coisas – ou as coisas em ordem – de que o pensamento pensante não seria senão o recolhimento e o ordenamento. A possibilidade ou a esperança que o *eu penso* teria de não mais se pôr para si em face do pensável, de apagar-se diante do inteligível, seria sua própria inteligência, sua racionalidade, sua última interiorização.

10 O diálogo – consciência de si e proximidade do próximo

Acordo e unidade do saber na verdade. O pensamento ainda pensante os busca por vias diversas. Ele recorre seguramente às palavras. Mas estas são signos que ele se dá a si mesmo sem falar a quem quer que seja: em sua obra de reunião, ele pode ter de procurar uma presença do pensável além do que se apresenta imediatamente – "em carne e osso" (*leiblich da*) ou em imagem, de um significado por signo; do que não é ainda presente ao pensamento, mas que já não está mais encerrado em si. Que não haja pensamento sem linguagem nada mais significa, consequentemente, que a necessidade de um discurso interior. O pensamento cinde-se para se interrogar e se responder, mas o fio se retoma. Ele reflete sobre si mesmo, interrompendo sua progressão espontânea, mas procede ainda do mesmo eu penso. Ele permanece o mesmo; passa de um termo a outro contrário que o chama, mas a dialética em que ele se reencontra não é diálogo, no máximo é o diálogo da alma consigo mesma, procedendo por questões e respostas. É precisamente assim que Platão define o pensamento. Segundo a interpretação tradicional do discurso interior que remonta a essa definição, o espírito, ao pensar, nem por isso deixa de permanecer um e único, apesar de suas diligências e de seu vai-vem em que pode opor-se a si.

É pela multiplicidade empírica dos homens pensantes que circularia a linguagem que efetivamente se fala. Mas ela se deixa compreender, mesmo aí, em sua subordinação ao saber. Ela consiste, para cada um dos interlocutores, em entrar no pensamento do outro, em coincidir na razão, em interiorizar-se. Por oposição à "interioridade" das paixões dissimuladas e das perfídias secretas das opiniões subjetivas, a Razão seria a verdadeira vida interior. A razão é una. Ela não tem mais com quem se comunicar, nada está fora dela. E, por consequência, ela é como o silêncio do discurso interior. As questões e respostas dessa "troca de ideias" reproduzem ou colocam ainda em cena aquelas de um diálogo que a alma mantém consigo mesma. Sujeitos pensantes, múltiplos pontos obscuros em torno dos quais se faz claridade quando eles se falam e se encontram, do mesmo modo como, no discurso interior, quando se retoma o fio do pensamento que estava a se interrogar; claridade na qual os pontos obscuros dos diversos eus empalidecem, se atenuam, mas também se sublimam. Essa troca de ideias efetua-se, no fim das contas, em uma só alma, em uma só consciência, em um cogito que permanece a Razão. Pode-se chamar diálogo esse encontro onde os interlocutores entram uns no pensamento dos outros, onde o diálogo conduz a melhores sentimentos. Pode-se chamar socialidade a unidade das consciências múltiplas que entraram no mesmo pensamento no qual se suprime sua alteridade recíproca. É o famoso diálogo chamado a pôr um termo à violência reconduzindo os interlocutores à razão, instalando a paz na unanimidade, suprimindo a proximidade na coincidência. Via de predileção do humanismo ocidental. Nobreza da renúncia idealista! Seguramente. Mas isso só seria possível no puro amor da verdade e da inteligibilidade de um universo spinozista. Apagamento diante da verdade, mas também poder de dominação e possibilidade de astúcia: conhecimento de outrem como de um objeto antes de toda socialidade com ele, mas também, em consequência, poder adquirido sobre ele como uma coisa e pela linguagem que deve conduzir à razão única todas as tentações da retórica enganosa, da publicidade e da propaganda. Mas é preciso sobretudo se perguntar se a elevação desta paz pela Razão, que as almas nobres apreciam, não deve nada à não indiferença prévia pelo outro homem, à socialidade com ele que seria uma relação ao próximo, relação outra que a representação que se pode fazer de seu ser, outra que o puro conhecimento de sua existência, de sua natureza, de sua espiritualidade; deve-se perguntar se o dinamismo e a exaltação da paz pela verdade apóiam-se unicamente na supressão da alteridade e não, pelo menos tanto quanto, na possibilidade mesma do Encontro do outro como outro (talvez, graças a um diálogo que precede a razão) do qual uma verdade comum é o pretexto.

Seja como for, o grande problema que se coloca sobre a via daqueles que esperam o fim das violências a partir de um diálogo que só teria que rematar o saber, é a dificuldade que haveria, como atesta o próprio Platão, de conduzir a esse

10 O diálogo – consciência de si e proximidade do próximo

diálogo seres opostos, levados a fazerem-se violência. Seria preciso encontrar um diálogo para fazer entrar em diálogo. A menos que se suponha a unidade prévia de um saber soberano e divino, de uma substância que se pensa e que teria implodido em uma multiplicidade de consciências suficientemente senhoras de si mesmas, limitadas em seus horizontes, opostas por suas diferenças e hostis umas às outras, mas que, de conflito em conflito, se encontram obrigadas ou conduzidas aos diálogos que deverão permitir, progressivamente, a convergência dos olhares partindo de pontos de vista múltiplos, mas necessários à plenitude de um pensamento que reencontra sua soberania e sua unidade perdidas, seu eu penso ou seu sistema.

O nascimento da linguagem poderia, consequentemente, ser procurado a partir do saber. Ele lhe seria lógica e talvez cronologicamente posterior. Na multiplicidade empírica de seres existentes como consciências intencionais e encarnadas, cada um teria o saber e a consciência de "alguma coisa" e de sua própria consciência, mas conseguiria por experiências apresentativas e pela Einfühlung tomar consciência das consciências outras, ou seja, conhecer a consciência que cada consciência outra tem do mesmo "algo", dela mesma e de todas as outras consciências. Assim se estabeleceria a comunicação: os signos da linguagem nasceriam de todas as manifestações expressivas dos corpos significantes na apresentação. A linguagem nasceria a partir da apresentação que é ao mesmo tempo experiência e leitura de signos. A teoria husserliana da constituição da intersubjetividade pode ser considerada como uma formulação rigorosa da subordinação da linguagem ao saber, reduzindo ao vivido como experiência toda modalidade independente do sentido, à qual o diálogo poderia pretender. Em um texto característico e notável de sua Krisis, Husserl chega a ponto de pretender "alojar no discurso interior o discurso que vai a todos os outros": "Isto que eu digo aí cientificamente", escreve ele (p. 260), "é de mim a mim que o digo, mas ao mesmo tempo, de modo paradoxal, digo-o a todos os outros, enquanto implicados transcendentalmente em mim e uns nos outros".

O modo hegeliano de deduzir a multiplicidade das consciências, se reconhecendo mutuamente e, assim, comunicando entre elas, a partir de uma marcha para o saber absoluto – nas páginas célebres da Fenomenologia do espírito – procede ainda dessa prioridade do saber em relação ao diálogo. Em um contexto ontológico bem diferente daquele da fenomenologia husserliana, é um esforço especulativo de fundar, no pensamento, a oposição desta multiplicidade, enquanto que a necessidade mesma de recorrer a este momento fundado significa a impossibilidade para a linguagem de manter-se nas dimensões do cogito.

3. Diálogo e transcendência

A filosofia contemporânea do diálogo insiste sobre uma dimensão inteiramente diversa de sentido que se abre na linguagem: sobre a relação inter-humana – sobre a socialidade originária – que se produz no diálogo. Ela teria uma significação por si mesma e constituiria uma autenticidade espiritual própria. A multiplicidade dos pensantes, a pluralidade das consciências não são um simples fato – uma contingência qualquer ou uma "infelicidade" puramente empírica – efeito de alguma decadência ou catástrofe ontológica do Uno. A socialidade que a linguagem estabelece entre as almas não é a compensação de uma unidade de pensamento que teria sido perdida ou falida. Bem ao contrário, para além da suficiência do ser-para-si, outra possibilidade de excelência se mostra no humano que não se mede pela perfeição da consciência-de-si. Com efeito, há mais tempo, Gabriel Marcel, em seu *Journal métaphysique* (p. 207), denunciava o que ele chama "o valor eminente da *autarquia*", da suficiência a si mesmo, para afirmar que "somente uma relação de ser a ser pode ser dita espiritual".

Na nova reflexão, a socialidade da linguagem não é mais redutível à transmissão de saberes entre os múltiplos eus e à sua confrontação, onde esses saberes se elevam à inteligibilidade universal na qual os eus pensantes se absorveriam,

10 O diálogo – consciência de si e proximidade do próximo   189

se sublimariam ou se uniriam para, em nome dessa unidade da Razão, se "bastarem enfim a si mesmos". É por ela mesma que a relação entre pensantes teria sentido: o sentido da socialidade. Tê-lo-ia na interpelação de um Tu por um Eu, naquilo que Buber chama a palavra fundamental Eu-Tu, que seria o princípio e a base – enunciados ou implícitos – de todo diálogo. Ela se distinguiria radicalmente da outra palavra fundamental: Eu-Isso. Esta exprimiria o saber de um Eu investindo um objeto em sua neutralidade submissa ao ato do conhecimento que o assimila e do qual, segundo a terminologia husserliana, ele preenche as intenções; designaria o sujeito da filosofia idealista em relação com o mundo, reportando-se às coisas e aos humanos tratados como coisas; designaria no próprio discurso a referência do Dizer às realidades e às conjunturas que o Dizer narra ou expõe.

O que é significativo nessa distinção é o caráter original e irredutível da palavra fundamental Eu-Tu: o Eu-Isso, o saber, não é fundador do Eu-Tu. A filosofia nova do diálogo ensina que invocar ou interpelar o outro homem como tu e lhe falar não depende de uma prévia experiência de outrem, em todo caso, não deriva desta experiência a significação do "tu". A socialidade do diálogo não é um conhecimento da socialidade, o diálogo não é a experiência da conjunção entre homens que se falam. O diálogo seria um acontecimento do espírito, pelo menos tão irredutível e tão antigo quanto o cogito. Para Buber, com efeito, o Tu por excelência é invocado no Tu Eterno invisível – não objetivável, não tematizável – de Deus; para Gabriel Marcel, nomear Deus na terceira pessoa equivale à falência em querer atingi-lo. Haveria no diálogo, no Eu-Tu, para além da espiritualidade do saber preenchido pelo mundo e no mundo, a abertura da transcendência.

No diálogo, ao mesmo tempo, escava-se uma distância absoluta entre o Eu e o Tu, separados absolutamente pelo segredo inexprimível de sua intimidade, cada um sendo único em seu gênero como eu e como tu, absolutamente distintos um do outro, sem medida comum nem domínio disponível para alguma coincidência (segredo inexprimível do outro para mim, segredo ao qual, peremptoriamente, eu não acedo senão pela apresentação, modo de existir do outro como outro); por outro lado, é aí também que se desdobra – ou se interpõe, ao ordenar o eu como eu e o tu como tu – a relação extraordinária e imediata do diá-logo que transcende esta distância sem suprimi-la, sem recuperá-la como o olhar que percorre, compreendendo-a, englobando-a, a distância que o separa de um objeto no mundo. Eis outro modo de aceder ao outro que não o do conhecimento: aproximar o próximo.

É, talvez, ao pensar a distinção notável que Franz Rosenzweig faz no humano entre o *indivíduo* pertencente ao mundo, sempre comparável a outro indivíduo, e a *ipseidade* (*die Selbstheit*); é ao pensar a solicitude da *Selbstheit* na qual se mantém o Eu (e da qual, a nosso ver, o segredo do psiquismo é o "como") que nós poderemos medir, apesar das relações entre indivíduos, a separação ontológica entre humanos e apreciar a transcendência abismal entre eles, medir consequentemente a transitividade extra-ordinária do diálogo ou da proximidade e a significação supra-ontológica – ou religiosa – da socialidade ou da proximidade humana. A solidão da *Selbstheit,* segundo Rosenzweig, não deve ser compreendida como a entende Heidegger, que faz dela um *modus deficiens* do *Mitsein*: tratar-se-ia, em Rosenzweig, de um *isolamento* que absolutamente não sai de si, não tendo lembrança alguma de comunidade; tal isolamento é estranho também à separação das coisas que, enquanto indivíduos, já pertencem "sem se conhecer" a um gênero comum; tratar-se-ia de um isolamento do tipo "nada em comum com ninguém e com nada" e que não tem necessidade, seja dito de passagem, de qualquer "redução transcendental" para significar um "fora do mundo".

Distância absoluta; errar-se-ia ao pensá-la como lógicos na noção puramente formal de uma separação entre termos quaisquer, já distintos enquanto um não é o outro. A distância ou a alteridade absoluta da diferença significa *de si* a diferença e a relação entre o Eu e o Tu enquanto interlocutores em relação aos quais a noção de "termo qualquer" do "alguma

10 O diálogo – consciência de si e proximidade do próximo

coisa em geral" (*etwas überhaupt*) é uma abstração formal. O concreto é a distância absoluta e a relação do diálogo mais antiga que toda distinção dos termos em qualquer conjunção. Distância absoluta, refratária à síntese que o olhar sinóptico de um terceiro desejaria estabelecer entre dois humanos em diálogo. O Eu *e* o Tu não são abarcáveis objetivamente, não há *e* possível entre eles – eles não formam conjunto. Não há unidade que se possa produzir no espírito de um terceiro "por cima de suas cabeças" ou "às suas costas" e que possa fazer aqui uma montagem. Como não há, de Eu a Tu, tematização do Tu ou experiência do Tu. O "Tu" não é uma "objetivação" na qual somente se evitaria a reificação do outro homem. O Encontro, ou a proximidade ou a socialidade, não é da mesma ordem que a experiência.

Mas no dizer do diálogo, na interpelação de um Tu pelo Eu, se abre uma passagem extra-ordinária e imediata, mais forte que todo laço ideal e que toda síntese que o *eu penso* realizaria em sua aspiração a igualar e compreender. Passagem lá onde não há mais passagem. É precisamente pelo fato de o *Tu* ser absolutamente outro que o Eu que há diálogo de um a outro. Talvez consista nisso a paradoxal mensagem de toda filosofia do diálogo ou um modo de definir o espírito pela transcendência, ou seja, pela socialidade, pela relação imediata ao outro. Relação diferente de todos os laços que se estabelecem no interior de um mundo em que o pensamento como saber pensa à sua medida, onde a percepção e concepção apreendem e se apropriam do dado e nisto se satisfazem. Relação que, para Buber, é *a* Relação e que foi "no princípio". A linguagem não estaria aí para *exprimir* os estados de consciência; ela seria o acontecimento espiritual inigualável da transcendência e da socialidade ao qual todo esforço da expressão – todo querer comunicar um conteúdo pensado – já se refere. Franz Rosenzweig compreende-a em nível da Revelação, no sentido eminente e religioso do termo, que para ele significa pôr em relação elementos do absoluto isolados e refratários a toda síntese, à reunião em totalidade, a uma conjunção qualquer na qual perdem – como na filosofia idealista – sua vida própria.

Pode-se perguntar legitimamente se o discurso interior do *cogito* já não é um modo derivado da conversa com outrem; se o simbolismo linguístico de que se serve a alma "entreten-do-se consigo mesma" não supõe um diálogo com um interlocutor distinto dela mesma; pode-se perguntar se a interrupção do elã espontâneo do pensamento refletindo sobre si mesmo, e até às alternâncias dialéticas do raciocínio em que meu pensamento se separa de si mesmo e se retoma como se fosse outro que ele mesmo, não atesta um diálogo *original e prévio*; se, consequentemente, o próprio saber ou toda consciência não começa na linguagem. Mesmo que o próprio diálogo acabe por *se saber* – como o atestam pelo menos as páginas que lhe consagram os filósofos – é a reflexão que o descobre. Mas a reflexão que supõe a suspensão da espontaneidade da vida, já supõe seu questionamento pelo Outro, o que não foi possível sem diálogo prévio, sem o encontro de outrem.

À unidade da *consciência de si*, igual a si mesma ao igualar-se ao mundo, é preposto assim o encontro no diálogo que seria um pensamento pensando além do mundo. Há nessa radical diferença entre o Eu e o Tu colocados na relação do diálogo em que se dá o encontro, não um simples revés do conhecimento de um pelo outro, da síntese de sua coincidência e de sua identificação, mas o excedente ou o *melhor* de um além de si, o excedente e o melhor da *proximidade* do próximo, "melhor" que a coincidência consigo, e isso a despeito ou por causa da diferença que os separa. "Mais" ou "melhor" significado no diálogo, não por alguma voz sobrenatural que venha se misturar à conversação ou por algum preconceito. "Mais" ou "melhor" que seria o dom gratuito ou a graça da vinda do outro a meu encontro de que fala Buber. Mas o excedente de fraternidade pode ir além das *satisfações* que se esperam ainda dos dons recebidos, sejam eles gratuitos! Os filósofos do diálogo nem sempre o dizem, embora seja aí que se manifeste, certamente, a ideia essencial. O diálogo é a não indiferença do *tu* ao *eu*, sentimento des-inter-essado capaz certamente de degenerar em ódio, mas chance do que é preciso – talvez com prudência – denominar amor e semelhança com o amor. Ao dizer isto, não se é vítima de uma ilusão moral ou ingenuamen-

10 O diálogo – consciência de si e proximidade do próximo   193

te submisso às ideias e aos valores de um meio. É no diálogo da transcendência que a ideia do bem desponta pelo próprio fato de que no encontro é o *outro que conta* acima de tudo. A Relação em que o Eu encontra o Tu é o lugar e a circunstância originais do advento ético. O fato ético não deve nada aos valores, mas são os valores que lhe devem tudo. O concreto do Bem é o valor do outro homem. É somente a uma formalização que a ambivalência do valor aparece, o indecidível, a igual distância entre o Bem e o Mal. No valor do outro homem, o Bem é mais antigo que o Mal.

O diálogo, portanto, não é só um modo de falar. Sua significação tem um alcance geral. Ele é a transcendência. O dizer do diálogo não seria uma das formas possíveis da transcendência, mas seu modo original. Melhor ainda, ela não tem sentido senão por um Eu dizendo Tu. Ela é o *dia* do diálogo. No contexto concreto do humano, a transcendência é, portanto, um conceito ao menos tão válido quanto o da imanência ao mundo, cuja ultimidade ele questiona. Contrariamente às célebres análises heideggerianas, o fato da humanidade abordada a partir do diálogo reintroduziria na reflexão filosófica o *além* do mundo sem que isto signifique um simples recurso ao que Nietzsche chama os trás-mundos no sentido da metafísica tradicional. Há aí estruturas e conceituação novas que têm a ressonância de uma filosofia geral além da temática antropológica e teológica. Buber insistirá sobre o delineamento original e originário da relação que não se pode encerrar no psiquismo do Eu ou do Tu. Ela é o entre-os-dois (o *Zwischen*), origem que ordena o Eu como Eu e o Tu como Tu; o que evidentemente não poderia ser de novo entendido à guisa de uma terceira instância, sujeito ou substância, que exerceria aqui um papel mediador. Isso significa não só ruptura com a psicologia, mas também com as noções ontológicas de substância e de sujeito, para afirmar uma modalidade nova do entre-os-dois significando ontologia e psiquismo da copresença e da socialidade. Acima de... antes que entre os dois.

Embora o alcance sistemático da nova análise do diálogo seja essencial, sua significação antropológica e seu aspecto teológico devem ser sublinhados. Não é possível evocar aqui todas as descrições concretas suscitadas pela literatura filosófica relativa ao diálogo. À fenomenologia da intencionalidade justapõe-se – tomando com frequência modalidade negativa – como que uma fenomenologia da Relação. Assim, à "polaridade" não reversível do ato intencional: *ego-cogito-cogitatum,* em que o polo do *ego* é inconversível em polo objetivo, opõe-se a reversibilidade ou a reciprocidade do Eu-Tu: o Eu diz tu a um Tu e este, enquanto Eu, diz tu ao Eu; a *atividade* do dizer no diálogo é *ipso facto* a passividade da escuta, a palavra em sua própria espontaneidade expõe-se à resposta; o tu é interpelado como "exclusividade" e como não pertencente ao mundo, mesmo que o encontro ele mesmo se dê no mundo, ao passo que a intencionalidade aborda o objeto sempre no horizonte do mundo. Que seja possível uma espiritualidade humana que não comece no saber, no psiquismo como experiência, e que a relação ao tu em sua pureza seja a relação ao Deus invisível, é sem dúvida uma visão nova sobre o psiquismo humano, o que já foi sublinhado acima. Mas é igualmente muito importante para a orientação da teologia: o Deus da súplica – da invocação – seria mais antigo que o Deus deduzido a partir do mundo ou a partir de uma irradiação qualquer a priori e enunciada em uma proposição indicativa; o velho tema bíblico do homem feito à imagem de Deus toma um sentido novo, mas é a partir do "tu" e não do "eu" que esta semelhança se anuncia. O próprio movimento que conduz a outrem conduz a Deus.

É no prolongamento da relação Eu-Tu, da socialidade com o homem, que, para Buber, se produz a relação a Deus. Também ali, retomada provável do tema bíblico em que a epifania divina é esperada sempre a partir do encontro do outro homem, abordado como tu a partir da ética. Será necessário lembrar textos, como o capítulo 58 de *Isaías?* Será necessário lembrar páginas, talvez menos célebres, do *Pentateuco?* De modo significativo a fórmula "temor de Deus" aparece aí em uma série de versículos que recomendam especialmente o respeito do homem, o cuidado do próximo, como se a ordem de temer a Deus não se acrescentasse apenas para reforçar a ordem do "não insultar um surdo", de "não colocar um obstáculo sobre o caminho de um cego" (*Levítico* 19,14), de não "lesar um ao outro" (*Levítico* 25,17), de "não aceitar juros nem ganhos da parte do irmão falido, seja ele estrangeiro ou recém-chegado" (*Levítico* 25,16 etc.); mas, como se o "temor de Deus" se definisse por estes interditos éticos; como se o "temor de Deus" fosse este temor por outrem.

4. Do diálogo à ética

Contestou-se às descrições do diálogo – a toda essa "fenomenologia" do Eu-Tu – o fato de proceder negativamente em relação à intencionalidade e às estruturas da consciência transcendental e de praticar uma psicologia ou ontologia negativas – como outros desenvolvem uma teologia negativa – o que poria em questão a autonomia filosófica do novo pensamento. Mas o diálogo que, proximidade em toda esta concepção, significa o lugar próprio e a circunstância concreta da transcendência ou da Relação segundo seu duplo sentido da distância absoluta e do seu atravessar pela linguagem na imediatidade do eu-tu, não contém uma dimensão ética em que apareceria mais radicalmente a ruptura do diálogo com os modelos transcendentais da consciência?

Notemos inicialmente que a filosofia do diálogo orienta-se para um conceito do ético (*Begriff des Ethischen*) que se separa da tradição, a qual fazia derivar o ético do conhecimento e da Razão como faculdade do universal e via nela uma camada superposta ao ser. O ético subordinar-se-ia, assim, quer à prudência, quer à universalização da máxima de ação (na qual, seguramente, se fazia menção do respeito da pessoa humana, mas à guisa de fórmula segunda – e deduzida – do imperativo categórico), quer à contemplação de uma hierarquia dos valores construída como mundo platônico das ideias. A ética começa no Eu-Tu do diálogo enquanto o Eu-Tu significa o valor do outro homem ou, mais exatamente ainda, enquanto no imediato da relação ao outro homem – e sem recurso a um princípio geral qualquer – se delineia somente uma significação tal como valer. Valer ligado ao homem a partir do valor do Tu, do homem outro, valor ligado ao outro homem. As descrições do "encontro" em Buber não evitam nunca certa tonalidade axiológica. Mas a imediatidade própria da Relação e sua exclusividade, antes que a negação dos termos mediadores ou distraidores, não significaria certa urgência na atitude a tomar a respeito do outro homem, certa urgência da intervenção? A própria abertura do diálogo já não seria um modo para o eu de se descobrir, de se entregar, um modo para o Eu de se pôr à disposição do Tu? Por que haveria aí dizer? Seria porque o pensante tem algo a dizer? Mas por que tê-lo-ia a dizer? Por que não lhe bastaria pensar este algo que ele pensa? Não diz ele o que pensa, precisamente porque vai além do que lhe basta e por que a linguagem carrega este movimento de fundo? Por trás da suficiência, na indiscrição do tuteamento e do vocativo significam ao mesmo tempo reivindicação de uma responsabilidade e obrigação.

É certo que, em Buber, a relação Eu-Tu se descreve frequentemente também como puro face a face do encontro, como harmoniosa copresença, olhos nos olhos. Mas o face a face, o encontro e "os olhos nos olhos" reduzem-se eles a um jogo de reflexos em um espelho e a simples relações ópticas? Nesta formalização extrema, a Relação esvazia-se de sua "heteronomia", de sua transcendência de as-sociação. O eu-tu comporta de imediato – em sua imediatidade, ou seja, à guisa de urgência –, sem recurso a qualquer lei universal, uma obrigação. Ela é inseparável, segundo seu sentido próprio, tanto da valorização do outro como outro no Tu, como de uma obrigação ao serviço no Eu, valer do Tu, diaconia do eu – profundidades semânticas da "palavra fundamental", profundidades éticas.

Haveria uma desigualdade – uma dissimetria – na Relação, contrariamente à "reciprocidade" sobre a qual, sem dúvida de modo errado, insiste Buber. Sem esquiva possível, como se fosse eleito para isto, como se fosse assim insubstituível e único, o Eu como Eu é servidor do Tu no Diálogo. Desigualdade que pode parecer arbitrária; a não ser que ela seja, na palavra endereçada ao outro homem, na ética do acolhimento, o primeiro serviço religioso, a primeira oração, a primeira liturgia, religião a partir da qual Deus poderia vir ao espírito e a palavra Deus ter feito sua entrada na linguagem e na boa filosofia. Evidentemente, isso não significa que o outro homem deva ser tomado por Deus ou que Deus, o Tu Eterno, se encontre simplesmente em algum prolongamento do Tu. O que importa aqui é que, a partir da relação ao outro, do fundo do Diálogo, esta palavra incomensurável significa para o pensamento, e não inversamente.

O modo pelo qual Deus toma sentido no Eu-Tu para se fazer vocábulo da linguagem convida a uma nova reflexão. Esta não é o tema do presente estudo. O que importava aqui é o fato de manifestar que o diálogo, contrariamente ao *saber* e contrariamente a certas descrições dos filósofos do diálogo, é um pensamento do *desigual*, pensamento pensando *além* do dado. Importava mostrar a modalidade segundo a qual no diálogo ou mais exatamente na ética do diálogo – em minha diaconia para com o outro – eu penso mais do que posso apreender, a modalidade segundo a qual o inabarcável toma sentido; ou, dito de outro modo, a modalidade segundo a qual eu penso mais do que penso. O que não é pura derisão nem simples fracasso do saber; talvez seja isto o que significa o paradoxo cartesiano da ideia do Infinito em mim.

11
Notas sobre o sentido*

1. O tema dominante

O pensamento só teria sentido pelo conhecimento do mundo – pela presença do mundo e pela presença ao mundo – mesmo que esta *presença* deva aparecer nos horizontes do passado e do futuro, também estes dimensões da re-*presentação* em que a presença se recupera? Ou o sentido, em um pensamento significativo (*sensé*), não será – talvez de um modo mais antigo que presença e que presença re-presentável, mais e melhor que elas – um *certo* sentido, uma significação já *determinada* sob a qual a noção mesma do sentido vem ao espírito, antes de se definir pela estrutura formal da referência a um mundo desvelado, a um sistema, a uma finalidade? O sentido por excelência não será a sabedoria que estaria em condições de justificar o ser, ou pelo menos de preocupar-se com esta justificação e com esta justiça, cuja busca ainda agita o falar, tornado cotidiano, dos homens e das mulheres que se dizem preocupados com o "sentido da vida"? O ser será sua própria razão de ser, alfa e ômega da inteligibilidade, filosofia primeira e escatologia? O "passar-se" do ser que se passa não conduziria, ao contrário, seu curso, mesmo demandando uma justificação, colocando uma questão que precede toda questão? O *para-outro* – que, à guisa de huma-

---

* As ideias reunidas nestas *Notas* foram apresentadas, na forma de duas conferências, nas Faculdades Universitárias Saint Louis, Bruxelas, em novembro de 1979. O presente texto foi publicado pela primeira vez em *Nouveau Commerce*, n. 49. Os subtítulos 7 e 8 foram remanejados; algumas retificações materiais foram introduzidas nas outras partes da primeira versão.

11 Notas sobre o sentido

nidade, consegue lacerar a "boa consciência" do *conatus*, da perseverança animal do ente no ser, preocupada unicamente com seu espaço e seu tempo vital – *o para-outro* como devotar-se ao outro, como des-interessamento, não rompe a inerência ao ser do ser entregue a si mesmo, já não atesta a questão da sabedoria por excelência? Estes problemas constituem o tema dominante das notas aqui reunidas.

Parte-se de algumas posições da fenomenologia husserliana, enquanto esta resulta como uma das tradições características da filosofia na qual o saber dos seres, aquele de sua presença, é o "lugar natural" do significativo (*sensé*) e equivale à espiritualidade ou ao próprio psiquismo do pensamento.

Mas a filosofia husserliana é irrecusável sobretudo porque parece trazer uma ideia independente desta gnosiologia. Com efeito, seria necessário, segundo Husserl, para encontrar a racionalidade daquilo que é pensado, procurar o modo pelo qual o *pensado* – e o ser, notadamente – aparece no *pensamento*. Essa recorrência do pensado ao pensamento pensante constituiria – de pensado a pensamento – uma concretude nova, radical, em relação àquela do pensado – e notadamente do ser – em sua exibição e na fundação ontológica de suas quididades ou de suas essências, umas pelas outras. Esse remontar radical de todo *pensado* à sua significância no pensamento pensante – e, por consequência, a redução de todo pensado à concretude última – seria incontornável para o filósofo: ela desligaria o pensamento de sua pertença à reunião dos seres e das coisas e o libertaria do papel que, já submetido às influências, ele exerce como alma humana entre os seres, as coisas e as forças do mundo. Redução a um pensamento absoluto. Em seu emaranhamento de pensamentos atuais ou potenciais – sempre entendidos por Husserl em um grau qualquer como saber – o pensamento absoluto – ou a *consciência* absoluta – é, segundo a expressão do filósofo, *doação* ou *prestação de sentido*. A *Redução* seria um modo de atingir esse pensamento em seu psiquismo puro, não dissimulado (*unverhüllt*), enquanto puro elemento em que se desdobra, segundo seu próprio modo, e no qual se quer, em suas intenções primeiras, uma semântica originária.

Nela deixar-se-ia compreender o sentido do significativo (*sensé*), e até o sentido desse elemento puro no qual essa semântica se desdobra, no qual de algum modo ela se põe em cena, desenrolando-se, nessa atuação que o filósofo percebe como intriga concreta, segundo as articulações que já se esquecem ou se deformam ou se confundem na retórica objetivista.

Mas a significância, nessa concretude última – que, seguramente, se mostra ao filósofo, quer dizer, é *sabida* – esgotar-se-á em se *manifestar*, em se oferecer ao saber? Mesmo que tudo acabe por se saber, nós não pensamos que o saber seja o sentido e o fim de tudo.

2. O pensamento da adequação

Para Husserl – e para toda a venerável tradição filosófica que ele leva a termo ou cujos pressupostos explicita – a "prestação de sentido" se produz em um pensamento, entendido como pensamento de..., como pensamento disto ou daquilo; isto ou aquilo presentes aos pensamentos (*cogitationes*) enquanto pensado (*cogitatum*), a ponto de não se poder determinar ou reconhecer, na reflexão, nenhum dentre eles sem nomear isto ou aquilo, de que eles são os pensamentos. O pensamento "prestador de sentido" é construído como tematização – explícita ou implícita – disto ou daquilo, precisamente como saber. O sopro mesmo do espírito no pensamento seria saber. Exprime-se isso dizendo que a consciência prestadora de sentido é intencional, articulada como noese de um noema em que o noema é concreto na intenção da noese. Pelo isto ou aquilo, inapagáveis na descrição da prestação de sentido, uma noção como a presença de alguma coisa se delineia desde o nascimento do sentido. Presença de alguma coisa: Seinssinn, sentido de ser, segundo Husserl, que se tornará em Heidegger – através de todos os acordes da história da filosofia – ser do ente.

Essa "prestação de sentido" construída como saber é entendida, em Husserl, como "querer-chegar-de-um-modo-ou-

11 Notas sobre o sentido

-de-outro-a-isto-ou-àquilo", e a reflexão sobre este pensamento é entendida como devendo mostrar onde o pensamento quer chegar e como ele quer chegar lá[1]. A intencionalidade é assim intenção da alma, espontaneidade, querer, e o sentido prestado ele mesmo é, de algum modo, querido: o modo pelo qual os entes ou seu ser se manifestam ao pensamento do saber corresponde ao modo pelo qual a consciência "quer" essa manifestação por meio da vontade ou da intenção que anima esse saber. A intenção cognitiva é, dessa forma, ato livre. A alma é "afetada", mas sem passividade; ela se retoma ao assumir o dado segundo sua intenção. Ela desperta. Husserl falará de uma teleologia da consciência transcendental. Dessa maneira, o pensamento ao pensar o ser do qual se distingue é um processo interior, um permanecer-em-si-mesmo: a imanência. Existe aí correspondência profunda entre o ser e o pensamento. Nada desborda a intenção: o querido não burla o saber e nem o surpreende. Nada entra no pensamento "de contrabando", "sem se declarar". Tudo se mantém na abertura da alma: a presença é a franqueza mesma. A distância intencional – do ser ao pensamento – é também extrema acessibilidade do ser. A admiração, desproporção entre cogitatio e cogitatum em que a verdade se busca, reabsorve-se na verdade reencontrada.

A presença, a produção do ser, a manifestação são dadas, são um modo de ser dado (Gegebenheit). Husserl descreve-as como preenchimento de um vazio, como satisfação. Ele que insiste sobre o papel da encarnação humana na percepção do dado, sobre o "corpo próprio" (Leib) da consciência – porquanto é mister circundar as coisas para apreendê-las, girando a cabeça, adaptando o olho e aprumando a orelha – nos autorizará certamente a insistir sobre a função primordial da mão: o ser é em doação e a doação deve ser entendida na acepção literal deste termo. Ela chega a termo na mão que toma. É, então, na tomada com a mão que a presença é "em próprio" (*eigentlich*), presença "em carne e osso" e não somente "em

---

1. ... die Intentionalität wird befragt, worauf sie eigentlich hinauswill. – *Formale und transzendentale Logik* (p. 9).

imagem": a presença se produz tomando com a mão (*main--enant*). É na tomada em mão que "a coisa mesma" se iguala àquilo que a intenção do pensamento "queria" e visava. A mão verifica o olho; é nela que se opera – irredutível à sensação táctil – o apreender e o assumir. O tomar com a mão não é simples sentir, é "submeter à prova". Antes de se fazer manuseio e uso de utensílios, como queria Heidegger, ele é apropriação. É-se tentado a dizer: mais presença que a presença na tematização. É precisamente por este modo de expor-se à captação, de se deixar apropriar – modo pelo qual a presença se faz dado (Gegebenheit) – que a presença é presença de um conteúdo, de um conteúdo enquanto qualidades sensíveis, ordenando-se, seguramente, sob identidades genéricas e, em todo caso, sob a identidade formal de alguma coisa (*etwas überhaupt*), de alguma coisa que um indicador está em condições de designar como ponto na presença dessa reunião e de identificar: quididade e identidade de uma coisa, de um sólido, de um termo, de um ente. Ele é inseparável, seguramente, de um mundo ao qual a designação e a apreensão o arrancam, mas que toda relação ao mundo pressupõe. Ousamos até nos perguntar se a distinção do ser e do ente não é uma anfibologia essencial da presença, da Gegebenheit que se delineia na manifestação. Mão e dedos! A encarnação da consciência não seria um lastimável acidente ocorrido ao pensamento precipitado do alto do Empíreo em um corpo, mas a circunstância essencial da verdade.

À verdade mesma, inclusive antes de sua utilização e abuso em um mundo tecnológico, pertence um primordial êxito técnico, aquele do indicador que designa alguma coisa e o da mão que dela se apodera. A percepção é uma tomada e o conceito, o Begriff, um com-preender. A adequação do pensamento e do ser a todos os níveis da realidade implica concretamente toda a infra-estrutura da verdade sensível, fundamento inevitável de toda verdade ideal. A referência do categorial e do geral àquilo que é dado imediatamente (*schlicht gegeben*) é uma das intuições fundamentais das Investigações lógicas de Husserl. Este, em boa hora, indica a tese por ele sustentada em Lógica formal e lógica transcendental, segundo a qual a ontologia formal remete a uma ontologia material e, consequentemente, à percepção sensível – como também à tese do conjunto de sua obra, referindo toda noção, no respeito das diferenças de seu nível, à restituição das condições elementares de sua gênese transcendental. É preciso que a ideia de verdade como apreensão das coisas tenha, em algum lugar, um sentido não metafórico. Nas coisas que sustentam e prefiguram toda superestrutura, ser significa ser dado e ser reencontrável, ser alguma coisa e, por aí, um ente.

Em cada um dos temas que sempre se polariza em torno de "alguma coisa", este "alguma coisa", em seu vazio lógico de etwas überhaupt, não deixa de se referir à coisa na concretude, de se referir ao que a mão apreende e segura – conteúdo e quididade – e que o dedo designa – isto ou aquilo. Posição e positividade que se confirmam nas teses – atos posicionais – do pensamento conceitual.

A presença – e o ser pensado a partir do saber – é, portanto, a abertura e o dado (Gegebenheit). Nada vem desmentir a intenção do pensamento e colocá-lo em xeque a partir de uma clandestinidade qualquer, de uma emboscada tramada e mantida na escuridão ou no mistério de um passado ou de um futuro refratários à presença. O passado não é senão um presente que se foi. Ele permanece à medida da presença do presente, da manifestação que talvez não é senão a sua perseverança enfática. Ele se re-presenta. Que um passado possa ter significação sem ser a modificação de um presente em que teria começado, que um passado possa significar an-arquicamente indicaria, sem dúvida, a ruptura da imanência. A imanência conota essa reunião do diverso do tempo na presença da representação. Esse modo, para o diverso, de não se recusar à sincronia e, assim – para a diversidade do diverso feita de diferenças qualitativas e espaciais –, a aptidão de entrar na unidade de um gênero ou de uma forma, são as condições lógicas da sincronização ou seus resultados. No presente – no presente realizado – no presente da idealidade – tudo se deixa pensar conjuntamente. A própria alteração temporal que examinada no sensível preenche o tempo, que dura nele ou por ele, interpreta-se a partir da metáfora do fluxo (composto de gotas que se distinguem, mas por excelência, "como duas gotas de água" que se juntam). A alteridade temporal é pensada, consequentemente, como inseparável da diferença qualitativa dos conteúdos ou dos intervalos espaciais, distintos mas iguais, discerníveis, percorridos em um movimento uniforme. Homogeneidade que predispõe à síntese. O passado é representável, retido ou rememorado ou reconstruído em um relato histórico; o futuro, em protensão, antecipado, pressuposto pela hipó-tese.

A temporalização do tempo – pensada como escoamento ou fluxo temporal – seria ainda intencional. Ela é nomeada partindo do "objeto temporal" sintetizável na representação de conteúdos qualitativos, "mudando" e durando no tempo. Dever-se-ia, entretanto, perguntar em que medida a diferença propriamente dia-crônica não é ignorada naquela que aparece como indissociável dos conteúdos e que faz pensar o tempo como se fosse composto de entes, de instantes – átomos de presença ou entes, designáveis como termos que passam; diferenciação do Mesmo, mas prestando-se à síntese, ou seja, à sincronia que justificaria ou suscitaria o psiquismo como re-presentação: memória e antecipação. Prioridade da presença e da re-presentação em que a dia-cronia passa por privação da sincronia: a futurição do tempo é entendida, em Husserl, à guisa de pro-tensão, ou seja, à guisa de ante-cipação, como se a temporalização do futuro fosse um modo de vir à presença; a retenção do impressional, impossível à guisa de presente pontual – pois, já para Husserl, quase-extaticamente degradado em passado imediato – constitui o presente vivo.

Nesse psiquismo cognitivo da presença, o sujeito ou o eu seria precisamente o agente ou o lugar comum da representação, a possibilidade da reunião do disperso. Assim, Brentano pôde sustentar que o psiquismo é re-presentação ou apoiado sobre a representação em todas as suas formas teóricas, afetivas, axiológicas ou ativas; e Husserl sustentou até o fim uma camada lógica do ato objetivante em toda intencionalidade, mesmo não teorética. O espírito seria presença e relação ao ser. Nada daquilo que o concerne seria estranho à verdade, à aparição do ser.

Na verdade, o pensamento sai então dele mesmo em direção ao ser, sem por isso cessar de permanecer nele e igual a ele mesmo, sem perder sua medida e sem a ultrapassar. Ele se satisfaz no ser que, à primeira vista, ele distingue dele mesmo; ele se satisfaz na adequação. Adequação que não significa louca congruência geométrica entre duas ordens incomparáveis, mas conveniência, realização, satisfação. O saber em que o pensamento se mostra é pensamento pensando "à saciedade", sempre a seu nível. A linguagem, seguramente, sugere uma relação entre pensadores para além do conteúdo representado, igual a ele mesmo e, assim, imanente. Mas o racionalismo do saber interpreta essa alteridade como reencontro dos interlocutores no Mesmo – da qual eles seriam a dispersão desencontrada. Na linguagem, os sujeitos diversos entram cada um no pensamento do outro e coincidem na razão. A razão seria a verdadeira vida interior. As questões e as respostas de uma "troca de ideias" cabem igualmente muito bem em uma só consciência. A relação entre pensantes não teria significação por ela mesma e só contaria como transmissão de signos graças à qual a multiplicidade se reúne em torno de um pensamento, o mesmo; a multiplicidade de consciências em intercâmbio não terá sido senão a deficiência de unidade prévia ou final. A proximidade de uma a outra não tomaria o sentido de coincidência falida? A linguagem seria, assim, subordinada ao pensamento, mesmo que este, em seu processo imanente, tivesse que recorrer aos signos verbais para compreender – para englobar – para combinar as ideias e conservar o adquirido.

A correlação rigorosa entre o que se manifesta e os modos da consciência permite a Husserl afirmar não só que a consciência é prestadora de sentido, mas que o ser comanda as modalidades da consciência que acedem a ele, que o ser comanda o fenômeno. Este fim de frase receberá uma interpretação idealista: o ser é imanente ao pensamento e o pensamento, no saber, não se transcende. Diante do saber, seja sensível, conceitual, ou mesmo puramente simbólico, o transcendente ou o absoluto, em seu pretenso modo de não ser afetado por nenhuma relação, não pode ter no saber um sentido transcendente sem logo perdê-lo: sua presença mesma ao saber significa perda de transcendência e de absolutidade. A presença exclui, no fim das contas, toda transcendência. A consciência como intencionalidade é precisamente o fato de que o sentido do significativo (*sensé*) compete ao aparecer, que a persistência mesma do ente em seu ser é manifestação e que, assim, o ser enquanto aparecente é englobado, igualado e, de algum modo, levado pelo pensamento. Não é por causa de uma intensidade ou de uma firmeza que permaneceria inigualável ou desigual para a afirmação operante na identificação noética – nem por causa de modalidades axiológicas que o ser posto revestiria – que a transcendência ou a absolutidade estaria em condições de conservar um sentido ao qual sua própria presença na manifestação não poderia infligir um desmentido. Haveria na energia da manifestação – ou seja, na identificação noética requerida ao aparecer – toda a intensidade ou toda a firmeza que a persistência no ser requer e cuja manifestação seria apenas a ênfase. A noção de intencionalidade, bem compreendida, significa ao mesmo tempo que o ser comanda os modos de acesso ao ser e que o ser é segundo a intenção da consciência: significa exterioridade na imanência e a imanência de toda exterioridade.

Mas a intencionalidade esgota os modos segundo os quais o pensamento é significante?

3. Além da intencionalidade

Será que o pensamento só tem sentido pelo conhecimento do mundo? Ou será que o eventual excedente em significância do próprio mundo sobre a *presença* não deverá ser procurado num passado imemorial – ou seja, irredutível a um presente findo – no vestígio desse passado que seria no mundo sua marca de criatura? Não se deveria ter pressa em reconduzir essa marca ao efeito de uma causa. Ela supõe, em qualquer hipótese, uma alteridade que não poderia figurar nem nas correlações do saber nem na sincronia da representação. Alteridade da qual nossa pesquisa tenta precisamente descrever a aproximação além da representação, sublinhando no ser e na presença que a re-presentação lhe confere – para além de sua contingência ontológica – sua *colocação em questão moral*, seu apelo à justificação, ou seja, sua pertença à intriga da alteridade imediatamente ética.

O pensamento seria apenas pensamento daquilo que o iguala e daquilo que se dispõe à sua medida – seria ateísmo essencialmente?

A significância do pensamento será apenas tematização e, assim, re-presentação e, por aí, reunião da diversidade e da dispersão temporais? O pensamento será imediatamente voltado para a adequação da verdade, para a apreensão do dado em sua identidade ideal de "alguma coisa"? O pensamento seria significativo (*sensé*) apenas diante da presença pura, presença realizada e que, consequentemente, no eterno da idealidade, não "passa mais"? Toda alteridade será apenas qualitativa, diversidade deixando-se amalgamar nos gêneros e nas formas, suscetível de aparecer no seio do Mesmo, como o permite o tempo que se presta à sincronização pelas re-presentações do saber?

O humano sugere tais interrogações. O homem identifica-se independentemente de uma qualidade característica qualquer que distinguiria um eu de outro e na qual ele se reconheceria. Enquanto "puros eus" os diversos eus são logicamente indiscerníveis precisamente. A alteridade do indiscernível não se reduz à simples diferença em "conteúdo".

Assim, de um eu a outro, de mim a outrem, a reunião não é a síntese entre entes constituindo um mundo tal como se mostra na representação ou na sincronização que o saber instaura. A alteridade, nos "indiscerníveis", não faz apelo ao gênero comum, nem ao tempo sincronizável em re-presentação pela memória ou pela história. Reunião totalmente diferente daquela da síntese: proximidade, face a face e sociedadede. *Face a face*: a noção de rosto vem impor-se aqui. Ele não é um dado qualitativo que se acrescenta empiricamente à pluralidade prévia de eus ou de psiquismos ou de interioridades, de conteúdos adicionáveis e adicionados em totalidade. O rosto, que comanda aqui a composição, instaura uma proximidade diferente daquela que regula a síntese unindo dados "em" mundo, as partes "em" um todo. Ele comanda um pensamento mais antigo e mais desperto que o saber ou que a experiência. Eu posso seguramente ter experiência do outro homem, mas precisamente sem discernir nele sua diferença de indiscernível. Já o pensamento desperto para o rosto ou pelo rosto é o pensamento comandado por uma irredutível diferença: pensamento que não é pensamento *de...* mas imediatamente pensamento *para...*, pensamento que não é tematização, mas não indiferença para com o outro, rompendo o equilíbrio da alma igual e impassível do conhecer. Despertar que não deve logo ser interpretado como intencionalidade, como noese igualando – plenamente ou no vazio – seu *noema* e simultânea com ele. A alteridade irredutível do outro homem, em seu rosto, é suficientemente forte para "resistir" à sincronização da correlação noético-noemática e para significar o *imemorial* e o *infinito* que não "cabem" em uma presença nem na re-presentação. Imemorial e infinito que não se fazem imanência, na qual a alteridade estaria entregue ainda à representação, mesmo quando esta se restringe à nostalgia da ausência ou ao simbolismo sem imagens. Posso, seguramente, fazer a experiência de outrem e "observar" seu rosto e a expressão de seus gestos, como um conjunto de sinais que me instruiriam sobre os estados de alma do outro homem, análogos àqueles que eu experimento. Conhecimento por "apresentação" e por "intropatia" (*durch Einfühlung),* de acordo com a terminologia de Husserl, fiel em sua filosofia do outro à ideia de que *todo sentido começa no saber.* Mas nessa concepção da relação a outrem não só reprovaremos a obstinação em pensar essa relação a outrem como saber indireto – incomparável certamente à percepção em que o conhecido se dá no "original" –, mas também o fato de entendê-la ainda precisamente como saber: neste saber, obtido a partir da analogia entre o comportamento de um corpo estranho objetivamente dado e meu próprio comportamento, não se forma senão uma ideia geral da interioridade e do eu. É precisamente a alteridade indiscernível de outrem o que escapa. Alteridade irredutível àquela que se alcança enxertando uma diferença característica ou específica sobre a ideia de um gênero comum; irredutível ao diverso assegurado pela síntese no tempo – suposto, sincronizável – em que ele se dispersa, irredutível à homogeneidade última necessária a toda representação. O outro terá assim perdido sua alteridade radical e indiscernível para retornar à ordem do mundo.

O que se toma como o segredo do outro homem na apresentação é precisamente o avesso de uma significância diversa daquela do saber: o despertar ao outro homem em sua identidade, indiscernível para o saber, pensamento em que significa a proximidade do próximo, o intercâmbio com outrem, irredutível à experiência, a aproximação do primeiro que chega.

Essa proximidade do outro é significância do rosto – significância a ser precisada – significando imediatamente de além das formas plásticas que o recobrem com sua presença na percepção. Significância anterior a toda expressão particular e sob toda expressão particular que – já pose e autocomposição – recobre e protege, nudez e indigência da expressão como tal, ou seja, exposição extrema, o próprio sem-defesa. Exposição extrema – antes de toda visada humana – como a um tiro "à queima-roupa". Extradição de investido e acuado – acuado antes de todo cerco e antes de toda batida. Rosto em sua retidão do *fazer* face a..., nascimento latente da mais curta "distância entre dois pontos": retidão da exposição à morte invisível. Expressão que tenta e guia a violência do primeiro crime: sua retidão assassina já está singularmente ajustada em sua visada à exposição ou à expressão do rosto. O primeiro assassino ignora talvez o resultado do golpe que vai desferir, mas sua visada de violência faz com que encontre a linha segundo a qual a morte afeta com retidão indefensável o rosto do próximo, traçada como trajetória do golpe desferido e da flecha que mata. Violência assassina cuja significação *concreta* não se reduz à negação – já pura qualidade do julgamento; violência assassina da qual se esgota, sem dúvida prematuramente, a intenção pela ideia de aniquilamento, como se reduz muito rapidamente à visibilidade, à fenomenalidade – à aparição de uma forma no conteúdo de um conjunto, sob o sol e as sombras do horizonte – a nudez ou a exposição sem defesa do rosto, seu abandono de vítima solitária e a ruptura das formas em sua mortalidade.

Mas esse *em face* do rosto em sua expressão – em sua mortalidade – me assigna, me suplica, me reclama: como se a morte invisível a que faz face o rosto de outrem – pura alteridade separada, por assim dizer, de todo conjunto – fosse minha questão. Como se, ignorada por outrem, a quem, já na nudez de seu rosto, ela concerne, "me olhasse" antes de sua confrontação comigo, antes de ser a morte que me desfigura a mim mesmo. A morte do outro homem me põe em causa e questiona como se desta morte, invisível ao outro que aí se expõe, eu me tornasse o cúmplice, por minha indiferença; e como se, antes mesmo de lhe ser devotado eu próprio, eu tivesse que responder por essa morte do outro, e não deixá-lo na solidão. É precisamente nesse apelo de minha responsabilidade pelo rosto que me assigna, me suplica, me reclama, é nesse ser posto em questão que outrem é próximo.

Partindo dessa retidão, exposto até a indigência, até a nudez e ao sem-defesa do rosto, foi-nos possível dizer em textos anteriores que o rosto do outro homem é, ao mesmo tempo, minha tentação de matar e o "tu não matarás" que já me acusa ou me suspeita e me interdita, mas também já me suplica e me reclama. Como se eu pudesse fazer algo e já fosse devedor. É a partir da mortalidade do outro homem – antes que a partir de uma natureza qualquer ou destinação de imediato comuns a "nós outros mortais" – que minha não indiferença para com outrem possui a significação irredutível da socialidade e não está subordinada à prioridade de meu ser-para-a-morte que mediria toda autenticidade, como o quereria *Sein und Zeit*, na qual a *Eigentlichkeit* – e nada me seria mais próprio, mais *eigen* que a morte – descobre a significação do humano e de sua identidade.

Esse modo de me reclamar, de me pôr em questão e de apelar a mim, essa responsabilidade pela morte de outrem, é significância irredutível a tal ponto que é a partir dela que o sentido da morte deve ser entendido, para além da dialética abstrata do ser e da sua negação, a qual, a partir da violência reconduzida à negação e ao aniquilamento, se diz a morte. A morte significa na concretude do impossível abandono de outrem à sua solidão, na interdição deste abandono. Seu sentido começa no inter-humano. A morte significa primordialmente na proximidade mesma do outro homem ou na socialidade.

É a partir daí que a especulação, nas alternativas que ela levanta sem poder decidir sobre as mesmas, pressente o *mistério* da morte.

A responsabilidade pelo outro homem, a impossibilidade de deixá-lo entregue só ao mistério da morte, é concretamente – pela mediação de todas as modalidades do *dar* – a suscepção do dom último de morrer por outrem. A responsabilidade não é aqui uma fria exigência jurídica. É toda a gravidade do amor do próximo – do amor sem concupiscência – na qual se apóia a significação congênita dessa palavra gasta e que todas as formas literárias de sua sublimação ou de sua profanação pressupõem.

4. A questão

A exposição bem próxima do rosto do outro homem e a súplica que me reclama rompendo as formas plásticas do aparecer medem concretamente a passividade do abandono ao invisível da morte, mas também, no fazer-face mesmo do rosto, a violência que se perpetra nessa mortalidade. O invisível da morte ou seu mistério: alternativa para sempre irresolvida entre o ser e o não ser; muito mais: alternativa entre essa alternativa e outro "termo", o terceiro excluído e impensável, precisamente pelo qual o desconhecido da morte é ignorado de outro modo que o desconhecido da experiência, excluindo-se da ordem em que se exercem saber e não saber, excluindo-se da ontologia. Nascimento latente da problematicidade mesma da questão a partir da súplica que vem do rosto de outrem, nem simples falta de saber nem qualquer modalidade da certeza da tese da crença. Problematicidade que significa o abalo da natural, da ingênua posição ontológica da identidade de ente, a inversão do *conatus*, da persistência e da perseverança sem problema do ente no ser; abalo e inversão pelos quais, *eu* (*moi*) eu irrompo sob a identidade do ente e posso de ora em diante falar de *meu* abalo, de *meu conatus*, de *minha* persistência no ser, de *minha* colocação em questão da mesma forma como falo de *minha* vinda ao mundo; entrada na inquietude-para-a-morte-do-outro-homem: despertar de uma "primeira pessoa" no ente. Problematicidade na sua origem, à guisa de meu despertar à responsabilidade por outrem, à guisa de um desembriagamento de meu próprio existir.

Colocação em questão, com efeito, na súplica do rosto que me reclama; questão na qual não entro interrogando-me sob a modalidade teorética de uma proposição em um dito, mas questão em que entro obrigado à responsabilidade para com a mortalidade do outro homem e, concretamente, como perdendo diante da morte de outrem a inocência de meu ser: colocação em questão diante da morte do outro como remorso ou, ao menos, como escrúpulo por existir. Meu existir, na sua quietude e na boa consciência de seu *conatus*, não equivale a um deixar morrer o outro homem? O eu como eu rompendo em um ente que sabe "a que se ater", no indivíduo de um gênero – seja ele o gênero humano – sua calma participação na universalidade do ser, significa como a problematicidade mesma da questão. Ele a significa através da ambiguidade do idêntico que se diz *eu* no apogeu de sua identidade incondicional e autônoma, mas na qual ele pode também se confessar "eu odiável". O eu é a crise mesma do ser do ente, não porque o sentido deste verbo tivesse que ser compreendido em seu conteúdo semântico e fazer apelo à ontologia, mas porque eu já me interrogo se meu ser está justificado. Má consciência que não se refere ainda a uma lei. Concretamente – ou seja, pensada a partir de seu incontornável "aparecer em cena" no fenômeno ou na ruptura dos fenômenos – essa má consciência, essa colocação em questão me vem do rosto de outrem, que, em sua mortalidade, me arranca do chão firme no qual eu me ponho e persevero ingenuamente – naturalmente – em minha posição como simples indivíduo. Questão que não espera resposta teórica à guisa de "informação". Questão mais antiga do que aquela que chega à resposta e, por aí, talvez, a novas questões, mais antigas que as famosas questões que, segundo Wittgenstein, só têm sentido lá onde as respostas são possíveis e como se a morte de outro homem não colocasse questão. Questão que chama à responsabilidade, a qual não é, na pior das hipóteses, um expediente prático que consolaria um saber que fracassa em sua adequação ao ser; responsabilidade que não é a privação do saber, da compreensão, da apreensão e da posse, mas proximidade ética, em sua irredutibilidade ao saber, na socialidade.

5. A-Deus

O Mesmo votado ao Outro: pensamento ético, socialidade que é proximidade ou fraternidade, que não é síntese. Responsabilidade por outrem, pelo primeiro que vem na nudez de seu rosto. Responsabilidade para além do que posso ter cometido ou não em relação a outrem, e para além de tudo o que poderá ou não ter sido meu fato, como se eu fosse votado ao outro antes de ser votado a mim mesmo. Em uma autenticidade que, precisamente, não se mede pelo que me é próprio – pela *Eigentlichkeit* – por aquilo que já me tocou, mas pela gratuidade pura para com a alteridade. Responsabilidade sem culpabilidade na qual, entretanto, sou exposto a uma acusação que o álibi e a não contemporaneidade não poderiam apagar e como se eles a instaurassem. Responsabilidade anterior à minha liberdade, anterior a todo começo em mim, anterior a todo presente. Antes, mas em qual passado?

Precisamente não no tempo precedente ao atual em que eu teria contraído algum engajamento. Minha responsabilidade pelo primeiro que vem remeteria assim a um contato, a uma contemporaneidade. Outrem não seria mais, agora que respondo por ele, o primeiro que surge – seria um velho conhecido. A responsabilidade pelo próximo é anterior à minha liberdade, vem de um passado imemorial, não representável e que nunca foi presente, mais "antigo" que toda consciência de... Eu sou engajado na responsabilidade pelo outro segundo o esquema singular que uma criatura, respondendo ao fiat do Gênesis, delineia, ouvindo a palavra antes de ter sido mundo e no mundo.

A diacronia radical do tempo, resistente à sincronização da reminiscência e da antecipação, aos modos da re-presentação, é elã de um pensamento que não é englobamento de conteúdo, que é pensamento para..., que não se reduz à tematização, ao saber adequado ao ser da consciência de...

Mas o engajamento desse "profundo passado" do imemorial me diz respeito como ordem e súplica, como mandamento – no rosto do outro homem – de um Deus que "ama o estrangeiro", de um Deus invisível, não tematizável, que neste rosto se exprime e do qual minha responsabilidade por outrem dá testemunho sem se referir a uma prévia percepção. Deus invisível que relação alguma poderia atingir porque ele não é termo de nenhuma relação, mesmo que fosse intencional, precisamente porque ele não é termo, mas Infinito. Infinito ao qual sou votado por um pensamento não intencional, do qual nenhuma preposição de nossa língua – nem mesmo o a ao qual recorremos – poderia traduzir a devoção. A-Deus de quem o tempo diacrônico é a cifra única, ao mesmo tempo devoção e transcendência. Não é certo que a noção de "mau infinito" de Hegel não admita nenhuma revisão.

6. O sentido do humano

A proximidade do outro homem, na responsabilidade por ele, significa, portanto, de outro modo bem diverso daquele que a "apresentação", como saber, consegue significar,

11 Notas sobre o sentido

mas também daquele que a re-presentação interior de cada um significa a cada um. Não é certo que o sentido último e próprio do humano esteja na sua exibição a outrem ou a ele mesmo, que esteja no manifestado ou na manifestação, na verdade desvelada ou na noese do saber. É certo que o homem não tenha um sentido precisamente além do fato que ele possa *ser*, além do fato de ele poder *se mostrar*? Esse sentido não reside precisamente em seu rosto de primeiro vindo, em sua estranheza de outrem (ou se é possível dizer: a estrangeiridade), na medida em que é precisamente a essa estranheza que se vincula seu apelo a mim ou sua imposição à minha responsabilidade? A imposição a mim, o incumbir-a--mim do estrangeiro não é o modo pelo qual "entra em cena" ou me vem à ideia um Deus que ama o estrangeiro questionando-me com sua súplica e do qual dá estemunho meu "eis-me aqui"?

A significância dessa estranheza diacrônica do outro em minha responsabilidade por ele, dessa "diferença entre indiscerníveis" sem gênero comum – eu e o outro – coincide com uma não in-diferença em mim pelo outro. Não será a própria significância do rosto, do falar originário que me suplica, me mantém em questão e me desperta ou suscita minha resposta ou minha responsabilidade? Antes de todo saber que eu possa ter de mim mesmo, antes de toda presença reflexiva de mim a mim mesmo e para além de minha perseverança no ser e do repouso em mim mesmo, não está o *para-outro* do grande desembriagamento do psiquismo em humanidade, o a-Deus rompendo com a *Jemeinigkeit* heideggeriana?

Não se trata, por essas interrogações e esses condicionais, de retomar a grande tese da psicanálise, segundo a qual o analista vê mais justo no outro homem que este consegue ver em sua consciência espontânea e refletida. No caso, não se trata nem de ver nem de saber. Perguntamos se a humanidade do homem se define apenas por aquilo que o homem *é* ou se, no rosto que *me suplica*, outra significância que a ontológica – e mais antiga – não está tomando sentido e despertando para outro pensamento que o do saber, o qual

216 De Deus que vem à ideia

provavelmente não é senão a pulsação mesma do Eu da boa consciência. O sentido do humano não se mede pela presença, seja ela presença a ele mesmo. A significação da proximidade desborda os limites ontológicos, a *essência* humana e o mundo. Ela significa pela transcendência e pelo a-Deus-em--mim que é colocação em questão de mim. O rosto significa na indigência, em todo o precário da interrogação, em todo o risco da mortalidade.

Que a Revelação seja amor do outro homem, que a transcendência do a-Deus, separado por uma separação por trás da qual não se recupera gênero algum que seja comum aos separados, sequer alguma forma vazia que os abraçaria em conjunto, que a relação ao Absoluto ou ao Infinito signifique eticamente, ou seja, *na* proximidade do outro homem, estrangeiro e possivelmente nu, indigente e indesejável, mas também *no* seu rosto que me suplica, irrecusavelmente rosto voltado para mim pondo-me em questão – tudo isso não deve ser tomado por uma "nova prova da existência de Deus". Problema que provavelmente só tem sentido no interior do mundo. Tudo isso descreve apenas a circunstância em que o sentido mesmo da palavra Deus vem à ideia, e mais imperiosamente que uma presença; circunstância em que essa palavra não significa nem ser, nem perseverança no ser, nem um trás-mundo qualquer – nada menos que um mundo! – e sem que, nestas circunstâncias bem precisas, essas negações virem teologia negativa.

7. O direito de ser

Rosto, para além da manifestação e do desvelamento intuitivo. Rosto como a-Deus, nascimento latente do sentido. O enunciado aparentemente negativo do a-Deus ou da significação determina-se ou concretiza-se como responsabilidade pelo próximo, pelo outro homem, pelo estrangeiro, responsabilidade à qual, na ordem rigorosamente ontológica da coisa – do algo, da qualidade, do número e da causalidade – nada obriga. Regime do outramente que ser.

11 Notas sobre o sentido

A compaixão e a simpatia, às quais se quereria reduzir a responsabilidade pelo próximo, como a elementos da ordem natural do ser, já estão sob o regime do a-Deus. A significação, o a-Deus, o para-outro – concretos na proximidade do próximo – não são privação qualquer da visão, intencionalidade vazia, pura visada; são a transcendência que, talvez, torne possível toda intuição, toda intencionalidade e toda visada.

O que se continua a chamar de "identidade do eu" não é originariamente confirmação da identidade do ente em seu "alguma coisa", não é qualquer exaltação ou arremate desta identidade do "alguma coisa" elevando-se em nível de "alguém"; é a "não intercambialidade", a unicidade, o ethos do insubstituível que, indiscernível, não alcança individuação nem por qualquer atributo nem por alguma "privação" exercendo o papel de diferença específica. Ethos de insubstituível remontando a essa responsabilidade: a identidade do eu ou do "si mesmo" significa o caráter de incessível ligado à responsabilidade; ela deriva de sua ética e, assim, de sua eleição. Despertar a um psiquismo verdadeiramente humano, a uma interrogação que, por trás da responsabilidade e como sua última motivação, é questão sobre o direito de ser. Não desvelado no brilho de sua perseverança no ser, por mais precária ou segura que ela seja pela mortalidade e finitude desse ser; mas afetado na hesitação e no pudor – e, talvez, na vergonha de injustificado que nenhuma qualidade conseguiria nem cobrir, nem investir e nem instalar como personagem discernível em sua particularidade. Nu em busca de identificação que só lhe pode advir de uma incessível responsabilidade. Condição ou in-condição que se deve distinguir das estruturas que significam a precariedade ontológica da presença, mortalidade e angústia. É preciso ficar atento a uma intriga de sentido diferente da ontológica e na qual se questiona o próprio direito de ser. A "boa consciência", indo na reflexão sobre o eu pré-reflexivo até a famosa consciência de si, já é o retorno do eu desperto na responsabilidade – do eu como para-o-outro, do eu de "má consciência" – à sua "integridade" ontológica, à sua perseverança no ser, à sua saúde.

8. Sujeição e primogenitura

Mas, propriamente falando, já ao dizer aqui mesmo o eu pré-reflexivo, o eu sem conceito, o eu preocupado, diante do rosto de outrem, de seu direito de ser, este eu se erigiu em *noção do eu*, eu da "má consciência", ele se protegeu na tematização mesma do presente discurso, sob a *noção do eu*. Ele se protegeu, mas também, esqueceu, sob a generalidade do conceito, a primeira pessoa sujeitada a outras, incomparável aos outros e que não é precisamente indivíduo de um gênero. Eis a primeira pessoa como *um Eu* e, na equidade do conceito, puro indivíduo do gênero em perfeita simetria e reciprocidade com os outros eus. Ele é o igual, mas não é mais o irmão de todos os outros. É preciso, neste momento, desdizer o dito, retornar sobre sua proposição e novamente despertar a Deus: ao eu pré-reflexivo, irmão de outrem e, na fraternidade, imediatamente responsável por outrem, não indiferente à mortalidade do outro, acusado de tudo, mas sem culpabilidade da qual se lembre e antes de ter tomado qualquer decisão ou realizado qualquer ato livre e, por consequência, antes de ter cometido qualquer falta da qual essa responsabilidade teria provindo, responsabilidade de refém até a substituição do outro homem. No livro X das *Confissões*, Santo Agostinho opõe à *veritas lucens* a *veritas redarguens* – a verdade que acusa ou que repõe em questão. Expressões notáveis para a verdade enquanto despertar ao espírito ou ao psiquismo humano. Eu pré-reflexivo na passividade do *si*: é só pelo si, pelo eu-em-questão que se concebe essa passividade, mais passiva que toda passividade, mais passiva do que aquela que, no mundo, permanece a contrapartida de uma ação qualquer em que, mesmo à guisa de materialidade, já oferece resistência, a famosa resistência passiva.

Responsabilidade de refém até a substituição ao outro homem – infinita sujeição. A não ser que essa responsabilidade sempre prévia ou anárquica – isto é, sem origem num presente – seja a medida, ou o modo, ou o regime de uma liberdade imemorial – mais antiga que o ser, que as decisões e os atos. Por essa liberdade, a humanidade em mim, ou seja,

11 Notas sobre o sentido

a humanidade como eu, em seu a-Deus, significa, apesar de sua contingência ontológica de finitude e o enigma de sua mortalidade, uma primogenitura e, na responsabilidade incessível, a unicidade do eleito. Está aí a unicidade do eu. Primogenitura[2] e eleição, identidade e prioridade de identificação e de excelência irredutíveis àquelas que podem marcar ou constituir entes, na ordenação do mundo, e as pessoas no papel exercido sobre o palco social da história como personagens, ou seja, no espelho da reflexão ou na consciência de si. Tenho de responder pela morte dos outros antes de *ter de ser*. Não se trata de uma aventura que acontece à consciência que, de saída e imediatamente, seria saber e representação, conservando sua segurança no heroísmo do ser-para-a-morte em que ela se afirma como lucidez e como pensamento pensante *até o fim*; não autoctonia no ser que não é uma aventura que acontece à consciência que, até em sua finitude, é – ainda ou já – boa consciência sem questão quanto a seu direito a ser e, consequentemente, angustiada ou heróica na precariedade de sua finitude. A má consciência é "instabilidade" diferente daquela que vem da ameaça da morte e do sofrimento que são tidos como fonte de todos os perigos.

Questão sobre meu direito a ser que é já minha responsabilidade pela morte de outrem, interrompendo a espontaneidade, sem circunspeção, de minha ingênua perseverança. O direito a ser e a legitimidade deste direito não se referem, ao fim das contas, à abstração das regras universais da lei, mas em última instância – como esta própria lei e a justiça – ao *para-outro* de minha não indiferença à morte, à qual se

---

2. Abraão, pai dos crentes, no Gênesis (19, 23-32), intervinha por Sodoma, lembrando que ele era "cinza e pó". Um apólogo do *Talmude* (*Sota*) lembra que a "água lustral" que, segundo *Números* 19, purifica as impurezas devidas ao contato ou à proximidade dos mortos, é uma água à qual são misturadas, segundo o ritual, as cinzas de uma "vaca vermelha" queimada. O rito de purificação referir-se-ia assim ao rogo de Abraão. A humanidade de Abraão é mais forte que sua própria morte. Abraão não teria sido embaraçado por sua própria mortalidade que ele evocava em sua oração para intervir contra a morte do outro homem.

expõe a retidão mesma do rosto de outrem[3]. Que ele me olhe ou não, ele "me diz respeito". A questão de meu direito a ser é inseparável do para-outro em mim; ela é tão antiga quanto este para-outro. Questão contra-natureza, contra o natural da natureza. Mas questão de sentido por excelência, aquém ou além de todos os jogos do sentido que nós surpreendemos na referência das palavras, umas com outras, no nosso passa-tempo de escritura. Questão do sentido do ser: não o ontoló-gico da compreensão deste verbo extraordinário, mas a ética da justiça do ser. Questão pura que *me* suplica e na qual, con-tra a natureza, o pensamento se desperta para sua responsa-bilidade incessível, para sua identidade de indiscernível, para si mesmo. A questão por excelência, ou a primeira questão, não é "por que há ser em vez de nada?", mas "tenho direito de ser?" Questão de sentido que não se volta para nenhuma finalidade natural, mas que se perpetua em nossos estranhos discursos humanos sobre o sentido da vida, em que a vida se desperta à humanidade. Questão recalcada na maior parte do tempo e que remonta ao ponto extremo daquilo que se chama, às vezes levianamente, doença[4].

---

3. Sobre a passagem do "para-outro" à equidade da justiça, ver *Autrement qu'être ou au-delà de l'Essence*, p. 205.

4. Aqui, à guisa de apólogo bíblico, lembrarei os livros que parecem cons-tituir a "bíblia" do mundo literário contemporâneo: a obra de Kafka. Para além dos labirintos e dos impasses do Poder, da Hierarquia e da Admi-nistração que extraviam e separam os homens, levanta-se, nesta obra, o problema da identidade humana ela mesma colocada em questão sob a acusação sem culpabilidade, de seu direito de ser e da inocência do próprio advir da aventura do ser.

12
A má consciência e o inexorável*

> *O eu responsável por outrem, eu sem eu, é*
> *a fragilidade mesma, a ponto de ser varado*
> *pela questão de um extremo a outro enquanto eu,*
> *sem identidade, responsabilidade por aquele a*
> *quem não pode dar resposta; e respondente*
> *que não é questão; questão que se refere a outrem,*
> *sem esperar dele uma resposta. O Outro não responde.*
> Maurice Blanchot, *L'Ecriture du désastre*, p. 183.

1. A partir da *intencionalidade*, a consciência entende-se como modalidade do voluntário. O termo *intenção* sugere-o; e assim se justifica a denominação de atos conferidos às unidades da consciência intencional. A estrutura intencional da consciência caracteriza-se, por outro lado, pela representação. Ela estaria na base de toda consciência teorética ou não teorética. Essa tese de Brentano permanece verdadeira para Husserl, apesar de todas as precisões que lhe acrescenta e de todas as precauções com que a envolve na noção de atos objetivantes. Consciência implica presença, posição-diante-de-si, ou seja, a "mundanidade", o fato de ser-dado. Exposição à apreensão e à captação, à compreensão, à apropriação. A consciência intencional não é, em consequência, o desvio segundo o qual se exerce concretamente a perseverança-no-ser, domínio ativo sobre a cena onde o ser dos entes se desenrola, se reúne e se manifesta? Consciência como o próprio cenário do esforço incessante do *esse* em vista deste próprio *esse*, exercício quase tautológico do *conatus* ao qual converge a significação formal desse verbo privilegiado que levianamente se chama auxiliar.

---

* Publicado em *Exercices de la patience*, n. 2.

Mas consciência dirigida sobre o mundo e sobre os objetos, estruturada como intencionalidade, é também *indiretamente*, e como por acréscimo, consciência dela mesma: consciência do eu-ativo que se representa mundo e objetos, assim como consciência de seus próprios atos de representação, consciência da atividade mental. Consciência todavia indireta, imediata, mas sem visada intencional, implícita e de puro acompanhamento. Consciência não intencional a ser distinguida da percepção interior na qual estaria apta a converter-se. Esta, consciência refletida, *toma por objetos* o eu, seus estados e seus atos mentais. Consciência refletida em que a consciência dirigida sobre o mundo busca segurança contra a inevitável ingenuidade de sua retidão intencional, esquecida do vivido indireto do não intencional e de seus horizontes, esquecida daquilo que a acompanha.

É-se, consequentemente, levado – talvez depressa demais – a considerar, em filosofia, esse vivido como saber ainda não explicitado ou como representação ainda confusa que a reflexão conduzirá à plena luz. Contexto obscuro do mundo tematizado que a reflexão, consciência intencional, converterá em dados claros e distintos, como aqueles que apresentam o próprio mundo percebido.

Nada impede, entretanto, que se pergunte se, sob o olhar intencional da consciência refletida, tomada como consciência de si, o não intencional, vivido em contraponto ao intencional, conserva e libera seu sentido verdadeiro. A crítica tradicionalmente exercida a respeito da introspecção sempre desconfiou de que a consciência dita espontânea sofreria modificação sob o olhar escrutador, tematizante, objetivante e indiscreto da reflexão, como violação e desconhecimento de algum segredo. Crítica sempre refutada, mas crítica sempre renascente.

O que se passa, pois, nessa consciência não reflexiva, que se toma somente por pré-reflexiva e que, implícita, acompanha a consciência intencional visando na reflexão, intencionalmente, o si mesmo, como se o eu-pensante aparecesse ao mundo e a ele pertencesse? O que pode significar, de

12 A má consciência e o inexorável

algum modo positivamente, essa pretensa confusão, essa implicação? Não será o caso de distinguir entre o *envolvimento* do particular num conceito, o *sub-entendimento* do pressuposto numa noção, a *potencialidade* do possível num horizonte, de uma parte, e a *intimidade* do não intencional na consciência pré-reflexiva?

2. Para falar com propriedade, o "saber" da consciência pré-re-flexiva de si sabe? Consciência confusa, consciência implícita que precede toda intenção – ou retornada de toda intenção – ela não é ato, mas passividade pura. Não somente pelo seu ser-sem-ter-escolhido-ser ou por sua queda num emaranhado de possíveis já realizados antes de toda assunção, como na Geworfenheit heideggeriana. "Consciência" que antes de significar um saber de si é apagamento ou discrição da presença. Má consciência: sem intenções, sem visadas, sem a máscara protetora do personagem contemplando-se no espelho do mundo, seguro e a se posicionar; sem nome, sem situação e sem títulos. Presença que teme a presença, nua de todo atributo. Nudez diferente daquela do desvelamento, diferente daquela que põe a descoberto a verdade. Na sua não intencionalidade, aquém de todo querer, antes de toda falta, na sua identificação não intencional, a identidade recua diante de sua afirmação, diante daquilo que o retorno a si da identificação pode comportar de insistência. Má consciência ou timidez: sem culpabilidade acusada e responsável por sua própria presença. Reserva do não investido, do não justificado, do "estrangeiro sobre a terra" segundo a expressão do salmista, do sem-pátria ou do sem-domicílio que não ousa entrar. A interioridade do mental é, talvez, originalmente isso. Não no- mundo, mas em questão. Em relação a que, na "lembrança" de que, o eu que já se põe e se afirma – ou se firma – no mundo e no ser fica ambíguo – ou enigmático o suficiente – para se reconhecer, segundo a palavra de Pascal, detestável na própria manifestação de sua identidade enfática da ipseidade – na linguagem, no dizer-eu? A prioridade soberba do A é A, princípio de inteligibilidade e de significância, essa soberania, essa liberdade no eu humano, é também, se se pode dizer, o advento da humildade. Questionamento da

afirmação e da consolidação do ser, que se reencontra até na famosa – e facilmente retórica – busca do "sentido da vida", como se o eu no-mundo, que já tomou sentido a partir das finalidades vitais, psíquicas ou sociais, remontasse à sua má consciência.

A consciência pré-reflexiva, não intencional, não poderia ser descrita como tomada de consciência dessa passividade, como se nela já se distinguisse a reflexão de um sujeito, colocando-se como que no "nominativo indeclinável", assegurado em seu direito de ser, e "dominando" a timidez do não intencional, qual infância do espírito a ser ultrapassada ou qual acesso de fraqueza sucedido ao psiquismo impassível. O não intencional é imediatamente passividade, o acusativo é, de algum modo, seu primeiro "caso". Na verdade, essa passividade, que não é o correlato de qualquer ação, descreve menos a "má consciência" do não intencional do que por ela se deixa descrever. Má consciência que não é a finitude do existir significada na angústia. Minha morte, sempre prematura, coloca em xeque o ser que, enquanto ser, persevera no ser, mas esse escândalo não abala a boa consciência de ser, nem a moral fundada sobre o direito inalienável do conatus. Na passividade do não intencional – no próprio modo de sua "espontaneidade" e antes de toda formulação de ideias "metafísicas" a esse respeito – coloca-se em questão a própria justiça da posição no ser que se afirma com o pensamento intencional, saber e domínio do ter-à-mão (maintenant): ser como má consciência; ser em questão, mas também ser votado à questão, ter de responder – nascimento da linguagem; ter de falar, ter de dizer eu, ser na primeira pessoa, ser eu precisamente; mas, consequentemente, na afirmação de seu ser de mim, ter de responder por seu direito de ser.

3. Ter de responder por seu direito de ser, não por referência à abstração de alguma lei anônima, de alguma entidade jurídica, mas no temor por outrem. Meu "no mundo" ou meu "lugar ao sol", minha casa não foram usurpação dos lugares que pertencem ao outro homem já por mim oprimido ou reduzido à fome? Temor por tudo aquilo que meu existir, ape-

12 A má consciência e o inexorável

sar de sua inocência intencional e consciente, pode realizar como violência e como assassinato. Temor que advém por trás de minha "consciência de si" e sejam quais forem – em direção à boa consciência – os retornos da pura perseverança no ser. Temor que me vem do rosto de outrem. Retidão extrema do rosto do próximo, que rasga as formas plásticas do fenômeno. Retidão da exposição à morte, sem defesa; e, antes de toda linguagem e de toda mímica, súplica a mim dirigida do fundo da solidão absoluta; súplica dirigida ou ordem significada, questionamento de minha presença e de minha responsabilidade.

Temor e responsabilidade pela morte do outro homem, mesmo que o sentido último dessa responsabilidade pela morte de outrem seja responsabilidade diante do inexorável e, derradeiramente, a obrigação de não deixar o outro homem só, face à morte. Mesmo que, face à morte – em que a própria retidão do rosto que me suplica revela enfim plenamente tanto sua exposição sem defesa quanto seu próprio fazer--face –, mesmo que, no ponto derradeiro, nessa confrontação e impotente afrontamento, o não deixar-o-outro-homem-só não consista senão em responder "eis-me aqui" à súplica que me interpela. É isso, sem dúvida, o segredo da socialidade e, em suas derradeiras gratuidade e vaidade, o amor do próximo, amor sem concupiscência.

O temor por outrem, temor pela morte do próximo, é meu temor, mas de modo nenhum temor por mim. Ele rompe assim com a admirável análise fenomenológica que Sein und Zeit propõe da afetividade: estrutura refletida em que a emoção é sempre emoção de algo que emociona, mas também emoção por si-mesmo, em que a emoção consiste em comover-se, em atemorizar-se, regozijar-se, entristecer-se etc. – dupla "intencionalidade" do de e do por participando da emoção por excelência: da angústia, ser-para-a-morte em que o ser finito fica comovido de sua finitude por esta finitude mesma. O temor pelo outro homem não retorna à angústia pela minha morte. Ela excede a ontologia do Dasein heideggeriano. Abalo ético do ser, para além de sua boa consciência de ser "em vista deste próprio ser" cujo ser-para-a-morte marca o fim e o escândalo, mas sem despertar escrúpulos.

No "natural" do ser-ao-qual-importa-seu-próprio-ser, em relação ao qual todas as coisas, como Zuhandenes – e até o outro homem – parecem tomar sentido, a essencial natureza põe-se em questão. Reviravolta a partir do rosto de outrem em que, no seio mesmo do fenômeno em sua luz, significa um excedente de significância que se poderia designar como glória. O que se chama palavra de Deus não me vem na súplica que me interpela e me reclama e que, desde antes de todo convite ao diálogo, interrompe a forma sob a qual o indivíduo que se assemelha a mim me aparece e então começa a se mostrar, para se fazer rosto do outro homem? Em relação a toda afetividade do ser-no-mundo – novidade, para mim, da não indiferença para com o absolutamente diferente, outro, não representável, não captável, quer dizer, o Infinito, o qual me convoca – rompendo a representação sob a qual se manifestam os entes do gênero humano – para me designar, no rosto de outrem, sem possibilidade de esquivar-me, como o único e o eleito. Apelo de Deus que não instaura, entre mim e Ele que me falou, relação; ele não instaura o que, por qualquer motivo, seria conjunção – coexistência, sincronia, mesmo que ideal – entre termos. O Infinito não poderia significar para o pensamento que busca um fim, e o "a-Deus" não é finalidade. Talvez seja essa irredutibilidade do a-Deus ou do temor de Deus ao escatológico – pelo qual se interrompe, no humano, a consciência que ia ao ser na sua perseverança ontológica ou à morte que ela toma por pensamento último – que o termo glória significa, para além do ser. A alternativa do ser e do nada não é última. O a-Deus não é um processo do ser: no apelo, eu sou enviado ao outro homem pelo qual esse apelo significa, ao próximo pelo qual me preocupo.

Por trás da afirmação do ser que persiste analiticamente – ou animalmente – em seu ser e onde o vigor ideal da identidade que se identifica, se afirma e se consolida na vida dos indivíduos humanos e na sua luta pela existência

12 A má consciência e o inexorável

vital, consciente e racional, a maravilha do eu reivindicado por Deus no rosto do próximo – a maravilha do eu desembaraçado de si e temente a Deus – é assim como a suspensão do eterno e irreversível retorno do idêntico a ele mesmo e da intangibilidade de seu privilégio lógico e ontológico. Suspensão de sua prioridade ideal, negadora de toda alteridade, excluindo o terceiro. Suspensão da guerra e da política que se fazem passar como relação do Mesmo ao Outro. Na deposição pelo eu de sua soberania de eu, na sua modalidade de eu detestável, significa a ética, mas também, provavelmente, a própria espiritualidade da alma: o humano ou a interioridade humana é o retorno à interioridade da consciência não intencional, à má consciência, à sua possibilidade de temer a injustiça mais que a morte, de preferir a injustiça sofrida à injustiça cometida, de preferir o que justifica o ser àquilo que o garante. Provavelmente, a questão por excelência não está na questão ser ou não ser.

"Tudo está nas mãos de Deus, menos o temor de Deus", diz Rav Hanina, citado em página antiga do Talmude (*Tratado Berakhoth 33B*). O temor de Deus competiria ao homem. O medo que, na sua onipotência, o Deus todo-poderoso da teologia não pode não inspirar à criatura, não é, portanto, o temor de Deus que, de acordo com a sequência do dizer de Rav Hanina, é "o único tesouro da tesouraria do Céu".

13
Modo de falar*

Gostaríamos de abordar, em algumas páginas, a contradição de princípio que haveria em afirmar a independência da inteligibilidade ética em relação ao pensamento teorético e do ser, em um discurso que é ele mesmo teorético e cuja aspiração à plena consciência teimaria, no entanto, em afirmar a prioridade de direito da "má consciência" na ordem do significativo (*sensé*).

Como a ciência, como a percepção, a filosofia aspira a um saber: ela diz "o que é"; sua essência teorética seria inegável. Isso vale também para todo o nosso discurso, desde a primeira até a última proposição. A significação do que é dito em filosofia é um saber – verdadeiro ou falso; refere-se ao ser correlativo a este saber, é ontologia. O privilégio desses referentes correlativos, saber e ser, isto é, o privilégio da inteligibilidade teorética ou da ontologia entre os modos ou os regimes de inteligibilidade, ou de outros sentidos que se poderia imaginar ou encontrar, será atestado pelo inevitável recurso ao saber e ao ser produzindo-se até mesmo em um enunciado filosófico que, eventualmente, ousa contestar esse privilégio. O Uno da primeira hipótese do Parmênides de Platão, que não deveria "nem ser nomeado, nem designado, nem aprovado, nem conhecido" (142A), não se separa do ser, pois que ele é nomeado, designado e conhecido na proposição que enuncia e que tende a demonstrar esta separação do Uno e do ser.

O modelo de tal demonstração é, evidentemente, o mesmo que o da refutação clássica do ceticismo, a qual, aliás,

---

* Publicado em *Heidegger et la question de Dieu*. Paris: Grasset, 1980.

nunca impediu o retorno e a renovação da proposição cética, nem sua pretensão a uma dignidade filosófica. O vigor intelectual desse modelo decorre do fato de que a negação da verdade não é capaz de impedir o retorno reflexivo do pensamento sobre essa negação, retorno reflexivo que nela apreende o enunciado de uma verdade que se instala no lugar da negação da verdade: afirmação prometida e permitida a todo retorno reflexivo que reconhece o ser até mesmo na significância do nada.

Dever-se-ia perguntar, no entanto, se toda negação admite tal reflexão, se o pensar poético, por exemplo, agindo diretamente sobre a matéria das palavras, ao encontrá-las, como diria Picasso, sem as procurar, possui o tempo de dar ouvidos à reflexão; se, notadamente, o pensar e o falar poéticos não são, precisamente, fortes o bastante ou entregues suficientemente a seu kerygma; se eles não são suficientemente irrecusáveis para impedir o retorno da reflexão ou para não ouvir sua contradição; se a poesia não se define precisamente por essa perfeita retidão e por essa urgência. Dever-se-ia perguntar, sobretudo, se, de outro modo – se a seu modo –, apesar de sua essência teórica, a filosofia, numa espécie de alternância ou de ambiguidade – enigma de sua vocação – não está livre ora para tomar por últimas as sugestões e o estilo ontológicos da reflexão a que ela dá ouvidos e ora – e de imediato – para tomá-los como simples formas necessárias à visibilidade do sentido pensado. Embora, por exemplo, enquanto questão indireta, a proposição indicativa, sob sua forma categórica, possa trazer e englobar a questão como modalidade derivada da asserção, da apophansis, da posição da crença, entendida como modalidade originária, o filósofo, ao tematizar a problematicidade da questão, como se ela fosse a problematicidade do ser, pode buscar sua significância original própria, mesmo que ela devesse remontar, como já sugerimos, à má consciência de ser. A refutação do ceticismo – que evocamos como modelo – também age no seio da racionalidade própria ao saber do ser, própria à ontologia cujo regime já está fixado. Mas o filósofo pode também perguntar-se se a instituição da inteligibilidade ontológica já não resulta de um pensamento ontológico; se quando essa instituição se expõe – se deixa ver – já não se submete, nas proposições em que se expõe, ao regime do qual ela está apenas em vias de estabelecer a legitimidade.

Ninguém duvidará que essa submissão às formas da exposição não é acidental[1]. Com efeito, ninguém poderia ignorar que a racionalidade teorética da ontologia não é, de modo algum, uma peripécia qualquer da significância do sentido, mesmo que haja razões para contestar que ela signifique como significância última ou original. A ontologia é, precisamente, verdade do ser, um des-cobrir, des-velar, fazer ver. Mas é o ver e o fazer ver que justificam o ver? É certo que a verdade justifica em última instância a busca da verdade ou que a busca da verdade se justifica por ela mesma, como se a verdade coincidisse com a Ideia do Bem? "É o saber (...)

---

1. Numa carta não datada de Franz Rosenzweig a Martin Buber (cf. Franz Rosenzweig. *Der Mensch und sein Werk – Gesammelte Schriften – Briefe und Tagebücher*. Haia, Martinus Nijhoff, vol. 2, p. 824-827), admiravelmente comentada e esclarecida com rigor pelo professor Bernhard Casper, da faculdade de teologia de Freiburg-im-Breisgau (cf. *Philosophi- sches Jahrbuch*. Freiburg-Munique, Karl Alber, 1979, vol. 2, p. 225-238), o autor de *Stern der Erlösung*, chamado para dar sua opinião amigável sobre as primeiras provas de *Ich und Du*, objeta a Buber a fraqueza da palavra-originária, da *Urwort*: Eu-Isso (*Ich-Es*). Ele a considera como algo *malogrado* (*Krüppel*), inadequado ao peso verdadeiro da linguagem orientada *ao* ser, à proposição não dialógica. Mas a neutralidade do pronome *Isso* (*Es*), que designa o ser tematizado, ligar-se-ia, segundo Rosenzweig, na fórmula *eu-isso*, sobretudo à fraqueza do *Eu*, que a rigor estaria conformado à interpretação idealista do real, à constituição dos objetos pela subjetividade transcendental do Eu, mas não à realidade real, à *criatura* cuja absolutidade depende de Deus, que não poderia exprimir-se pelo *Eu*, nem, no final das contas, pelo Tu, mas que é Ele, terceira pessoa, nada tendo em comum com o *ele* negligenciado no diálogo. A verdadeira palavra para o ser do mundo seria: Ele-Isso. "Ele faz viver e faz morrer". A importância verdadeira da proposição que se pronuncia *sobre* o ser e da linguagem que utiliza essas proposições, revelar-se-ia, segundo Rosenzweig, notadamente, no próprio fato que a teoria do *Eu-Tu* contida no livro fundamental de Buber, se faz, de um extremo ao outro, nessa linguagem. Eis ainda um recurso ao modelo da refutação do ceticismo! Mas é evidente que a linguagem ontológica é reivindicada aqui não a partir da eternidade e da ultimidade do ser como o portador de todo sentido, mas a partir de toda a teologia da criação que confere ao ser sua base ou seu começo e seu peso verdadeiro.

13 Modo de falar

enquanto consciência doadora originária sob todas as suas formas que é a fonte última de direito para toda afirmação racional" – esta proposição husserliana vale sem dúvida para a ciência já instalada em face do ser. Será que ela se aplica, sem equívoco, ao saber filosófico que aspira a pensar por trás da ciência? Que a racionalidade possa chamar-se justificação e não sempre demonstração, que a inteligibilidade se refira à justiça, nada disso é simples jogo de metáforas. As razões que certa razão ignora cessam, por esse motivo, de significar de modo significativo (*sensé*)? Sem atribuir ao coração essas "razões que a Razão desconhece", ou ao interrogar-se sobre a acepção que conviria conferir a esse vocábulo, a filosofia pode entender essas razões por trás das formas ontológicas que a reflexão lhe revela. O sentido que a filosofia deixa ver com a ajuda dessas formas liberta-se das formas teoréticas que a deixam ver, ele se diz como se essas formas não se incrustassem precisamente naquilo que elas deixam ver e dizer. Numa inevitável alternância, o pensamento vai e vem entre duas possibilidades.

É nisso que reside o enigma da filosofia com relação ao dogmatismo ontológico e à sua lucidez unilateral. Mas também como a permanência de sua crise. Concretamente, isso significa que, para a filosofia, a proposição ontológica permanece aberta a uma certa redução, disposta a desdizer-se e a querer-se outramente dita.

Coleção Textos Filosóficos

- *O ser e o nada*
  Jean-Paul Sartre
- *Sobre a potencialidade da alma*
  Santo Agostinho
- *No fundo das aparências*
  Michel Maffesoli
- *O ente e a essência*
  Santo Tomás de Aquino
- *Immanuel Kant – Textos seletos*
  Immanuel Kant
- *Seis estudos sobre "Ser e tempo"*
  Ernildo Stein
- *Humanismo do outro homem*
  Emmanuel Lévinas
- *Que é isto – A filosofia? – Identidade e diferença*
  Martin Heidegger
- *A essência do cristianismo*
  Ludwig Feuerbach
- *Metafísica de Aristóteles θ1-3*
  Martin Heidegger
- *Oposicionalidade*
  Günter Figal
- *Assim falava Zaratustra*
  Friedrich Nietzsche
- *Aurora*
  Friedrich Nietzsche
- *Migalhas filosóficas ou um bocadinho de filosofia de João Clímacus*
  Søren Aabye Kierkegaard
- *Sobre a reprodução*
  Louis Althusser
- *Discurso sobre o método*
  René Descartes
- *Hermenêutica e ideologias*
  Paul Ricoeur
- *Outramente*
  Paul Ricoeur
- *Marcas do caminho*
  Martin Heidegger
- *Lições sobre ética*
  Ernst Tugendhat
- *Além do bem e do mal*
  Friedrich Nietzsche
- *Hermenêutica em retrospectiva – Volume único*
  Hans-Georg Gadamer
- *Preleções sobre a essência da religião*
  Ludwig Feuerbach
- *História da filosofia de Tomás de Aquino a Kant*
  Martin Heidegger
- *A genealogia da moral*
  Friedrich Nietzsche

- *Meditação*
  Martin Heidegger
- *O existencialismo é um humanismo*
  Jean-Paul Sartre
- *Matéria, espírito e criação*
  Hans Jonas
- *Vontade de potência*
  Friedrich Nietzsche
- *Escritos políticos de Santo Tomás de Aquino*
  Santo Tomás de Aquino
- *Interpretações fenomenológicas sobre Aristóteles*
  Martin Heidegger
- *Hegel – Husserl – Heidegger*
  Hans-Georg Gadamer
- *Os problemas fundamentais da fenomenologia*
  Martin Heidegger
- *Ontologia (Hermenêutica da faticidade)*
  Martin Heidegger
- *A transcendência do ego*
  Jean-Paul Sartre
- *Sobre a vida feliz*
  Santo Agostinho
- *Contra os acadêmicos*
  Santo Agostinho
- *Crepúsculo dos ídolos ou Como se filosofa com o martelo*
  Friedrich Nietzsche
- *Nietzsche – Seminários de 1937 e 1944*
  Martin Heidegger
- *A essência da filosofia*
  Wilhelm Dilthey
- *Que é a literatura?*
  Jean-Paul Sartre
- *Sobre a essência da linguagem*
  Martin Heidegger
- *Adeus à verdade*
  Gianni Vattimo
- *O sujeito e a máscara – Nietzsche e o problema da libertação*
  Gianni Vattimo
- *Da realidade – Finalidades da filosofia*
  Gianni Vattimo
- *O imaginário – Psicologia fenomenológica da imaginação*
  Jean-Paul Sartre
- *A ideia da fenomenologia – Cinco lições*
  Edmund Husserl
- *O anticristo – Maldição ao cristianismo*
  Friedrich Nietzsche
- *O caráter oculto da saúde*
  Hans-Georg Gadamer
- *De Deus que vem à ideia*
  Emmanuel Lévinas